A ESCOLHA RACIONAL COMO TEORIA SOCIAL E POLÍTICA: UMA INTERPRETAÇÃO CRÍTICA

BRUNO SCIBERRAS DE CARVALHO

A
ESCOLHA RACIONAL
COMO TEORIA
SOCIAL E POLÍTICA:
UMA INTERPRETAÇÃO
CRÍTICA

Copyright © 2008 Bruno Sciberras de Carvalho

Direitos de edição da obra em língua portuguesa no Brasil adquiridos pela TOPBOOKS EDITORA. Todos os direitos reservados. Nenhuma parte desta obra pode ser apropriada e estocada em sistema de banco de dados ou processo similar, em qualquer forma ou meio, seja eletrônico, de fotocópia, gravação etc., sem a permissão do detentor do copyright.

Editor
José Mario Pereira

Editora-assistente
Christine Ajuz

Revisão
Maria Alice Paes Barretto

Capa
Miriam Lerner

Diagramação
Arte das Letras

TODOS OS DIREITOS RESERVADOS POR
Topbooks Editora e Distribuidora de Livros Ltda.
Rua Visconde de Inhaúma, 58 / gr. 203 – Centro
Rio de Janeiro – CEP: 20091-000
Telefax: (21) 2233-8718 e 2283-1039
E-mail: topbooks@topbooks.com.br

Visite o site da editora para mais informações
www.topbooks.com.br

AGRADECIMENTOS

As pesquisas que resultaram neste livro são o resultado de uma soma de aprendizados e influências vinculados ao caminho de minha formação intelectual, construída fundamentalmente no Instituto de Filosofia e Ciências Sociais da UFRJ e no IUPERJ. Foi com grande prazer, portanto, que recebi o auxílio do Programa de Pós-Graduação em Sociologia e Antropologia (PPGSA) da UFRJ, do qual fiz parte como professor-pesquisador recém-doutor (Pro.Doc/CAPES), para a publicação deste trabalho. A partir do convívio com professores e pesquisadores, pude contar no PPGSA com um ambiente de trabalho de constante aprendizado e crítica construtiva, propício para novas reflexões. Gostaria de fazer uma menção especial de agradecimento a Els Lagrou pelo apoio a esta publicação. A Glaucia Villas Bôas e André Botelho quero manifestar minha gratidão pelas lições e sugestões que continuam a direcionar meus caminhos intelectuais.

Outras pessoas e instituições também foram fundamentais para a realização deste livro, que é uma versão reformulada de minha de tese de doutorado defendida no IUPERJ. Ao meu orientador, Cesar Guimarães, agradeço a liberdade intelectual a mim proporcionada e a leitura sempre profícua e rigorosa de meus textos.

À CAPES e à FAPERJ sou muito grato pelas bolsas que me foram concedidas tanto no país quanto no exterior para os estudos que resultaram neste livro.

Aos professores Renato Lessa, Fabiano Santos, Sebastião Velasco e Cruz e Luiz Henrique Bahia, agradeço a disponibilidade em participar de minha banca de defesa de tese e aos comentários feitos. Aos professores Renato Boschi, Marcelo Jasmin, Maria Regina S. de Lima, José Maurício Domingues e a Graziella Silva, agradeço o exame crítico de partes da tese em cursos, defesa de projeto e leituras informais.

Ao professor Pierre Demeulenaere, da Université Paris-Sorbonne, agradeço a orientação e grande atenção concedida em meu estágio de doutorado. Também agradeço a Armelle Enders pelo convívio e orientação informal na França.

Aos meus amigos de toda hora cabe uma dedicação não somente nestas linhas, mas ao longo de todos os dias. Os momentos felizes que compartilho com eles sempre desenvolvem fatores essenciais de criatividade. Aos meus pais, e a Fábio, Fátima e Gláucia sou grato pela compreensão e carinho de sempre. A Eliska, fonte maior de paz e prazer, dedico este livro.

SUMÁRIO

PREFÁCIO 11
INTRODUÇÃO 15
    A Teoria da Escolha Racional e a Concepção de
    Racionalidade Instrumental 15
    Objetivos e Fundamentos do Trabalho 21
    Arranjo Expositivo 24

I — O CONCEITO DE RACIONALIDADE E A METODOLOGIA
     DA ESCOLHA RACIONAL
    Cognição e Transcendência da Racionalidade 33
    Pareto e a Noção de Equilíbrio de Interesses 38
    Racionalidade, Troca e Jogo Social 45
    Informação Incompleta e Racionalidade Limitada 52
    Escolha Racional e Metodologia Positiva 56
    As Ambigüidades do Postulado de Racionalidade 66

II — ESCOLHA RACIONAL E TEORIA POLÍTICA
    A Política da Racionalidade Maximizadora 81
    O Público e o Privado na Prática Política Instrumental 86
    Individualismo, Estado e Normas para o Desenvolvimento Econômico 93
    A Esfera Pública como Mercado Político 99
    Ação Racional e os Problemas de Justificação da Esfera Política 105
    Limitações da Teoria Política da Escolha Racional 119

III — ESCOLHA RACIONAL E TEORIA SOCIAL
    A Concepção Sociológica da Escolha Racional
        As Normas e o Jogo Social 129
        O Cálculo da Confiança e a Evolução da Cooperação 135

Normas e Autonomia em Sociedades Complexas: Problemas Teóricos....143
Racionalidade e Individualismo Metodológico.............159
Individualismo e Modernidade: Condições Sociais do
   Agente Maximizador.............167

IV — MARXISMO ANALÍTICO E IDENTIDADE POLÍTICA
Marxismo Analítico e a Crítica à Filosofia da História.............179
Conflito e Consciência de Classe.............184
Socialismo, Imaginação Política e Compromisso de Classes.............191
Os Problemas da Predeterminação da Ação e da Estrutura Social.............199
Marxismo, Ação Instrumental e Conflito Político.............205

V — INSTITUIÇÕES E RACIONALIDADE COLETIVA
Instituições e Previsibilidade.............213
Instituições e Racionalidade: Redefinição de um Conceito.............219
Razão Coletiva Vinculada à Firma.............223
Política e Eficiência: A Definição Funcional do Papel do Estado.............226
Cultura e Eficiência Econômica.............235
Cultura e Instituições Formais como Dimensões Complementares.............243
Novo Institucionalismo e a Constituição de um Governo "Útil".............248

COMENTÁRIOS FINAIS
Sujeito e Objetivação Social no Conceito de
   Racionalidade Instrumental.............259
Comentário Crítico da Escolha Racional como Narrativa Política.............268

REFERÊNCIAS BIBLIOGRÁFICAS.............275

PREFÁCIO

Para a realização de seu principal intento, o de uma interpretação crítica, Bruno Sciberras de Carvalho oferece ao leitor uma exposição cuidadosa e bem informada da teoria da escolha racional e de suas manifestações na ciência política e na sociologia. Muito embora já se conte em português com algumas apresentações interessantes, em livros e artigos, de aspectos da teoria, não sem propostas eventualmente originais, e seja consolidada e crescente a utilização dela em trabalhos de natureza empírica, este livro se manifesta como uma exposição a um tempo sistemática e crítica, e isto constitui dimensão importante de sua valia não apenas para os profissionais acadêmicos mas também para um público mais amplo.

Os profissionais acadêmicos, de especial os cientistas políticos, perceberão, desde logo, que o autor se valeu de uma excelente economia de apresentação e argumentação. Ele opera com os clássicos fundadores desta linha de reflexão, Downs e Olson, Buchanan e Tullock, por exemplo, não sem descurar da grande tradição a que se filiam, através de Pareto ou de Schumpeter ou da Escola de Chicago, e a partir daí, ou seja, de seu capítulo introdutório, seleciona sempre os autores mais recentes e mais notáveis nas esferas da teoria social, da teoria política, da teoria das instituições, não faltando mesmo uma incursão ao "marxismo analítico", que já pertence à história e não à pratica atual de adeptos da escolha racional. Nenhuma pretensão de esgotar o assunto – qualquer que seja o sentido da expressão, se é que tem algum –, mas uma enorme atenção pelo que lhe pareceu essencial no trato de conceitos e de textos.

Nesta economia de argumentação, os passos são frequentemente didáticos, mas nunca pedantes: exposição da teoria, crítica interna e textual e o que o autor chama expressamente de crítica externa, a que não faltam aspectos de história conceitual e de sociologia do conhecimento. Nada mais adequado porque, afinal, a teoria da escolha racional de há muito se apresenta como um paradigma científico do conhecimento social e é de fato um paradigma dominante da prática acadêmica nos Estados Unidos e entre aqueles que, alhures, a seguem de perto, na ciência política sem dúvida, mas também na sociologia e áreas próximas.

Como é mais do que sabido, parcela significativa, por vezes majoritária, da prática científica – qualquer que seja a ciência – ocorre nas universidades dos Estados Unidos, com seu notável poder de atração. Contudo, as ciências sociais envolvem uma dimensão de recepção tal que, se praticada ingenuamente, conduz o cientista social de alhures ao exercício da irrelevância sofisticada, quando não da adesão colonial. Por isso mesmo, a "crítica externa", próxima a uma sociologia do conhecimento, mostra-se duplamente útil: como exposição dos limites do saber e como perspectiva intelectual que permite o uso adequado das (muitas) contribuições positivas da teoria.

O texto é importante também para um público mais amplo. Isto se aplica mais especialmente ao capítulo V, dedicado ao enfoque neo-institucionalista que se inspira na escolha racional. Políticos, jornalistas, intelectuais envolvidos na formulação de política pública encontram aí os fundamentos do que se poderia chamar a teoria do Estado que orientou e orienta as reformas neoliberais.

Ainda há quem imagine que as reformas de mercado dos anos 1990, a reforma do Estado entre elas e sem ironia, objetivassem o Estado mínimo supostamente esposado pelo "liberalismo dos antigos" no século XIX e continuado, já no século XX, por autores como Hayek ou os economistas de Chicago. Na realidade, o novo Estado – propiciado globalmente pela vitória do Ocidente na Guerra Fria e, com ela, do capitalismo contra o comunismo e a social-democracia – inspira-se em formulações recentes que melhor sugerem um Estado ampliado.

O assim chamado Estado mínimo era também um Estado forte na proteção da propriedade e na garantia do cumprimento dos contratos, fundamentos últimos da "liberdade dos modernos". O novo Estado, sobre ser forte no mesmo sentido e com os mesmos objetivos, é apresentado num desenho mais complexo e mais concreto, um conjunto de agências coordenadas para garantir a cooperação amparada no recurso final da violência própria do Estado capitalista. É um Estado representativo – democrático no sentido minimalista de que é legitimado pelo voto –, mas em que, aos três poderes tradicionais, se acrescenta um novo, a que podemos chamar de poder regulatório autônomo. Em primeiro lugar, um Banco Central que é correlato funcional, no mundo global financeirizado, da entidade planejadora das economias centralizadas à moda antiga e derrotada. A seguir, tantas agências quantas as necessárias para garantir agentes privados, mesmo e especialmente operando serviços públicos (energia ou saneamento ou saúde, o que for), de ingerências, ou seja, de fiscalização e controle por parte do Legislativo – poder dedicado à representação popular – e do Executivo. A autonomia significa proteger a economia da política – para usar expressão de um grande pensador autoritário brasileiro, Azevedo Amaral, utilizada em outro contexto, mas perfeitamente aplicável ao caso.

O novo Estado é um Estado funcionalmente adequado ao capitalismo financeiro globalizado. Sua teoria – e racionalização – vale-se não apenas da canônica da escolha racional, mas de conceitos econômicos mais refinados, derivados da noção de "custos de transação", e também de considerações de natureza histórico-cultural a que não faltam certos traços de etnocentrismo usuais em muita antropologia e em quase toda política comparada do passado remoto e recente.

Desta forma, tanto o profissional acadêmico quanto o público mais amplo terão no texto de nosso autor, no que diz respeito à teoria das instituições, uma introdução forte e cuidada à filosofia, por assim dizer, da reforma do Estado que, pela mediação oracular do Banco Mundial, propiciou aos reformadores da América Latina, do Leste Europeu e da África singela dedicação a um dever de casa (*homework*, no original). Bastou-lhes traduzir e praticar, por vezes alegando uma originalidade no mínimo curiosa, particularmente porque revestida de notável arrogância e de pouco apreço pelas conseqüências negativas.

Bruno Sciberras de Carvalho, contudo, não obteve prêmio de publicação por obra de mera polêmica. Fundamenta seus argumentos com seriedade e a inteligência de um universitário por vocação. Mas lida com temática cujas implicações são imediatas e visíveis na vida cotidiana. Não apenas na esfera econômica, como no passado, mas na política, na administração, nas relações sociais em geral, permeadas que estão, todas, pelo econômico de última instância, para aludir a Marx e sua crítica. Trata-se de chegar ao fundamento de uma teoria descritivamente forte, exatamente porque reprodução, na linguagem, de comportamentos fundados em racionalidade instrumental que se recusa ao pensar e ao pensar-se.

O aspecto coisificado da escolha racional, que frequentemente, pela inversão própria da ideologia, escolhe os que escolhem, não escapa a este belo trabalho e acresce a seu valor de leitura.

CESAR GUIMARÃES
Professor de Ciência Política no IUPERJ

INTRODUÇÃO

A TEORIA DA ESCOLHA RACIONAL E A CONCEPÇÃO DE RACIONALIDADE INSTRUMENTAL

O conceito de racionalidade instrumental, essencial para o campo da Economia, tem encontrado, por intermédio da teoria da escolha racional, uma recepção substantiva nas Ciências Sociais contemporâneas, sobretudo na Ciência Política e na Sociologia. Esta recepção é de particular interesse devido ao fato de o conceito possuir um viés normativo caracterizado por pressupostos comportamentais que circunscrevem as ações dos agentes em um modelo de maximização de oportunidades pessoais. Nesse sentido, assume-se um novo entendimento que, marcado por uma concepção singular das relações entre a estrutura social e a agência individual, desafia postulados tradicionais das Ciências Sociais. Todavia, cabe notar que a idéia de racionalidade instrumental e, por conseguinte, a compreensão que a partir dela se desenvolve e influencia grande parte das relações sociais da modernidade, possui uma história precisa na Filosofia Política que extrapola os limites da escolha racional.

O desenvolvimento teórico consistente da noção de ação instrumental se inscreve na evolução do pensamento liberal que se afirma na Europa do século XVII e, posteriormente, nos marcos do movimento que se convencionou denominar "utilitarismo". A teoria utilitarista parte da tradição das teorias contratualistas que entendem a justiça como a defesa legítima do direito pessoal. O movimento é marcado, sobretudo, por um novo ideal de indivíduo que, por sua vez, se apropria da "antropologia" proposta desde autores como Hobbes e Adam Smith. A subjetividade dos homens é definida por uma constância irreprimível de desejos frente a uma realidade de escassez de recursos. O objetivo geral da "máquina individual" postulada é continuar seu próprio movimento de satisfação através do cálculo, concebendo as conseqüências pessoais de todas as ações. Tendo como fundamento esse paradigma individualista, igualdade de direitos e utilidade, individual ou social, tornam-se conceitos sem os quais, segundo os utilitaristas, não se pode mais representar cientificamente a vida social.

A idéia de racionalidade instrumental funda a concepção liberal de igualdade, que aposta na igual dignidade e independência das diversificadas preferências individuais[1]. A sociedade passa a ser tomada como um conjunto de relações de troca aleatórias feitas por indivíduos proprietários de capacidades autônomas de ação. A potencialidade de conflito social é limitada não somente por uma autoridade soberana, mas, sobretudo, pelo advento de específica reflexão que controla as paixões e os desejos, fazendo com que a atividade ordinária se volte para o estabelecimento de transações comerciais e não para o enfrentamento interpessoal. Em um mundo de constantes mudanças, o interesse próprio aparece como uma base previsível e coerente para organizar toda a dimensão sociopolítica. As distintas idéias de competição e utilidade pessoal passam a ter uma conexão lógica que fundamenta uma teoria de grandes conseqüências para a vida moderna.

As análises dos autores utilitaristas, principalmente Bentham, James Mill e Stuart Mill, baseiam-se na relação singular das motivações individuais com certa concepção de natureza humana. Suas obras procuram refletir as conseqüências sociais das ações humanas, prescrevendo quais seriam benéficas de acordo com o que concebem como "felicidade", entendida por aumento dos prazeres e abstenção das dores individuais. Segundo Stuart Mill,[2] ainda que a felicidade não possua uma prova no sentido científico ordinário, o fato de ser, da mesma forma que a saúde, um "interesse" de todos os indivíduos comprova que ela é um fim em si mesma. Logo, o comportamento de busca constante de satisfação adquire uma perspectiva naturalista, sendo visto como a origem de todas as práticas sociais. O princípio da utilidade, caracterizado como um objetivo pessoal fundado por paixões específicas, não necessitaria de demons-

---

[1] Jane Mansbridge. "The Rise and Fall of Self-Interest in the Explanation of Political Life". In: Jane Mansbridge, org. *Beyond Self-Interest*.
[2] John Stuart Mill. "Utilitarianism". In: Samuel Gorovitz, ed. *Utilitarianism with Critical Essays*, p. 13-16.

tração direta ou raciocínio causal, pois "um princípio que se utiliza para demonstrar todas as outras coisas não pode ele mesmo ser demonstrado; uma cadeia de demonstrações deve ter seu início em algum ponto"[3].

Na definição de interesse próprio, as paixões ocupam papel central, e, por meio de uma analogia com as forças físicas naturais, são qualificadas como as causas da ação humana. Entretanto, a suposição original da filosofia utilitarista é a necessidade de uma reforma comportamental para o alcance da felicidade do maior número possível de pessoas. Os autores propõem, contra a dimensão imprevisível dos sentimentos, uma atitude racional perante os fatos da vida, de forma que se torne possível o controle das paixões que portam resultados maléficos. Anuncia-se uma relação singular entre as esferas da razão e da paixão, invocando uma distinção entre os interesses, nascidos do raciocínio calculado, e as atitudes passionais, produzidas pelos impulsos e sentimentos. Segundo Bentham,[4] ainda que o homem pretenda se desvincular das relações entre causas e efeitos estabelecidas pela natureza, permanece sujeito a ela em todos os momentos de sua vida, o que indica tanto a preponderância das paixões quanto a necessidade de controlá-las. Caracterizando a dimensão instrumental, assume-se que os indivíduos podem usar a razão de forma eficiente, percebendo os melhores meios de se alcançar fins construídos autonomamente. Logicamente, a própria idéia de conduta instrumental só faz sentido se contraposta a algum comportamento que não o fosse. O indivíduo passa a ser compreendido como um ente que necessita ser "racionalizado" a fim de obter de forma eficaz seus objetivos, definidos pelos sentimentos pessoais de prazer e dor.

Contudo, o utilitarismo ressalta não somente a procura dos meios mais eficazes para o alcance de fins individuais, mas também uma proposta política e moral que procura definir quais são os melhores propósitos sociais. Assim, demanda a submissão das paixões, motores da atividade humana, a um raciocínio direcionado para as intenções mais desejáveis do ponto de vista da utilidade pública. Duas dimensões essenciais são separadas: de um lado, o motivo que influencia um indivíduo e produz uma ação, e, de outro,

---

[3] Jeremy Bentham. "Uma Introdução aos Princípios da Moral e da Legislação". In: *Os Pensadores*, p. 5.
[4] Ibid., p. 3-7.

a razão que leva um legislador ou outro observador a aprová-la ou não. Essa distinção permite aos autores utilitaristas argumentarem em favor de um planejamento que derive das propriedades da razão a referência à moralidade e à utilidade, por meio da escolha de ações que portam apenas conseqüências sociais benéficas. Os utilitaristas objetivam um mapeamento detalhado de motivações rivais, de forma que as paixões publicamente inúteis se subordinem à racionalidade. A possibilidade de estabelecer um cálculo preciso das relações de causa e efeito de todas as ações oferece aos homens a oportunidade de controle de seus comportamentos tendo em vista a eficiência social e econômica.

Nesse sentido, o interesse próprio aparece como projeto e hipótese. O raciocínio estratégico e instrumental torna-se uma ferramenta moral de depuração da complexa conduta humana, a fim de torná-la previsível. A noção de racionalidade dos autores utilitaristas representa, sobretudo, o plano de criar um novo paradigma socioeconômico baseado na competição, ou seja, uma bem regulada soma de indivíduos que agem de acordo com ditames da natureza e da razão. Portanto, é essencial notar que o modelo utilitarista pressupõe, necessariamente, um projeto de transformação comportamental. Somente ao longo do desenvolvimento das instituições da modernidade é que a noção da subjetividade instrumental, e a conseqüente idéia da reflexão sustentada por um cálculo autônomo e preciso, passa a sugerir uma transcendência. Assim, as características da concepção deixam de ser relacionadas com propriedades socioeconômicas específicas e o homem passa a ser visto como uma máquina naturalmente produzida e programada para controlar os objetos exteriores à sua ação.

As conseqüências desse entendimento para a esfera social e política são vastas. A passagem da idéia de racionalidade instrumental de um mero fundamento moral para uma dimensão natural acarreta a redefinição da percepção da sociedade. Esta não é mais vista, então, como uma "soma" de indivíduos, como o utilitarismo propõe, mas sim como uma "agregação" de preferências divergentes. Deve-se notar a sutileza do argumento, pois na medida em que se postula uma subjetividade transcendente, os indivíduos passam a ser vistos como entes autônomos, desvinculados de qualquer estrutura social. Por conseguinte, formas de identificação de interesses e mecanismos de escolha social, ou até mesmo a comparação de "utilidades" individuais a que os autores utilitaristas recorrem, passam a ser questionados devido à possibilidade de surgimento de uma direção contrária à liberdade de qualquer cidadão. Segundo a perspectiva liberal pós-utilitarista, não há meios para mensurar as diferentes ações e interesses individuais, de modo que as trocas efetuadas em um mercado competitivo se tornam as ferramentas exclusivas da "felicidade social".

No campo teórico contemporâneo das Ciências Sociais, que particularmente importa limites deste trabalho, a retomada e a reelaboração da concepção de racionalidade instrumental são efetuadas, principalmente, por pensadores que compõem a chamada teoria da escolha racional. A demarcação das linhas gerais dessa vertente teórica coube aos precursores Kenneth Arrow, Anthony Downs, William Riker, James Buchanan, Gordon Tullock e Mancur Olson. Estes autores ressaltam, primeiramente, as falhas das análises que não levam em conta o que denominam "microfundamentos", ou seja, as ações individuais que estruturam a sociedade e são caracterizadas por seus traços distintivos de maximização. De acordo com a nova teoria, a ação humana é resultante da reflexão pessoal que relaciona de modo eficiente meios escassos com fins construídos autonomamente. A noção de racionalidade passa a ser vinculada à idéia de consumidor da teoria econômica. Tal como assevera resumidamente Downs[5], a racionalidade se refere à cognição pessoal que intenta três elementos básicos: riqueza, prestígio e poder. Ainda que não seja representada exatamente a personalidade real dos homens, o pressuposto é que os agentes se dirigem "para toda situação com um olho nos ganhos a serem feitos, o outro nos custos, uma delicada habilidade em balanceá-los, e um forte desejo em seguir o que a racionalidade apontar"[6]. As possibilidades normais de interação têm suporte em grupos de interesse que maximizam benefícios e em partidos políticos que maximizam votos, pois

---

[5] Anthony Downs. *An Economic Theory of Democracy*, p. 28. Ainda que seja o entendimento hegemônico da teoria, cabe notar que essa concepção de racionalidade não corresponde à totalidade dos trabalhos da escolha racional. A definição prévia ou não dos fins individuais é um dos grandes impasses da teoria. Concluo que as análises tendem a "explorar" a ambigüidade da definição de ação racional, de forma a procurar explicar os fenômenos que não correspondem aos princípios do postulado. Discuto detidamente essa questão na seção *As Ambigüidades do Postulado de Racionalidade*, no primeiro capítulo.

[6] Ibid., p. 7-8.

"sempre que falarmos de comportamento racional queremos dizer comportamento racional dirigido principalmente para fins egoístas"[7].

A partir do conhecimento desses elementos comportamentais, a escolha racional aponta a possibilidade de previsão das ações que os sujeitos racionais tomam em uma situação de escolha. Por sua vez, a antecipação das condutas torna factível uma metodologia "positiva" que separa os fatores fundamentais das ações dos fatores secundários. Segundo Buchanan[8], o filósofo da sociedade deve tentar descrever o comportamento das pessoas no estado puro, ainda que imaginário, no qual podem ser removidas muitas das características não essenciais do processo social que são notadas em uma observação direta e não controlada. O estabelecimento de padrões predeterminados de ação conduz a teoria da escolha racional a abandonar postulados que abrangem valores ou crenças diversas. Assim, é importante perceber a significação da teoria social presente na concepção econômica de racionalidade. Ainda que incorpore algumas noções do chamado individualismo metodológico[9] – que compreende todo fenômeno social como resultado da combinação das ações individuais e do sentido que os agentes lhes conferem – a escolha racional admite uma representação mais restrita das condutas, pois os autores definem o sentido das ações exclusivamente a partir das conseqüências que elas produzem para os próprios sujeitos. A teoria pressupõe que os indivíduos levam em conta apenas o cálculo autônomo da diferença entre o custo e o benefício pessoal que toda prática comporta. Um exemplo disso é detalhado por Buchanan,[10] quando procura entender o fato de as pessoas depositarem lixo nas praias fora das lixeiras. Segundo o autor, as pessoas não sujam as praias porque são más, mas sim porque efetuam um cálculo de custo e benefício de suas ações, mesmo que valorizem, de um ponto de vista social, a praia limpa. O problema é que os custos pessoais de

---

[7] Downs. *An Economic Theory of Democracy*, p. 27.

[8] James Buchanan. *Freedom in Constitutional Contract. Perspectives of a Political Economist*, p. 3.

[9] Sobre as diferenças entre o individualismo metodológico e a escolha racional ver Raymond Boudon. (2002), "Théorie du Choix Rationnel ou Individualisme Méthodologique?". *Sociologie et Sociétés*, v. XXXIV, nº 1. Essa temática é discutida no capítulo III deste trabalho, na seção *Racionalidade e Individualismo Metodológico*.

[10] Buchanan. *Op. cit.*, p. 27-28.

cuidar do próprio lixo seriam maiores do que, pela insignificância da ação frente à dimensão da questão, o valor diferencial de ser um cidadão limpo em determinado momento. Esse pequeno exemplo demonstra a qualificação do comportamento dos sujeitos instrumentais em suas relações sociais. O caráter problemático de tal orientação, do ponto de vista social, sugere a especificidade do arranjo sociopolítico ressaltado pela escolha racional.

OBJETIVOS E FUNDAMENTOS DO TRABALHO

Devido à qualidade singular e restritiva das características da ação instrumental, que é a base da teoria da escolha racional, um dos propósitos essenciais deste livro é desconstruir o caráter transcendente do "indivíduo" pressuposto. Tal tarefa é importante, sobretudo, porque a definição de um sujeito universal objetifica uma determinada concepção de sociedade e política. Procuro mostrar que os atributos do agente consciente de seus valores estratégicos e possessivos estão vinculados, necessariamente, à racionalidade e à tendência individualista da economia de mercado. Assim, contesto o pressuposto apriorístico que relaciona a racionalidade humana somente aos meios mais eficientes de se obter fins pessoais específicos. A pesquisa almeja revelar a "perspectiva"[11] do conceito de racionalidade instrumental, determinando seu caráter existencial originário, fundado em uma realidade singular que subverte a intenção de definir leis imanentes. Em uma espécie de "sociologia do conhecimento", ressalto a compreensão da interdependência entre o pensamento da escolha racional e a sua inserção em um contexto histórico-social específico. A percepção desse relacionamento é o ponto de partida para a desconstrução da esfera de verdade, válida em si mesma, que o conceito de racionalidade apresenta.

Nesse sentido, a escolha racional representa uma significação singular e parcial, vinculada a idéias de valor que tomam da realidade empírica somente os elementos que são expressivos e importantes para a sua concepção teórica. A teoria é compreendida, então, como uma "posição consciente face

---

[11] Sobre esta direção, fundamentada nos pressupostos da sociologia do conhecimento, ver Karl Mannheim. *Ideologia e Utopia*, p. 286-328.

ao mundo"[12] que, a partir de um foco científico e de um modo de proposição de problemas, dota a realidade de um "sentido" proveniente da dimensão cultural abrangente da qual participa. Tal compreensão torna-se complexa na medida em que a escolha racional procura se legitimar por intermédio de um discurso científico baseado em uma abstração matemática que tende a mascarar suas propriedades normativas mais substantivas. Entretanto, a fundamentação lógica da teoria e seu discurso economicista seriam destituídos de sentido se não explicitássemos o conjunto de idéias e crenças que formam sua narrativa, caracterizada por um modo peculiar de relação entre saber e poder[13]. Ainda que, por causa de sua retórica naturalista, a teoria sugira não possuir nada para "contar", no sentido de uma criação literária, seu conteúdo discursivo revela um princípio narrativo tanto do que crê ser verdadeiro quanto do que postula como prescrição social e política.

Portanto, sugiro que a escolha racional reflete valores particulares, assim como seu aparato político funciona somente em uma sociedade delimitada em tempo e espaço específicos. Mais precisamente, a teoria participa de um amplo debate no interior do liberalismo a respeito da possibilidade de uma sociedade civil auto-regulada. O caráter original desse tipo de representação utópica é que o mercado, e não mais a dinâmica política baseada na construção circunstancial de idéias de bem-comum, deve ser o verdadeiro regulador social[14]. Com a definição de leis objetivas, a dimensão econômica passa a ter um papel mais abrangente, incorporando esferas anteriormente pensadas como portadoras de características soberanas. Para além de seus marcos sociais, a idéia de mercado envolve um modelo político alternativo capaz de fundar uma sociedade eficiente sem a necessidade de uma instância de autoridade constituída centralmente, como pensava o utilitarismo clássico. Uma perspectiva política que é, ao mesmo tempo, apolítica. É nesta contradição que se situa a teoria da escolha racional. A partir da idéia de uma natureza humana instrumental voltada exclusivamente para os interesses privados e não públicos, a teoria reitera postulados que destituem a política de autono-

---

[12] Max Weber. "A Objetividade do Conhecimento nas Ciências Sociais". In: Gabriel Cohn, Org. Max Weber. p. 97.
[13] Gérald Berthoud. "Que nous Dit l'Économie". In: Serge Latouche, dir. L'Économie Dévoilée. Du Budget Familial aux Contraintes Planétaires, p. 61.
[14] Pierre Rosanvallon. Le Capitalisme Utopique. Histoire de L'Idée de Marché, p. ii-iv.

mia. A noção de auto-regulação social assinala a valorização de um sistema independente de direitos, distanciado dos conflitos e das paixões particularistas imprevisíveis que um governo livre ocasiona.

Como plano geral, a definição da racionalidade a partir de um sujeito universal baseado na maximização pessoal conduz diretamente ao problema central que se procura expor: a "naturalização" de certos pressupostos morais sem os quais as proposições da escolha racional seriam destituídas de sentido. A definição singular de indivíduo acarreta, necessariamente, uma teoria com parâmetros muito restritivos, em que se reifica, sobretudo, a dimensão do mercado como categoria *a priori* no estudo das sociedades. Assim, as ações sociais são vistas através de uma perspectiva de jogo estratégico em que os atores lutam contra as condições naturais que lhes são impostas. Como sugere Buchanan,[15] a incorporação do conceito de racionalidade no estudo mais vasto das estruturas sociopolíticas implica conceber a tarefa da Filosofia Social como função didática de explicitar o princípio espontâneo da ordem de mercado, que prescinde de uma organização formalizada e de um arranjo político potencialmente danoso.

A pergunta fundamental que se pretende responder é, portanto, se o conceito de racionalidade definido pela escolha racional não se articularia somente a uma cultura e sociedade particular, assim como se seu aparato político não serviria apenas a uma economia competitiva de mercado. A abordagem crítica da idéia de racionalidade instrumental permite tornar claro o fato de que várias proposições do conceito não traduzem uma natureza humana, mas se relacionam aos pressupostos de uma forma sociopolítica específica. Seguindo o entendimento de Rosanvallon[16] a respeito da representação liberal, compreendemos a teoria analisada a partir de suas qualidades utópicas, como parte de uma "cultura em trabalho", de um conjunto de aspirações que abrange várias direções. A teoria é vista por intermédio de suas propriedades normativas, voltadas, essencialmente, para a sistematização de uma auto-regulação social. Assim, acredito que este trabalho adquire relevância não somente pela análise do modelo da escolha racional, mas também por oferecer uma crítica a qualquer ontologia social que subordine

---

[15] Buchanan. *Freedom in Constitutional Contract*, p. 25.
[16] Rosanvallon. *Le Capitalisme Utopique*.

a sociedade à economia ou submeta as capacidades individuais a uma teleologia social competitiva. Da mesma forma, questionam-se os pensamentos que limitam a política a um "espaço" predeterminado e impedem a percepção de identidades coletivas dinâmicas. Enfim, pretende-se indicar os limites de uma teoria que toma a política e a sociedade como produtos funcionais em benefício de um entendimento que as examinem como fatos sociais que não são passíveis de demarcação *a priori*.

Antes de apresentar o arranjo expositivo deste livro, cabe evidenciar o cerne de seu objeto: a concepção de racionalidade instrumental proposta pela escolha racional, também denominada aqui racionalidade econômica. O fundamento da orientação instrumental é a premissa de que o indivíduo, em suas ações ordinárias, sempre procura alocar e economizar meios escassos em relação aos fins que se propõe, de modo a obter a maior satisfação possível. Dois pontos destacam-se em tal concepção. O primeiro é a noção de uma reflexão consciente, calculada e constante dos custos e benefícios de todas as conseqüências da ação, como se a razão individual controlasse os fatos e as normas sociais que a envolvem. O segundo ponto diz respeito ao caráter efetivamente instrumental, pois a teoria assume que os agentes transformam o mundo e as pessoas em mecanismos operacionais para a obtenção de seus interesses particulares. O que parece essencial, todavia, é o fato de que essas duas características somente podem ser satisfeitas plenamente com os processos de individualização e de competição social manifestados na modernidade. Assim, o problema central da escolha racional é a suposição de que esse tipo de ação racional se apóia em um âmbito solipsista constituído de forma natural e espontânea, como se estivesse desvinculado de uma relação complexa entre a agência individual e a estrutura social.

ARRANJO EXPOSITIVO

A presente pesquisa restringe-se à análise da recepção da concepção de racionalidade instrumental efetuada no campo das Ciências Sociais. A incorporação do conceito neste campo fundamentou o modelo teórico da escolha racional, que abarca uma série de pressupostos que, anteriormente exclusivos da Economia, foram legitimados em diversas áreas de conhecimento. Os capítulos refletem uma padronização temporal, de acordo com o aparecimento das diversas vertentes analíticas da escolha racional ocorrido ao longo das últimas décadas. Após um exame geral da concepção de racionalidade e seus problemas, a pesquisa se inicia pela temática política – primeira área em que a concepção de racionalidade econômica, a partir da chamada "teoria da escolha pública" (*public choice*), teve influência substantiva nas Ciências Sociais –, passando por sua sociologia, pelo movimento do marxismo analítico, até o novo institucionalismo, modelo que possui atualmente prestígio considerável. Deve-se notar que a linha evolutiva traçada traduz a crescente complexidade que a escolha racional alcançou, desde a definição de suas suposições mais fundamentais, como o paradoxo da agregação de preferências individuais exposto por Kenneth Arrow, até a sua interação com a teoria marxista e as pesquisas preocupadas com a questão da formação das crenças e normas sociais, ou seja, com fenômenos não econômicos[17]. Entretanto, não julgo que essa forma de exposição seja a mais correta, ou a mais coerente, de apresentar o objeto. Na verdade, alguns capítulos podem ser lidos e, acredito, compreendidos, sem a leitura prévia de outros. Por outro lado, entendo que o arranjo expositivo escolhido tem a vantagem de revelar como o paradigma da escolha racional reflete, ao longo do tempo, uma simbiose de vários domínios das Ciências Sociais com certa ontologia econômica, algo impensável até mesmo no passado recente.

O recurso investigativo elaborado para a revisão crítica da teoria da escolha racional define duas direções metodológicas diferentes, utilizadas em todos os capítulos. Após um caráter introdutório nas primeiras seções, procuramos fazer uma crítica "interna" das diferentes vertentes da teoria, indicando dilemas e eventuais inconsistências intrínsecas às suas pesquisas, principalmente os problemas do relacionamento analítico entre a agência individual e a estrutura social e política. Já as últimas seções de cada capítulo e o conjunto dos "comentários finais" refletem uma crítica "externa" e normativa que leva em conta reflexões contrárias aos argumentos da escolha

---

[17] A respeito destas transformações na teoria da escolha racional, ver Norman Schofield. "Rational Choice and Political Economy". In: Jeffrey Friedman, ed. *The Rational Choice Controversy: Economic Models of Politics Reconsidered*.

racional. Esta última direção é justificada não tanto pelo fato de que teorias concorrentes podem "explicar melhor" a realidade, mas sobretudo porque acredito que a apresentação de trabalhos externos evidencie os limites do pensamento examinado, contribuindo para a desconstrução de seu caráter transcendente.

No primeiro capítulo, indico as características centrais do paradigma teórico da escolha racional, examinando detalhadamente a metodologia e o conceito de racionalidade propostos pelos autores. Para isto, acredito tornar a análise mais clara expondo as idéias de Vilfredo Pareto. O propósito é tentar explicitar os pontos normativos e morais mais substantivos do paradigma, principalmente a valorização de um comportamento racional frente às ações irracionais e a afirmação de um pluralismo social que sugere divergências irreversíveis entre os indivíduos. O capítulo revela, então, algumas perspectivas teóricas singulares que se desenvolveram a partir da escolha racional. Primeiramente, exponho a "teoria dos jogos" e sua noção central de equilíbrio, que representa o movimento das trocas interpessoais em direção à maximização dos interesses de todas as partes inscritas em um contexto social. Posteriormente, examino a concepção de "racionalidade limitada" de Herbert Simon, que chama atenção para a esfera de incerteza das transações e a correspondente necessidade de um cálculo de satisfação – e não de maximização – em certas situações. O objetivo do capítulo é indicar alguns problemas das análises que partem do conceito de racionalidade instrumental, principalmente as contradições que decorrem da indecisão entre adotar a noção de "racionalidade forte", que relaciona a ação apenas a valores possessivos, ou, alternativamente, a concepção de "racionalidade fraca", que não reduz as atitudes pessoais a certos comportamentos predefinidos. Argumento que os problemas da teoria provêm de sua metodologia "positiva", que acredita depurar a realidade social e evidenciar seus traços mais substantivos. Na medida em que o método positivo e a idéia de que a orientação instrumental é a base das relações sociais não englobam grande parte dos fenômenos, as análises tendem a redundar em impasses para a definição da própria concepção de ação racional.

No segundo capítulo, examino o sentido que a política adquire a partir do paradigma instrumental, vinculado principalmente à crítica ao pluralismo e às teorias tradicionais que pressupõem a realização pública de um bem-comum. Segundo os autores da escolha racional, a política constitui apenas mais um mercado, de troca de votos e satisfação de interesses. Assim, o desafio é construir uma dimensão pública a partir de preferências individuais que são vistas como divergentes, quando não antagônicas. Procuro mostrar, contudo, que a perspectiva política da escolha racional produz ambigüidade a respeito da política: ela é tão desqualificada como mecanismo de escolha coletiva ou manifestação de um bem-comum quanto qualificada como necessária devido à indispensabilidade do cumprimento dos contratos estabelecidos no mercado. A saída da teoria para este impasse é constituída por uma espécie de desconstrução da política como lugar de conflito de idéias ou de sujeitos coletivos em prol de uma perspectiva de competição que toma a forma burocratizada do Estado como instância de segurança e administração funcional ao mercado. Sem a pretensão de esgotar a questão, analiso as propostas de Mancur Olson e de Russell Hardin, de forma a ressaltar os problemas que a escolha racional enfrenta na justificação da esfera pública. Por fim, questiono a análise política da escolha racional a partir de duas direções específicas. Em primeiro lugar, critico as proposições de uma igualdade de recursos dos agentes quando efetuam transações, chamando atenção para o caráter controverso da sociologia política da teoria, que supõe a responsabilidade exclusiva dos agentes sobre suas posições sociais. Em segundo lugar, procuro registrar o caráter normativo e específico de sua concepção política, que exclui a potencialidade de uma identificação ou dinâmica política desvinculada do conteúdo instrumental. A meu ver, o produto central da relação entre a noção de racionalidade e a concepção de governo exposta na escolha racional é a separação – pilar do entendimento liberal – entre as esferas pública e privada, de forma que a política se torna limitada a um "espaço" definido *a priori*.

No terceiro capítulo, destaco as questões especificamente sociológicas apontadas pela escolha racional. O ponto original da teoria na explicação dos fenômenos sociais é o fato que não recorre, ao contrário do conhecimento sociológico padrão, a limitações culturais, à tradição ou a estruturas que, segundo os autores, são apenas imaginárias. Assim, as normas e valores são construídos de um modo contingente, vinculado aos interesses dos agentes.

A fim de examinar tal perspectiva, ressalto o tema da confiança, que indica a funcionalidade de certos arranjos sociais na resolução dos problemas de ação coletiva advindos do comportamento instrumental. A teoria social da escolha racional pressupõe que, em ambientes sociais de tamanho reduzido, a cooperação pode ser efetivada por meio de "jogos repetidos", ou seja, através de trocas freqüentes e previsíveis entre os mesmos agentes. O fundamental é que, ao contrário de uma transação simples e contingente, o encontro repetido com os mesmos "jogadores" aumenta as perdas que um indivíduo deve esperar no futuro se ele tem uma atitude oportunista. Contudo, por causa de sua dependência ao padrão instrumental, demonstro que esse tipo de confiança está distante de representar o caráter normativo de uma crença social. Por sua vez, os problemas mais patentes da teoria surgem quando ela tenta explicar a viabilidade da confiança e das normas sociais em um contexto social mais amplo, pois não consegue expor coerentemente as relações entre a agência individual e a estrutura social. Para explicitar os impasses da teoria social da escolha racional lanço mão do debate suscitado pelas últimas obras do sociólogo Raymond Boudon, procurando demonstrar as diferenças específicas entre uma ontologia das Ciências Sociais e a ontologia econômica que fundamenta as análises da escolha racional. Por fim, argumento que não parece sociologicamente consistente avaliar as normas e as condutas sociais pelo fato de maximizarem necessidades, interesses e vantagens pessoais. É a própria caracterização dessas mesmas necessidades e interesses que precisa ser explicada em sua gênese. A meu ver, o ponto fundamental ausente nas análises das teorias da ação racional é que as escolhas individuais incorporam propriedades de dimensões sociais que estão, de certa forma, fora do controle dos agentes. Sugiro que é o entendimento dessas condições sociais que pode revelar os modos de pensamento e os meios de ação particulares que fundamentam o próprio advento do comportamento instrumental na modernidade.

No quarto capítulo, examino o movimento denominado "marxismo analítico", que relaciona a teoria marxista com postulados provenientes da escolha racional. Ainda que esse movimento tenha perdido importância no campo teórico contemporâneo das Ciências Sociais, seu estudo é pertinente por demonstrar as relações singulares da concepção de ação instrumental com a temática da organização e imaginação política. Além disso, o exame explicita a conexão da escolha racional com um pressuposto de agência individual que enfatiza condicionantes sociais formados historicamente. Primeiramente, o capítulo trata do questionamento do marxismo analítico à filosofia da história proposta pelo marxismo tradicional, e a defesa da inscrição da luta de classes na dinâmica estratégica representada na Economia. Posteriormente, apresento a idéia de consciência de classe dos autores do maxismo analítico, que procuram entender os meios pelos quais os indivíduos ultrapassam os problemas de organização coletiva. Ressalto como a luta política passa a ser vista pelo marxismo da escolha racional como um mero tipo de transação que se apresenta no mercado. Desse modo, a teoria se envolve em impasses em relação às suas posturas positiva e normativa, pois ainda que indique a relevância moral da ação coletiva de classe, não consegue, analiticamente, expor uma solução para os problemas ocasionados pelas práticas oportunistas que pressupõe. A terceira seção expõe a maneira pela qual o marxismo analítico descaracteriza uma proposta revolucionária ao centrar-se nos custos materiais de uma transformação social radical, restringindo os objetivos da classe trabalhadora à defesa da eficiência do sistema produtivo capitalista. Apresento, então, os problemas da teoria para definir um argumento preciso a respeito das relações entre agência e estrutura, dado que ela incorpora posições questionáveis tanto de um estruturalismo marxista quanto do atomismo das concepções liberais. Finalmente, demonstro como o marxismo da escolha racional contraria a dimensão imaginária e crítica em prol de uma idéia de ação social voltada exclusivamente para o controle instrumental da natureza.

O quinto capítulo é dedicado ao novo institucionalismo, que procura reelaborar as concepções de ação racional evidenciando os contextos de incerteza em que os indivíduos estariam freqüentemente inscritos. Nesse sentido, analiso a expansão da teoria da escolha racional em direção ao exame de crenças e instituições sociais que beneficiam os indivíduos na resolução de problemas de ação coletiva e contrariam resultados sociais subótimos. Para apresentar o desenvolvimento da teoria, destaco primeiramente as duas respostas institucionais tradicionais da Economia que o novo institucionalismo recepciona. Exponho a "teoria da firma" – e sua contestação ao postulado neoclássico de que uma ordem social eficiente sempre é efetuada por recursos e escolhas controlados por indivíduos isolados – e a concepção que assume o Estado como mecanismo de articulação das transações individuais, dado que os indivíduos melhoram sua situação se submetendo parcialmente a um controle burocrático. Nota-se, entretanto, que ambos os entendimentos não se contrapõem às premissas comportamentais do conceito de racionalidade expostos pela teoria neoclássica. Em seguida, demonstro como estas duas soluções formais são questionadas pelos teóricos do novo institucionalismo, que passam a sugerir um tipo de complementaridade eficiente entre mecanismos informais (crenças e valores sociais) e a racionalidade individual. A teoria sustenta, então, uma concepção técnica da política, na medida em que passa a encarar o aparato estatal como uma agência definida a partir de certas características ideais, voltadas para a resolução dos problemas de ação coletiva do mercado. Contudo, sugiro alguns problemas no momento em que o novo institucionalismo propõe um relacionamento funcional entre um pressuposto singular de ação racional e uma esfera cultural que passa a adquirir, em certo sentido, independência dos atores. A teoria não explica de forma satisfatória, sobretudo, quando e por que as premissas sociais são aceitas, se estas acarretam benefícios coletivos e de longo prazo que são inferiores à orientação oportunista. Fundamentalmente, mostra-se que as aporias do novo institucionalismo são provenientes da falta de percepção de que os sistemas institucionais são formados historicamente, a partir de um processo que está em grande parte fora do controle dos indivíduos. Nesse sentido, os valores e as instituições da modernidade que a teoria pressupõe não são discutidos, sendo definidos de forma funcional em relação a uma concepção particular de progresso e eficiência econômica.

Por fim, tendo em conta as possibilidades críticas expostas, procuro argumentar que o comportamento instrumental da escolha racional acaba por desenvolver um arranjo social objetivador, relacionado com a rigidez da institucionalização das definições de liberdade e ação assumidas pelo liberalismo econômico. Recepcionando trabalhos de autores de vertentes diversas, mas com diagnósticos similares, aponto a relação contraditória que o regime instrumental desenvolve, uma vez que o controle produtivo da natureza manifesta, paralelamente, a subordinação da subjetividade dos agentes. A objetivação resultante desse fato caracteriza-se, sobretudo, por uma orientação social definida pela compulsão ilimitada em maximizar bens, regida pela pressão por racionalização técnica. Por conseguinte, exponho a contradição do pressuposto de ação instrumental em relação à possibilidade de formação de identidades coletivas e à própria concepção de uma política democrática e soberana. Impõe-se a necessidade da reflexão a respeito do caráter inventivo e utópico da escolha racional, revelando os seus limites e suas circunstâncias específicas. Ainda que a institucionalização de sua teoria na realidade acarrete o domínio de um discurso singular, indico a persistência, mesmo no contexto da objetivação social moderna, de uma capacidade de autonomia que envolve o controle deste imaginário. A consideração do potencial de autonomia é o contraponto à expectativa da escolha racional de padronização da ação política e o fundamento da percepção analítica que recusa entender o movimento histórico de uma forma determinada *a priori*.

I
O CONCEITO DE RACIONALIDADE E A METODOLOGIA DA ESCOLHA RACIONAL

COGNIÇÃO E TRANSCENDÊNCIA DA RACIONALIDADE

A idéia de racionalidade instrumental reflete uma relação estrita entre sujeito e objeto. O pressuposto capital é o encontro de um indivíduo com uma situação de escolha, na qual seus desejos e interesses particulares são os motores da ação. Esse encontro é definido de modo abstrato e intuitivo, de sorte que a teoria pode prescindir da descrição concreta da situação. Entretanto, deve-se notar que a abstração provém da depuração da realidade social efetuada pelo modelo da escolha racional, que busca verificar os elementos essenciais de toda ação. Como von Neumann e Morgenstern sugerem a respeito de sua metodologia formal, "acreditamos que é necessário saber, o tanto quanto possível, sobre o comportamento do indivíduo e sobre as formas mais simples de troca"[1]. O indivíduo, portanto, no singular. As aplicações da teoria devem evidenciar fenômenos e problemas elementares, que não seriam postos em dúvida. A motivação instrumental da ação individual é justamente esse parâmetro essencial, gênese de um procedimento científico que objetiva a sistematização de previsões do mundo social.

Os autores da teoria da escolha racional ressaltam o padrão da agência instrumental como a hipótese central da conduta humana. A correspondência eficiente entre meios e fins e a atitude de maximização de interesses são

---
[1] John von Neumann e Oskar Morgenstern. *Theory of Games and Economic Behavior*, p. 7.

os traços que definiriam o âmago das relações sociais, de modo que a teoria presume que as decisões são feitas racionalmente, mesmo que haja outras dimensões presentes. A concepção de racionalidade se articula com uma metodologia que procura simplificar o ambiente da ação, tornando possível a previsão das decisões a serem tomadas nas interações[2]. Essa é uma característica importante da escolha racional, uma vez que se afirma um entendimento "positivo", baseado na evidência dos traços mais substantivos da realidade. Todavia, nada mais claro do que a metodologia positiva para explicitar o viés normativo da teoria e os valores subjacentes presentes na noção de ação racional.

Segundo Elster,[3] a capacidade racional dos agentes compõe a estrutura mental que diferencia os agentes humanos dos animais, o que implica a necessidade de uma abordagem não biológica das relações sociais. Os indivíduos são caracterizados como uma "máquina global de maximização"[4], pois possuem a capacidade elementar de espera e uso de estratégias indiretas. O paradigma comportamental é baseado em um dispositivo perfeitamente construído e consistente de busca de objetivos próprios e predeterminados. O pólo oposto a essa máquina de satisfação de fins cabe à atividade baseada nas emoções. É interessante perceber que a propriedade emocional aparece como um problema da maioria dos trabalhos que utilizam a concepção de racionalidade instrumental. Quando as análises revelam a existência de fatos que contrariam os postulados positivos, a teoria trata como descartável um conjunto de condutas que estariam relacionadas com esferas sentimentais opostas à substância real da atividade racional ordinária.

A ação instrumental é voltada para o conjunto de oportunidades presentes em um contexto. Há aqui um entendimento de igualdade, pois todos os interesses e preferências, além de possuírem a mesma dignidade, portam uma razão que é baseada exclusivamente na vontade individual. Pressupõe-se que o indivíduo reflete tanto os meios quanto os fins que se lhe apresentam. A concepção de escolha independente e a conseqüente idéia de um ambiente social completamente controlado pelos agentes são fundamentais.

---

[2] Downs. *An Economic Theory of Democracy*, p. 4.
[3] Jon Elster. *Ulysses and the Sirens. Studies in Rationality and Irrationality*, p. 1-35.
[4] Ibid., p. 10.

O conceito de "custo de oportunidade"⁵ exprime a capacidade que todos possuem para escolher, após cuidadosa consideração, um determinado objetivo, ou um conjunto deles, em detrimento de outros. Por conseguinte, a noção de informação é muito importante. Uma vez que o agente pode controlar a realidade social, sua autonomia representa a capacidade de reflexão sobre os dados das oportunidades de maximização disponíveis nos espaços de interação. O investimento, no sentido de utilização de certos meios para a obtenção de ganhos futuros, é o exemplo elementar do caráter instrumental da busca por informação, já que se justifica um retorno posterior maior abstraindo-se de um ganho imediato. A maximização só faz sentido, portanto, se estiver vinculada, para além da característica espacial das oportunidades evidentes, também a uma dimensão temporal. Na medida em que o presente não esgota as possibilidades de aumento de utilidade, a ponderação conjectural sobre as circunstâncias favoráveis ao longo do tempo expressa a incapacidade de satisfação total dos desejos pessoais. A racionalidade instrumental não traduz adaptação, mas um movimento constante de acumulação.

Essa qualidade de movimento da racionalidade reflete, do ponto de vista social, a percepção hobbesiana do mundo como um ambiente de escassez e de "luta de todos contra todos", ainda que em bases antes competitivas que conflituosas. A concepção de oportunismo é capital para a idéia de racionalidade instrumental, dado que "todos nós sabemos que as pessoas não são anjos, e que elas tendem a cuidar primeiro de si mesmas e de seus bens"⁶. Por sua vez, a caracterização de um comportamento racional não tem como referente a experiência estrutural ou cultural vivida pelos indivíduos. A racionalidade se vincula precisamente à cognição autônoma que manifesta, de acordo com as situações específicas, o alcance de um ponto eficaz entre os meios disponíveis e a realização de um objetivo pessoal. O caráter *a priori* da construção teórica está presente no relacionamento com uma peculiar filosofia da consciência, que define a atitude solipsista de maximização de desejos como a esfera originária das interações sociais de competição. A busca de formalização simplifica as ações, que são restritamente concebidas a partir de parâmetros auto-refe-

---

⁵ John Harsanyi. "Advances in Understanding Rational Behavior". In: Jon Elster, ed. *Rational Choice*, p. 86.
⁶ Robert Axelrod. *The Evolution of Cooperation*, p. 3.

rentes e uniformes, permitindo a previsibilidade geral das ações individuais frente a um contexto de escolha. Assume-se, então,

> que o objetivo de todos os participantes no sistema econômico, tanto de consumidores quanto de empresários, é dinheiro, ou, equivalentemente, um bem monetário único. Supõe-se que este seja irrestritamente divisível e substituível, livremente transferível e idêntico, mesmo em seu sentido quantitativo, com qualquer "satisfação" ou "utilidade" desejada por cada participante.[7]

A concepção dos problemas de ação coletiva[8] representa o processo de socialização padrão desses agentes instrumentais que interagem em bases oportunistas. No entender da escolha racional, as dificuldades da ação coletiva questionam as posições teóricas que sugerem uma direção espontânea dos indivíduos a se unirem quando se manifestam interesses compartilhados, passíveis de serem satisfeitos pela conjunção de esforços. A escolha racional afirma que certas análises correntes da atividade comum dos agentes não destacam os custos pessoais de tempo e dinheiro que toda organização social requer. Assim, nas situações em que o ganho coletivo é necessariamente dividido com outros participantes, e onde a disposição de um agente não possui um efeito visível sobre o resultado final, a racionalidade implica um comportamento oportunista, uma vez que o bem coletivo será, de toda forma, provido pelo trabalho dos outros. A ação coletiva somente pode ser ocasionada de forma espontânea em espaços que envolvem poucos atores ou em ambientes em que os ganhos interessam fortemente a uma ou a poucas pessoas, que realizam todas as tarefas e assumem os custos. Na maior parte das vezes, os bens coletivos são obtidos por meio de sanções ou "incentivos

---

[7] von Neumann e Morgenstern. *Theory of Games and Economic Behavior*, p. 8. Os autores comparam o conceito de utilidade com noções estabelecidas no campo da Física, tais como força e massa. Nesse sentido, advertem que os conceitos de utilidade e de ação individual apresentam a mesma legitimidade científica que definições não questionadas das Ciências Naturais. Devido à sua forma simples e geral, essas concepções podem ser controladas no plano empírico, assumindo um caráter inquestionável e sendo passíveis de mensuração e formalização a partir de procedimentos matemáticos.

[8] Ver, principalmente, a obra de Mancur Olson. *The Logic of Collective Action: Public Goods and the Theory of Groups*.

seletivos" que dão benefícios divisíveis a cada agente ao longo da organização da coletividade.

Nesse sentido, eliminando o contexto socioestrutural que fundamenta as ações individuais, o paradigma teórico e metodológico da escolha racional elabora o que poderíamos denominar uma "desubstancialização da pessoa"[9]. O indivíduo aparece como uma instância similar a um bem econômico, isento de matéria simbólica e capacitado a se relacionar no mercado como um mecanismo operacional para a obtenção de interesses próprios ou de outros agentes. Ele aparece como uma entidade que é tomada por si mesma, despersonalizada e assocializada, desprovida de um ambiente cultural significativo. Desse modo, o indivíduo pode ser definido como uma dimensão preparada para a livre circulação e para qualquer possibilidade de transação. Cabe notar que uma concepção particular de liberdade resulta desse postulado, pois ser um indivíduo implica a afirmação de autonomia em relação a qualquer regra social ou costume local. Liberdade se confunde, portanto, com a pretensão ao direito de independência, de modo que o agente possa se autogovernar em relação aos interesses existentes na multiplicidade geral das trocas interpessoais.

As dimensões sociopolíticas da teoria da escolha racional tornam-se mais claras expondo as idéias desenvolvidas por Vilfredo Pareto. Ainda que a concepção de indivíduo da escolha racional encontre, substantivamente, sua genealogia nos trabalhos do utilitarismo clássico representado pelas obras de James Mill, Bentham e Stuart Mill, grande parte dos pressupostos desenvolvidos no corpo da teoria recepciona indiretamente concepções de Pareto, sobretudo suas postulações morais e normativas. Na apropriação efetuada pela escolha racional, destacamos duas questões: a valorização da ação racional perante as atitudes irracionais e um pluralismo que sugere diferenças e divergências irreversíveis entre os agentes. A primeira questão ressalta a tendência normativa da teoria em supor um determinado padrão comportamental como base da eficiência econômica e progresso social, em um processo pautado pela noção de equilíbrio. A segunda possui um viés especificamente político, na medida em que a impossibilidade de comparação

---

[9] Berthoud. "Que nous Dit l'Économie". In: Serge Latouche, dir. *L'Économie Dévoilée*, p. 65.

de objetivos ou "utilidades" individuais descarta, sob a acusação de autoritarismo ou demagogia, qualquer tentativa de mobilização política que procure unificar as vontades dos agentes.

PARETO E A NOÇÃO DE EQUILÍBRIO DE INTERESSES

Ações lógicas e ilógicas, atitudes objetivas e subjetivas, *ophélimité* e resíduos, são pares conceituais utilizados por Pareto para separar os elementos que compõem a realidade social, de modo a torná-los manipuláveis para a análise científica. Essa separação revela duas formas distintas de conduta que indicam uma correlação engajada da ciência social com a vida ordinária. A distinção expõe, sobretudo, como a teoria paretiana estima um modelo de comportamento que tem claros vínculos com o entendimento social e normativo proposto posteriormente pela escolha racional. Segundo Pareto, o exame das ações lógicas, que compõem o espaço de análise específico da Economia Política, observa orientações que estão efetivamente presentes na vida social, ainda que limitadas a um tipo particular de indivíduo. Por outro lado, o estudo dos sentimentos revela o comportamento oposto à atitude racional e lógica, mas demonstra "as relações que eles possuem com outros fenômenos sociais; as relações que eles podem ter com a utilidade do indivíduo e da espécie"[10]. A oposição entre as esferas lógica e sentimental indica que o autor valoriza um tipo determinado de ação, apontando para uma tendência que irá marcar uma teoria social singular.

Segundo Pareto[11], a evolução humana, por si mesma, apresenta a disposição para a sistematização das ações lógicas, caracterizadas pela relação coerente entre meios e fins e desvinculadas de hábitos ou instintos. Contudo, o movimento em direção à institucionalização da racionalidade lógica-experimental não seria direto. A multiplicidade de trocas entre as ações racionais e ilógicas, ações econômicas e sociais, revela as dificuldades da análise sociológica, ao contrário da previsibilidade do objeto da ciência econômica. Enquanto o espaço da atitude econômica expõe a consistência entre os meios e

---
[10] Vilfredo Pareto. *Manuel d'Économie Politique*, p. 55.
[11] Pareto. *Traité de Sociologie Générale*, p. 72.

os fins propostos pelos indivíduos, o campo da ação social, fundado por éticas ou crenças imaginárias, envolve uma desconexão entre meios e objetivos. Nesta última orientação, em vez de raciocínios rigorosos, são empregadas "derivações", que são as teorias imaginárias produzidas pelos sentimentos. A ocorrência dessa dimensão sentimental nas ações responde, de acordo com Pareto[12], às tentativas fracassadas de alguns filósofos modernos em implantar uma "moral científica ou experimental" relacionada exclusivamente com a atitude lógica da Economia. Segundo o autor, a maioria das pessoas não observa as regras que governam apenas uma minoria racional, preferindo basear suas ações na imaginação e nas normas ordinárias. Pior ainda, por vezes os homens procuram tornar lógicos e demonstráveis comportamentos que são meramente sentimentais e contingentes às sociedades a que pertencem.

Assim, ao lado dos pensamentos ("derivações") compostos pelos homens a partir de seus sentimentos constantes ("resíduos"), há um fator verdadeiro e objetivo a ser estudado por intermédio do método lógico-experimental[13]. Existem dois caminhos alternativos para o alcance dos objetivos. Um é traçado por condutas baseadas nas derivações, calcadas pelas crenças sociais. O outro é pautado pelo ensinamento da experiência, da arte e da ciência, satisfazendo um resultado eficaz da união entre meios e fins determinados. O problema, segundo Pareto[14], é que as derivações limitam o alcance do raciocínio instrumental, pois elas têm como objetivo confundir interesses privados e coletivos. Por vezes, as derivações indicam que esses dois interesses são idênticos, pois é sistematizada a idéia de que o indivíduo afirma seus fins pessoais agindo de acordo com o bem definido pela sociedade da qual participa. Logo, a maior parte dos homens tenta conciliar suas preferências pessoais com resíduos de sociabilidade, cobrindo seu egoísmo por intermédio de éticas, religiões, fidelidade partidária, etc. O caráter contraditório do "sofisma da repartição"[15], baseado na reflexão que afirma a preponderância da ordem social frente às orientações instrumentais, exemplifica os problemas das derivações na organização da vida social quando estas contradizem

---

[12] Pareto. *Manuel d'Économie Politique*, p. 51
[13] Id. *Traité de Sociologie Générale*, p. 451.
[14] Ibid., p. 833; 1190-1193.
[15] Ibid., p. 843.

a natureza racional dos indivíduos. Sendo o padrão de uma moralidade imaginária sempre contrária às preferências imediatas dos agentes, o sofisma sugere que as ações que violam normas de uma comunidade causam mal ao próprio indivíduo, de modo que este passa a achar desvantajoso seguir tais ações. A fim de descrever a contradição do sofisma perante o interesse individual, Pareto desenvolve um argumento similar ao entendimento do comportamento oportunista (*free-rider*), um dos pilares da teoria social e política da escolha racional:

> admitamos, entretanto, que se todos os indivíduos se abstivessem de fazer A, cada um, como parte da coletividade, obteria certa utilidade. Agora, se todos os indivíduos menos um continuam a não fazer A, a utilidade para a coletividade diminuiria talvez muito pouco, enquanto que este indivíduo obtém, fazendo A, uma utilidade particular muito maior do que a perda que ele experimenta como membro da coletividade. Se não percebemos imediatamente esse sofisma, isto se deve a um resíduo que, na maior parte do tempo, intervém implicitamente.[16]

O que parece singular na teoria de Pareto é o modo pelo qual, mesmo reconhecida a presença irreversível da irracionalidade em parte dos homens, se valoriza uma orientação lógica para a organização da sociedade, desvinculada dos instintos, dos preconceitos e dos preceitos religiosos. Ainda que Pareto admita a impossibilidade de uma organização social baseada exclusivamente no raciocínio experimental – e insista que a verdade do conhecimento lógico-experimental não implica necessariamente a utilidade social, pois algumas derivações são publicamente úteis e não podem ser imediatamente abandonadas –, está sempre presente em seus trabalhos a caracterização da racionalidade lógica como um ponto normativo a ser alcançado, tendo a ciência um papel determinante para essa direção. Deve-se notar que, segundo o autor, as derivações encontram limites na própria racionalidade que rege parcialmente as atitudes e organiza a sociedade a partir do equilíbrio espontâneo entre os interesses pessoais.

A denominação "elite" para o grupo de pessoas que consegue controlar seus sentimentos indica a valorização de Pareto por uma atitude determina-

---

[16] Pareto. *Traité de Sociologie Générale*, p. 844-845.

da, pois "podemos facilmente encontrar nos estratos superiores da população pessoas dentre as quais certos sentimentos estão ausentes, enquanto que em outras eles estão bastante desenvolvidos"[17]. Ao mesmo tempo, revela a força da idéia prescrita desde Hobbes e Adam Smith a respeito da necessidade do controle das paixões ou sentimentos na criação de uma sociedade racional baseada no comportamento instrumental. As ações lógicas compõem o foco da Economia pura paretiana, preocupada, sobretudo, com as relações entre os fatos objetivos e as dimensões subjetivas dos "gostos" dos homens[18]. A racionalidade funda-se, então, na correlação eficiente que alguns indivíduos têm a virtude de fazer entre os bens materiais e as suas preferências. O caráter valorizado da orientação racional é o fato de controlar as imaginações sociais, geralmente relacionadas com os sofismas de interesse geral de que a maior parte dos homens lança mão.

Outra questão fundamental de Pareto apropriada pela escolha racional diz respeito ao entendimento de uma pluralidade inexorável presente nas sociedades. Para definir claramente as diferenças dos gostos individuais, Pareto imagina uma coletividade composta somente por um lobo e um cordeiro, em que "a felicidade do lobo consiste em comer o cordeiro, e aquela do cordeiro em não ser comido"[19]. Por analogia, o autor afirma que a humanidade é naturalmente composta de pessoas que gostam de guerrear e outras que são voltadas para a paz social. Em seguida, pergunta se seria possível tornar tais coletividades felizes por meio de algum critério geral, aceito por todos os seus componentes. O ponto fundamental em ambos os exemplos é que não haveria justificativa anterior, demonstrável experimentalmente, para julgar um valor mais ou menos digno do que outro. Segundo Pareto, a não observação desse fato teria sido o erro essencial do utilitarismo clássico e a razão pela qual os desejos individuais, ao contrário da idéia tradicional de utilidade, devem ser qualificados por meio de uma concepção pluralista, como proposto na noção de *ophélimité*. Dado que o valor dos objetos não é intrínseco, resultando dos sentimentos particulares de cada agente, a utilidade é uma substância exclusivamente individual e não objetiva, não passí-

---

[17] Pareto. *Manuel d'Économie Politique*, p. 84.
[18] Ibid., p. 145.
[19] Ibid., p. 67.

vel de ser comparada. Por conseguinte, os interesses ou "gostos" devem ser negligenciados no estudo dos fenômenos econômicos, que está preocupado somente com as orientações lógicas para a satisfação deles[20].

Indica-se, então, um pressuposto central que é retomado pelas teorias contemporâneas da escolha racional: os interesses são percebidos como fenômenos que fazem parte de uma dimensão estritamente individual. Não há possibilidade de resolução racional ou científica de discussões morais, já que "não se pode ter um princípio de legislação especificamente universal em uma sociedade como a dos homens, composta de indivíduos que diferem entre si pelo sexo, pela idade, por qualidades físicas e intelectuais, etc."[21]. Restrição de uma esfera política ampla, portanto. Em tal perspectiva, uma mobilização popular abrangente é necessariamente autoritária, já que fundada por um entendimento baseado em fins, sentimentos e derivações particularistas. A natureza impõe diferenças que tornaria demagógica a defesa de um plano social universalizante. Para Pareto[22], o plano político é caracterizado pelo fato de que um grupo de indivíduos controla racionalmente seus sentimentos e domina, muitas vezes pela força, os governados de acordo com seus interesses, ainda que objetivos comuns possam surgir em algumas ocasiões.

Legitima-se um espaço socioeconômico determinado que deve corresponder às prescrições da natureza. Como no pensamento político da escolha racional, há em Pareto a utopia de uma dimensão pública não politizada, desvinculada de um conflito de idéias radical que só refletiria objetivos parciais. Junto ao pressuposto de uma ordem desconexa entre diferentes desejos segue a exaltação de uma ordem de equilíbrio, que é o resultado da oposição entre as tentativas dos homens para satisfazerem seus gostos e os obstáculos que eles encontram em tal busca[23]. Esta noção de equilíbrio rege a concepção de sociedade racional, na medida em que expõe o resultado "ótimo" gerado pela disputa por bens econômicos escassos. Mais precisamente, a idéia de equilíbrio revela a intenção naturalista que a gramática da escolha racional irá pressupor, pois ela indica não somente uma competição por bens ou serviços, mas também a necessidade espontânea que os homens possuem em

---

[20] Pareto. *Traité de Sociologie Générale*, p. 1316.
[21] Id. *Manuel d'Économie Politique*, p. 68.
[22] Id. *Traité de Sociologie Générale*, p. 1441.
[23] Id. *Manuel d'Économie Politique*, p. 150.

realizar certos desejos e gostos pessoais, criando uma organização voluntária da sociedade. Poderíamos dizer que o postulado possui uma utopia sociopolítica de bem-estar geral, pois o estado de equilíbrio indica a situação em que a satisfação de novos gostos individuais é impedida pelos obstáculos criados por outros interesses. Assim, o equilíbrio sugere um ponto em que não há mais a possibilidade de estabelecimento de uma transação benéfica a todos e expressa a conjuntura de aceitação unânime dos resultados das trocas efetuadas, gerando uma condição "otimizada".

É importante notar que a idéia de equilíbrio social de Pareto parte da diferenciação normativa entre as ações lógica e ilógica. Por conseguinte, uma sociedade racional deve se desvincular de ideais abstratos ou derivações que muitas vezes são mobilizados na esfera política e atrapalham o livre desenvolvimento econômico. Fundamentalmente, as utilidades não podem ser comparadas por um cálculo político, e um máximo de utilidade *da* coletividade não deve existir, ainda que um máximo de utilidade *para* a coletividade possa ser organizado a partir do equilíbrio socioeconômico, que prescinde da comparação das *ophelimités* de diferentes indivíduos[24]. As derivações são as instâncias que desvirtuam o caminho da sociedade em direção a um ponto ótimo, pois satisfazem contextos que legitimam raciocínios sentimentais e contrariam a ação instrumental que compõe a esfera específica da ciência econômica. Cabe reter o discurso aqui elaborado, pois a linguagem empregada por Pareto sempre remete a um nível transcendente, demonstrando uma tendência que dificilmente é deixada de lado pela teoria social que se desenvolve a partir de suas proposições centrais. Em nenhum momento adquire relevância estudar os processos de formação e estruturação social dos gostos ou desejos, o que possibilitaria pensar uma comparação efetiva dos objetivos individuais. Eles são dados por si mesmos, como meros fenômenos psíquicos, vistos como um resultado natural do acaso.

Na organização dessa ordem sociopolítica, a dimensão científica da Economia Política possui um papel prático definido, voltado para o controle da ação social ordinária. Pareto afirma que o domínio eficiente dos fatos objetivos do mundo, em si mesmos interdependentes, pressupõe a necessidade de

---

[24] Pareto. *Traité de Sociologie Générale*, p. 1341.

uma lógica especial, especificamente matemática[25]. Entretanto, haveria uma diferença entre as ações de um cientista, baseadas no raciocínio frio, e de um político, fundamentadas nas derivações, pois

> quando o mecânico encontra a melhor máquina, ele encontra poucas dificuldades em fazê-la aceita, e sem excluir absolutamente as derivações, ele pode fazer uso, principalmente, de raciocínios lógico-experimentais. Não acontece o mesmo com o homem de Estado, para o qual as derivações são, ao contrário, o principal, sendo a expressão de raciocínios lógico-experimentais secundária e excepcional.[26]

Pareto confessa certo pessimismo quanto à sua proposta de engajamento da ciência, pois o entendimento lógico-experimental encontra, necessariamente, limites advindos dos estímulos produzidos pelas derivações[27]. A clareza da correlação entre meios e fins proveniente do raciocínio lógico, que poderia produzir um equilíbrio econômico mais eficiente e uma utilidade geral maior, tende a dar lugar às orientações sentimentais que confundem o horizonte social e reiteram mecanismos ineficazes para o alcance dos objetivos definidos pelos agentes.

Para passar da imputação da razão restrita a uma elite para a valoração da racionalidade instrumental em todos os níveis sociais bastou uma pequena abertura teórica. Da tentativa de Pareto em criar um pensamento voltado para a transformação das práticas ordinárias, de modo a desenvolver um equilíbrio socioeconômico mais eficiente, a teoria da escolha racional retira sua maior proposição normativa: realizar socialmente o pressuposto de racionalidade instrumental. Na verdade, a teoria das elites e seu componente de legitimação da competição de interesses, ainda que não utilizados explicitamente, parecem ser as descobertas epistemológicas fundamentais da escolha racional. Por outro lado, as derivações ou as atitudes contrárias ao comportamento instrumental são sistematicamente deixadas de lado na

---

[25] Pareto. *Manuel d'Économie Politique*, p. 146.
[26] Id. *Traité de Sociologie Générale*, p. 1179.
[27] Ibid., p. 1178-1179. Cabe notar que Pareto tem esperança de que o progresso da Sociologia possa fornecer os elementos para a criação de uma legislação lógica e experimental.

teoria, de modo que a propriedade utópica da ciência econômica de Pareto passa a aparecer reificada, talvez pelo próprio sucesso da institucionalização deste modelo nas relações sociais da modernidade. Na metodologia definida pela escolha racional, os resíduos psíquicos e as derivações são caracterizados como elementos que podem ser desconsiderados em benefício da observação do que seriam os fatores reais da atividade social e econômica.

RACIONALIDADE, TROCA E JOGO SOCIAL

A exposição da teoria de Pareto, em linhas gerais, indica a dimensão normativa presente no conceito de racionalidade instrumental, principalmente os vínculos de seu aspecto comportamental com determinados entendimentos sociais, políticos e econômicos. Sem esses vínculos, a concepção não é dotada de sentido nem pode ser devidamente entendida. Por conseguinte, a noção de racionalidade depende de uma teoria da ação que, por sua vez, implica uma construção socioeconômica particular. Na medida em que o indivíduo não é capaz de possuir, devido ao contexto de escassez de bens, todos os fins que almeja, a troca aparece como o mecanismo de realização dos interesses pessoais ou *ophelimités*. Na escolha racional, a troca é vista como base do processo social, sendo percebida como origem de ganhos mútuos dos participantes que nela se envolvem[28]. Mais ainda, incorporando a perspectiva clássica da "mão invisível" formulada por Adam Smith e desenvolvida ao longo do pensamento neoclássico, pressupõe-se que somente por intermédio do intercâmbio fundado pelo interesse próprio pode surgir algo similar a uma utilidade de tipo social.

A diferenciação entre as noções de ambiente paramétrico e estratégico é fundamental na teoria da escolha racional, pois demonstra a qualificação produzida a respeito da idéia de troca. Substancialmente, "o ator racional paramétrico trata seu ambiente como constante, enquanto o ator racional

---

[28] Cabe notar, entretanto, a temática desenvolvida posteriormente, no próprio quadro da escolha racional, a respeito do "dilema do prisioneiro". Assim, uma problematização originou-se a fim de observar a prevalência de arranjos sociais subótimos em certas ocasiões. Excluo momentaneamente este assunto a fim de demonstrar as origens ontológicas específicas da teoria da escolha racional e sua concepção original de racionalidade.

estratégico considera o fato de que o ambiente é feito de outros atores, e que ele é parte do ambiente deles, e que eles sabem disso, etc."[29]. Do ponto de vista social, imaginar um contexto paramétrico, em que somente a ação de um ator determinado é variável, enquanto as outras são constantes, seria um indício de irracionalidade, devido à relativa inexistência de situações desse tipo. As relações sociais normais são constituídas por interações em que a racionalidade demanda a reflexão sobre as intenções de outros agentes. A noção de equilíbrio parte exatamente do pressuposto de pensamento estratégico, que leva em conta, além da decisão pautada exclusivamente pela otimização pessoal, as expectativas sobre as singularidades de cada interação.

A busca do interesse próprio e a geração de mecanismos sociais eficientes fundam as relações entre racionalidade individual e razão coletiva, ação individual e estrutura econômica. Cabe remarcar a centralidade que a concepção de equilíbrio adquire nesse entendimento. A idéia de agentes que procuram maximizar preferências em um contexto de escassez está diretamente articulada com um ambiente de trocas livre que permite, mesmo contando com diversidade e desigualdade de recursos, a satisfação recíproca nas relações sociais. A noção de equilíbrio adaptada pela escolha racional, qualificada como um "ponto ótimo", significa o alcance de um estágio em que uma interação não pode ser modificada sem piorar a condição de pelo menos uma das partes envolvidas no processo, na medida em que isto acarreta uma situação "subótima". Nesse sentido, a noção indica o movimento das trocas em direção à maximização dos interesses de todas as partes inscritas em um contexto social.

A concepção de equilíbrio da escolha racional comporta, de forma reduzida e simplificada, as características centrais do entendimento social da teoria. Há três aspectos a destacar. Primeiramente, a concepção revela como as relações sociais são, de uma forma geral, vinculadas à noção de troca entre agentes portadores de interesses próprios e exclusivos. Em segundo lugar, ela supõe que as interações, fora as regras instrumentais, estão desligadas de um ambiente estruturado por normas ou crenças sociais. Por fim, a noção de maximização recíproca pressuposta no resultado da troca vincula as transa-

---

[29] Elster. *Ulysses and the Sirens*, p. 18.

ções a uma situação de igualdade de recursos e realização pessoal que pode ser vista como democrática.

Essas características aparecem de forma clara no espaço de jogo definido pela escolha racional. A teoria dos jogos representa a transposição das análises que partem do conceito de racionalidade para o campo da interdependência social estratégica. A caracterização das relações sociais em jogos busca modelar uma série de restrições que envolvem os agentes racionais, ressaltando as características ordinais dos resultados (*payoffs*) que lhes são oferecidos. Os jogos demonstram as pressões conjunturais que os atores enfrentam quando situados em uma interação social, o que leva a soluções e equilíbrios diferentes, dependentes da estrutura dos *payoffs* envolvidos. Mais propriamente, os modelos de jogos permitem uma percepção precisa do fato de uma orientação individual ser dependente da consideração das ações racionais de outros jogadores. O jogador deve estar sempre consciente de que sua própria decisão terá efeito direto sobre as escolhas de todas as pessoas com as quais estabelece uma transação. O prêmio de cada participante depende das escolhas realizadas pelos outros, manifestando uma causalidade geral em que a antecipação e a previsibilidade se tornam valores centrais.

Dessa forma, a teoria dos jogos recupera a distinção entre os ambientes estratégico e paramétrico, argumentando que o ator racional estratégico se vê, de forma espontânea, inserido em um espaço de troca competitiva que não permite uma atividade de otimização totalmente livre. A teoria apresenta os agentes inseridos em uma rede, entendendo-os não como entes isolados, mas diretamente relacionados às jogadas feitas pelos outros. Criticam-se as noções de racionalidade que pressupõem uma orientação independente, como a caracterizada no personagem Robinson Crusoé. Nesse sentido,

> se duas ou mais pessoas trocam bens umas com as outras, o resultado de cada uma, em geral, irá depender, portanto, não meramente de suas próprias ações, mas também daquelas dos outros. Assim, cada participante tenta maximizar uma função [...] a qual ele não controla todas as variáveis.[30]

---

[30] von Neumann e Morgenstern. *Theory of Games and Economic Behavior*, p. 11.

Enquanto Robinson Crusoé relaciona-se com variáveis "mortas", ao alcance de seu controle imediato, o indivíduo que participa do jogo social tem, necessariamente, de responder a dados que refletem outras intenções. O conceito sociológico que representa a reciprocidade dos indivíduos inscritos nas interações é o de "conhecimento comum da racionalidade" (*common knowledge of rationality*)[31], que revela a expectativa de comportamento instrumental de cada jogador. Assim, todas as análises de jogos assumem que os agentes possuem conhecimento mútuo de suas racionalidades. Cabe notar que a esse princípio ainda se acresce, na maior parte das pesquisas, a premissa de um alinhamento de crenças (*consistent alignment of beliefs*), pois qualquer agente deve esperar do outro o mesmo tipo de atitude de maximização de interesses se ambos possuem o mesmo conjunto de informações. Por conseguinte, o indivíduo pode antecipar as jogadas a serem feitas posteriormente, prevendo o resultado do jogo. Essa capacidade de previsão é a base da idéia de "equilíbrio de Nash", que indica a orientação predeterminada dos jogadores para excluir as chamadas "estratégias dominadas", ou seja, as jogadas que dão resultados menores do que outras possibilidades apresentadas. Nesse caso, um conjunto de estratégias está em equilíbrio somente se o seu resultado confirma as expectativas instrumentais de cada jogador sobre as escolhas elaboradas por outros.

A modelação das relações sociais em jogos e a idéia de equilíbrio revelam o tipo singular de pensamento sociológico da escolha racional. Apesar da formalização complexa exposta pela teoria dos jogos, essa orientação é explicitamente enfatizada por von Neumann e Morgenstern, dado que o "interesse principal é, certamente, na direção econômica e sociológica"[32]. Segundo estes autores, os conceitos propostos pela teoria evidenciam de forma simples as características fundamentais do tecido social, principalmente a escassez de bens e a necessidade de estabelecimento de interações estratégicas. A noção de custos de oportunidade representa os limites e restrições que os agentes, com as informações presentes, têm para alcançar os fins desejados. O pressuposto de escolha decorre desses

---

[31] Para uma introdução ao princípio, ver Shaun Hargreaves e Yanis Varoufakis. *Game Theory: A Critical Introduction*, p. 23-28.

[32] von Neumann e Morgenstern. *Theory of Games and Economic Behavior*, p. xxvii.

limites, levando o indivíduo a determinar uma escala de preferências de seus desejos frente ao contexto de transações que se lhe apresenta. Ao contrário do que é suposto por uma teoria paramétrica, os resultados dos jogos estratégicos não indicam que as trocas implicam situações sem cooperação. O equilíbrio resultante das interações instrumentais representa a forma pela qual os jogadores ajustam reciprocamente os seus comportamentos para a criação de um regime caracterizado pela satisfação de interesses.

Cabe notar que a premissa de escassez social, especificamente a carência de informação, implica uma teoria em que os personagens controlam os fatos ao seu redor. Indivíduo e sociedade aparecem como dimensões distintas e independentes. O próprio significado de "informação" revela uma contraposição da reflexão individual em relação ao estado social. Normas e fatos sociais tornam-se, então, informes a serem manipulados, e podem produzir certeza e domínio sobre o jogo social. Para os teóricos da escolha racional, os indivíduos, a partir de informações específicas, atribuem razões autônomas para as escolhas que efetuam, como se seus interesses fossem gerados por uma esfera independente do mundo exterior. Essa crença é representada pelo postulado de que os indivíduos não somente conhecem, mas dominam racionalmente as "regras do jogo", construindo equilíbrios relacionados com este conhecimento. Os processos de constituição de vontade e preferência são vinculados a um solipsismo que se contrapõe diretamente a padrões de conformação social ou a uma moralidade abrangente situada "fora" da dimensão individual. A questão da existência de algum tipo de estrutura a definir as interações é denegada por uma direção teórica que separa ação e sistemas sociais, de forma que os fenômenos estruturais aparecem apenas como "restrições" às atitudes de maximização pessoal.

O solipsismo da concepção comportamental da escolha racional sugere uma realidade competitiva que problematiza a possibilidade de uma racionalidade ao mesmo tempo individual e social. Essa questão transparece na análise dos jogos que refletem o chamado "dilema do prisioneiro", em que a conduta oportunista de dois atores os leva a não admitirem o estabelecimento de acordos informais. O dilema é representado pelo seguinte modelo de distribuição de *payoffs* (o primeiro número corresponde ao prêmio do jogador A e o segundo ao de B), em que as alternativas de jogadas são cooperar ou não cooperar:³³

A, B	não cooperar	cooperar
não cooperar	-1 , -1	2 , -2
cooperar	-2 , 2	1 , 1

Nota-se que se o jogador B (coluna) cooperar, vale mais à pena para o agente A (linha) não cooperar. Da mesma forma, se B não cooperar, A deve também não cooperar. Ou seja, A sempre não coopera, qualquer que seja a jogada efetuada por B, e vice-versa. Desse modo, o modelo do dilema do prisioneiro representa as situações caracterizadas por um arranjo de resultados em que as ações racionais produzem, paradoxalmente, um equilíbrio subótimo, que poderia ser alterado se os indivíduos cooperassem e confiassem uns nos outros a respeito das jogadas futuras. Cabe lembrar que o oportunismo se refere "à revelação distorcida ou incompleta de informação, especialmente aos esforços calculados para enganar, deturpar, disfarçar, ofuscar, ou de outro modo confundir"³⁴. Segundo a perspectiva da escolha racional, a essência do homem não o induz a cooperar. O dilema do prisioneiro é relevante por demonstrar como a questão da comunicação e, por conseguinte, das normas sociais, não adquire a princípio grande importância nas análises. Por outro lado, ele manifesta a dependência da teoria a um aparelho institucional for-

---

³³ O dilema do prisioneiro real leva em conta dois prisioneiros culpados, mas contra os quais não há provas suficientes para incriminá-los inteiramente. Quando submetidos separadamente ao interrogatório, cada um encara uma estrutura de *payoffs* em que estão expostas as alternativas de confessar o crime ou não, de cooperar com o outro ou não. A escolha cooperada de não confessar é, do ponto de vista de ambos os prisioneiros, a melhor alternativa, entendido que não há evidências para mantê-los na prisão por muito tempo. Se ambos confessarem, terão um pena intermediária, decidida pelo juiz. Entretanto, se apenas um confessar, o que confessou será solto e toda a pena recairá sobre o agente que não confessou. É essa configuração que leva os dois indivíduos a terem um comportamento oportunista e a não cooperarem. Ambos irão confessar, gerando um resultado pior do que se cooperassem e não confessassem o crime.
³⁴ Oliver Williamson. *The Economic Institutions of Capitalism. Firms, Markets, Relational Contracting*, p. 47.

malizado a fim de regular os diversos comportamentos oportunistas. O que diferencia um contexto cooperativo de um não-cooperativo é a possibilidade de estabelecimento de acordos ou contratos explícitos que se façam cumprir a partir de uma esfera externa à interação. Assim, as relações sociais são subordinadas não somente à idéia de equilíbrio, mas também à de contrato formal, pois a colaboração entre os agentes só pode ocorrer via esquemas formalizados de troca.

> Como uma questão prática, as situações que não permitem acordos que se façam cumprir têm, muitas vezes, do ponto de vista social, uma estrutura de incentivos muito indesejável, e podem criar vários problemas humanos bastante dolorosos. Mas esses problemas não podem ser resolvidos pela idéia de que as pessoas deveriam agir como se os acordos se fizessem cumprir, ainda que assim não ocorra; ou que as pessoas deveriam confiar umas nas outras, ainda que elas tenham muitas boas razões para negar esta confiança.[35]

A desconfiança condiz com as situações concretas e estratégicas de risco que a grande maioria dos jogos pressupõe. As próprias soluções propostas pelos autores da escolha racional para resolver os problemas do oportunismo reproduzem esta dimensão comportamental. A fim de pensar as dificuldades de obtenção de informação dos indivíduos quando inscritos nas interações, parte dos autores assume o estudo da racionalidade baseada no cálculo bayesiano quanto às alternativas expostas. Assume-se, então, o estabelecimento ou de probabilidades objetivas, no caso de situações de risco, ou de estimativas subjetivas, em contextos de incerteza, ambas pautadas pelas informações disponíveis[36]. Por conseguinte, mesmo em interações determinadas pela incerteza ou pelo risco, definidas pela incapacidade de conhecimento das jogadas dos outros agentes, existe uma forma de cálculo racional relativo a uma utilidade esperada. O cálculo corresponde a um princípio de certeza (*sure-thing principle*) na escolha entre duas ou mais alternativas, dado que uma, caso uma variável se imponha ao longo do jogo, sempre apresenta

---

[35] Harsanyi. "Advances in Understanding Rational Behavior". In: Jon Elster, ed. *Rational Choice*, p. 95.
[36] Ibid., p. 86-88.

resultado melhor do que todas as alternativas possíveis presentes em uma transação.

A caracterização introdutória da orientação instrumental e oportunista conduz a numerosas questões de cunho social e político, que são tratadas detalhadamente nos capítulos seguintes. O que importa destacar no momento é a idéia dos autores da escolha racional de que as funções de utilidade pessoal e as estratégias elaboradas nas transações podem revelar os fundamentos de qualquer sociedade. Por intermédio de proposições objetivas sobre a agência individual, da possibilidade de modelagem formal das interações em jogos e da contraposição de atitudes lógicas perante as ações ilógicas, a teoria formula uma metodologia geral que procura prever as relações sociais. A sua legitimidade científica baseia-se na busca da explicitação dos traços substanciais da realidade humana, o que permite fundar um pensamento "positivo" que seria diretamente contrário às análises normativas elaboradas por outros modelos teóricos.

Contudo, antes de entrarmos no tema específico da metodologia da escolha racional, é importante notar que a idéia do indivíduo baseado em um cálculo instrumental preciso sofre questionamento dentro do próprio campo da teoria. Vários trabalhos sugerem que a indecisão caracteriza de tal modo as situações sociais que a noção de racionalidade completa é quase desprovida de sentido. Assim, chamam atenção para a necessidade de um paradigma teórico que compreenda os mecanismos socialmente construídos que contrariam as incertezas que os indivíduos enfrentam em suas transações. Dada a forte influência desse entendimento, cabe analisar com mais detalhes a proposição de uma "racionalidade limitada" (*bounded rationality*) desenvolvida por Herbert Simon.

INFORMAÇÃO INCOMPLETA E RACIONALIDADE LIMITADA

Um grande desafio que o paradigma neoclássico de racionalidade enfrenta é a crítica de Herbert Simon ao pressuposto de que os agentes têm informação completa em suas interações. Segundo o autor, as escolhas são caracterizadas pela limitação da capacidade cognitiva dos indivíduos, fundada pela impossibilidade de estes maximizarem conhecimento de acordo com os padrões ótimos requeridos em uma dada situação. Mesmo o modelo de risco composto pela teoria dos jogos é questionado, pois não se supõe um tipo de raciocínio que pode estabelecer estimativas de probabilidade a respeito das orientações ou jogadas possíveis.

March e Simon[37] dão grande destaque aos modelos de simplificação da realidade que os indivíduos utilizam para tomar decisões e estabelecer previsibilidade em um ambiente de informações restritas. Desse modo, os comportamentos se voltam para a satisfação, em detrimento de ações ótimas que poderiam maximizar de fato todas as oportunidades envolvidas. Simon[38] caracteriza a conduta de satisfação como um mecanismo de escolha em que o indivíduo planeja somente seqüências curtas de decisão. Além disso, o autor assevera que, dado o contexto social incerto, as necessidades pessoais não se tornam insaciáveis, o que acarreta inércia dos sujeitos a partir de determinado ponto. Fundamentalmente, a racionalidade não é uma orientação objetiva frente à realidade, mas uma direção subjetiva baseada na informação incompleta que os indivíduos efetivamente possuem. O agente comporta-se racionalmente de acordo com um modelo cognitivo simplificado, o que torna necessário o advento de uma teoria administrativa das organizações para enfrentar os limites de conhecimento, previsão e habilidades que surgem quando os homens agem em conjunto.

A racionalidade limitada torna mais complexa a idéia neoclássica de que os agentes possuem objetivos definidos e assumem um movimento racional na forma de alcançá-los. Assim, questiona a possibilidade de escolhas em que todas as alternativas, e suas respectivas utilidades, são analisadas claramente a partir de habilidades individuais que anexam *payoffs* a todas as direções disponíveis. O problema central é que os resultados não são, muitas vezes, mensuráveis em termos de utilidade ou dinheiro, e a reflexão pessoal não pode considerar de forma completa os custos e benefícios de novas alternativas, assim como uma medida comum que compare todos os componentes delas. Além disso, problematizam-se os postulados sobre ações em ambien-

---

[37] James March e Herbert Simon. *Teoria das Organizações*.
[38] Herbert Simon. *Models of Man*, p. 271.

tes de incerteza, principalmente a noção de que os indivíduos pensam sobre a "utilidade esperada" a respeito das alternativas que não portam resultados claros. Através de uma análise que leva em conta aspectos psicológicos, Simon sugere que há limites internos para a conduta instrumental, o que torna problemática uma teoria que admite somente restrições externas, como o orçamento e os preços do lado do consumidor, e a oferta definida de fatores de produção e demanda por parte do empresário. A racionalidade limitada é manifestada pelo fato de que

> a capacidade da mente humana em formular e resolver problemas complexos é bastante pequena quando comparada com o tamanho dos problemas para os quais uma solução objetivamente racional é requerida no mundo real – ou mesmo para uma aproximação razoável de tal racionalidade objetiva.[39]

Entretanto, mesmo com esses questionamentos, deve-se notar que a concepção de racionalidade limitada implica pressupostos sociais similares aos da teoria neoclássica do consumidor. Os termos comportamentais da filosofia econômica tradicional estão presentes, substancialmente, de forma semelhante em ambos os modelos. O próprio Simon[40] lembra que sua intenção é apenas redefinir a idéia de racionalidade usualmente utilizada pela Economia, e não explicar as atitudes humanas a partir de orientações irracionais. No seu entender, somente nesta direção certas ações podem ser interpretadas como razoáveis e racionais, em vez de afetivas. Assim, seria contraditório tomar o conceito de racionalidade limitada como crítica efetiva à idéia de ação instrumental. Se o agente procura escolher o caminho voltado para a sua satisfação, em detrimento de uma otimização que requer mais custos, não há motivo para compreender esta conduta como desvinculada dos padrões de maximização pessoal.

Na verdade, seria incoerente para a própria conceituação da racionalidade, e para o aparato teórico proveniente da Economia que é parcialmente legitimado por Simon, supor que as escolhas dos indivíduos não estão ne-

---

[39] Simon. *Models of Man*, p. 198.
[40] Ibid., p. 200.

cessariamente relacionadas com as suas escalas autônomas de utilidade. Se a utilidade é determinada pela razão individual, e se esta indica, por intermédio de um cálculo de custos e benefícios, um caminho voltado para a satisfação, não há nenhum fato suplementar que possa definir esta opção como subótima. O comportamento adaptativo e de satisfação, gerado para deter os malefícios da informação incompleta, nada mais é do que um produto da reflexão premeditada de como construir decisões ótimas em um ambiente de condições restritivas. Portanto, as decisões tomadas em situações de incerteza continuam partindo do mesmo pressuposto de interesse próprio e ação conseqüencial, na medida em que os indivíduos persistem em otimizar subjetivamente as oportunidades e resultados, ainda que dependam da quantidade e da qualidade das informações que recebem.

Deve-se notar que a incerteza da racionalidade limitada acarreta a valorização da previsibilidade que conduz a conseqüências diretas para o campo político. Reproduzindo certas características normativas da teoria da escolha racional em geral, a idéia de contexto social incerto gera o questionamento das políticas públicas abrangentes e grande desconfiança a respeito dos poderes do Estado. A própria teoria de Simon, em consonância com as propostas neoclássicas, procura legitimar uma descentralização das decisões, de forma que a esfera política ou a de uma organização produtiva formalizada, vistas como instrumentos de planejamento e centralização, são percebidas como meios ineficientes para superar os problemas de conhecimento das alternativas[41]. Esse sentido é coerente com a alegação de Downs[42] de que a incerteza governamental ocasiona, necessariamente, malefícios a certos indivíduos, privados de estabelecer um equilíbrio marginal em suas transações tal como o possibilitado pelo mercado. De forma similar, Olson[43] acentua a incapacidade de bens gerados pelos governos possuírem unidade de oferta, ou seja, produzirem ganhos sem dar privilégios exclusivos a um grupo de pessoas. Os bens coletivos produzidos pelo Estado trazem a restrição da liberdade individual, pois originam a troca de "decisões individuais feitas em liberdade por decisões coletivas baseadas

---

[41] March e Simon. *Teoria das Organizações*, p. 276-290.
[42] Downs. *An Economic Theory of Democracy*, p. 164-204.
[43] Olson. *The Logic of Collective Action*, p. 14.

na força"⁴⁴. Essas opiniões ressaltam que mesmo com a impossibilidade de os indivíduos efetuarem decisões ótimas em contextos sociais complexos, não há outro mecanismo legítimo de escolha a não ser a própria ação instrumental. Contrariar isto seria contrapor-se à natureza dos fatos sociais, que indicam as livres trocas interpessoais como meio exclusivo de um equilíbrio otimizado.

ESCOLHA RACIONAL E METODOLOGIA POSITIVA

Muitos trabalhos da teoria da escolha racional fazem referência ao artigo "A Metodologia da Economia Positiva", de Milton Friedman, como parâmetro geral de suas proposições epistemológicas. O artigo é por si mesmo interessante por demonstrar, mesmo com a diversidade do campo da teoria, a identidade dos trabalhos da escolha racional no entendimento do que é ciência. O postulado metodológico fundamental de Friedman é a necessidade de padronização analítica da realidade social, de forma a depurá-la e evidenciar suas características mais essenciais, que são definidas pelo comportamento racional e instrumental dos agentes. Afirma-se uma dicotomia entre as análises "positivas" e "normativas"⁴⁵. Enquanto a ciência positiva é caracterizada pelo conhecimento a respeito do que "é", a ciência normativa é a reflexão pautada pela discussão de critérios do que "deve ser". A ciência positiva e objetiva é, portanto, independente de quaisquer posições éticas ou julgamentos de valor, procurando

> fornecer um sistema de generalizações que possa ser usado para produzir previsões corretas sobre as conseqüências de qualquer mudança nas circunstâncias. O desempenho das previsões que ela produz será julgado pela precisão, âmbito e conformidade com a experiência.⁴⁶

Objetividade e previsibilidade tornam-se os valores maiores de tal entendimento e, por conseguinte, de sua concepção científica. Como nas

---
⁴⁴ Olson. *The Logic of Collective Action*, p. 94.
⁴⁵ Milton Friedman. "The Methodology of Positive Economics". In: Milton Friedman, ed. *Essays on Positive Economics*, p. 3.
⁴⁶ Ibid., p. 4.

Ciências Exatas, a legitimidade dos prognósticos das Ciências Sociais deve ser fundamentada em experimentos controlados. A produção de hipóteses sobre a realidade é a ferramenta da ciência positiva, e a aceitação delas deve ser efetuada por uma comparação, não contraditória, de suas previsões com a realidade. Ao contrário das proposições que afirmam um limite intransponível nas investigações com dados humanos, devido à inscrição do pesquisador em seu próprio campo de estudos, Friedman[47] propõe que não há dificuldade específica em conduzir experimentos sociais de teste de hipóteses. As diferenças entre as duas áreas científicas se resumem à complexidade maior do objeto das Ciências Humanas, caracterizado pela intensa variação das circunstâncias.

Para o alcance de uma teoria formalizada passível de permitir experimentos controlados, Friedman sugere a sistematização de hipóteses gerais, por vezes supostas como "tipos ideais"[48]. A partir de uma perspectiva analítica que irá influenciar todo o campo da teoria da escolha racional, e, efetivamente, a construção da idéia de racionalidade, o autor[49] afirma que hipóteses significativas possuem suposições que estão distanciadas de uma representação exata da realidade concreta. Uma hipótese fecunda se explica muito por meio de argumentos simples, abstraindo apenas os fatores essenciais da complexa vida ordinária. Cabe notar que esse é o mesmo tipo de entendimento sustentado por von Neumann e Morgenstern a respeito da possibilidade de formalização matemática da vida social, e, por conseguinte, da capacidade de as Ciências Sociais alcançarem um estágio de desenvolvimento científico similar ao das Ciências Exatas[50]. O modelo analítico dos jogos é representativo do ideal de abstração, pois é composto de construções com

---

[47] Friedman. "The Methodology of Positive Economics". In: Milton Friedman, Ed. *Essays on Positive Economics*, p. 10-11.
[48] Ibid., p. 34; 35.
[49] Ibid., p. 14-15.
[50] von Neumann e Morgenstern. *Theory of Games and Economic Behavior*, p. 3 e 32-33. Os autores lembram que as mesmas objeções que são emitidas em relação à impossibilidade de a Economia se basear em métodos matemáticos – fundamentadas no fato de que a realidade social seria muito complexa, de modo que o elemento humano não seria passível de mensuração – foram anteriormente formuladas em relação a disciplinas que, atualmente, são fortemente vinculadas com procedimentos formalizados, como a Física, a Biologia e a Química.

definições simples mas exaustivas, que consideram exclusivamente os traços essenciais da realidade. Essa postura analítica é também valorizada por Pareto, que atenta para a necessidade de formalização na teoria social. Assim, "a mecânica racional, quando reduz os corpos a simples pontos materiais, e a Economia pura, quando reduz os homens reais ao *homo oeconomicus*, servem-se de abstrações perfeitamente parecidas, impostas por necessidades similares."[51] É a generalidade e a frugalidade do modelo que permite a sistematização do tratamento matemático.

Nesse sentido, a produção teórica deve definir de forma simples e objetiva correlações de causa e conseqüência. A "irrealidade" das pressuposições de Friedman, que não cobrem toda a vida social, não é produzida por uma inconsistência analítica, mas pela complexidade do mundo. A resposta ao caráter explicativo das teorias é dada, no seu entender, pelo teste empírico baseado na diferença entre o comportamento real e aquele previsto na hipótese. Assim, "hipóteses significativas e importantes acabam por possuir 'suposições' que são representações descritivas bastante imprecisas da realidade, e, em geral, quanto mais significativa a teoria é, mais irrealista são suas suposições"[52]. As hipóteses trabalham para a depuração dos fatos, pois as asserções fundamentais de uma teoria coerente devem estar vinculadas à abstração dos "elementos cruciais e comuns da massa de circunstâncias complexas e detalhadas que envolvem o fenômeno a ser explicado"[53].

Um exemplo proposto por Friedman[54] demonstra de forma simplificada esse procedimento metodológico. O autor sugere a hipótese de que a densidade das folhas de uma árvore é dependente da orientação deliberada delas para se posicionarem no lugar que obtém a maior quantidade possível de luz solar, como se as folhas soubessem das leis físicas e calculassem uma posição ótima. Segundo Friedman, a hipótese não indica que as folhas façam algum tipo de cálculo, mas somente que as suas densidades são definidas *como se* elas o fizessem. Na verdade, a ação total das folhas está fora da gama de fenômenos que a teoria procura responder. Todavia, apesar da falsidade

---

[51] Pareto. *Manuel d'Économie Politique*, p. 17.
[52] Friedman. "The Methodology of Positive Economics". In: Milton Friedman, ed. *Essays on Positive Economics*, p. 14.
[53] Ibid., p. 14.
[54] Ibid., p. 19-20.

da teoria, suas implicações estão em conformidade com a observação dos fenômenos. Da mesma forma, os empreendedores que se distanciam da suposição da racionalidade instrumental dificilmente irão sobreviver na esfera dos negócios, assim como as folhas de uma árvore em relação à luz solar. Qualquer que seja o determinante da ação individual – reação tradicional, sorte, etc. – o importante é que os negócios se desenvolvem somente se estão articulados com a atitude de maximização feita por um indivíduo racional que pratica cotidianamente os complexos cálculos que um economista produz[55]. A força da teoria está na incapacidade de as críticas demonstrarem a contradição de suas implicações, ou seja, a incoerência das previsões de determinados eventos sociais[56]. O uso contínuo da mesma hipótese através de um longo período e a falta de uma alternativa que seja amplamente aceita já bastam para legitimar um conjunto de pressupostos.

Contudo, há uma diferença substancial não observada por Friedman, pois, ao contrário do universo físico, a teoria social ou econômica não se comunica com uma dimensão natural e passiva, mas com um ambiente humano reflexivo. Há um elemento singular da prática de sua metodologia, pois a falsidade deliberada proposta pode reproduzir da realidade apenas os fatores que se articulam a uma percepção de mundo particular. Assim fazendo, a estratégia de investigação pode ajudar a institucionalizar certa perspectiva sociopolítica. Por conseguinte, o método passa a fronteira de mera teoria positiva, tornando-se um ponto de vista portador de grande força prescritiva. Ainda que não caiba aqui o questionamento da medida em que a metodologia de Friedman indica uma normatividade a ser superada, dada a crença de que toda teoria social retém premissas normativas, quero somente

---

[55] O porquê de Friedman enfatizar um aspecto hipotético e "irreal" da competição econômica, em vez de fundamentar sua análise a partir de uma teoria estrutural e histórica, não é devidamente esclarecido. O autor cita o processo de "seleção natural" como fator determinante do comportamento maximizador, mas somente como uma dimensão que ajuda a validar a sua hipótese. Esta escolha metodológica aponta exatamente para a substância normativa que procuramos chamar atenção. Ainda que os indivíduos não se comportem de modo calculado, como previsto, há um pressuposto de que eles devem assim se comportar, tendo a teoria o papel de ajudá-los a maximizar e a preservar seus postos na realidade social.
[56] Friedman. "The Methodology of Positive Economics". In: Milton Friedman, ed. *Essays on Positive Economics*, p. 22-23.

ressaltar alguns pontos que subvertem o objetivo de uma proposta analítica se separar de valores ou normas sociais.

O problema da perspectiva de Friedman é a contradição em propor uma metodologia que une tanto um relativismo teórico quanto uma objetividade que procura descrever a essência da vida social. Ao mesmo tempo em que o autor salienta os limites das teorias para representar o mundo de forma absoluta, ele sugere implicitamente que a realidade fala por si mesma, o que contradiz as características metodológicas de suposição e generalização. Cabe notar que a mesma imprecisão é demonstrada por Pareto quando, ao lado do relato das dificuldades da análise social produzidas pela moralidade e imaginação do pesquisador, afirma a existência de um "fenômeno objetivo" que poderia ser apreciado cientificamente se a esfera subjetiva e sentimental fosse controlada[57]. Esse tipo de imprecisão acarreta um deslizamento de uma postura plural para um posicionamento totalizante, mais propriamente a passagem de um relativismo para um fundamento objetivador da realidade. A sutileza da metodologia de Friedman, e, por conseguinte, da escolha racional em geral, está em prescrever certos fenômenos como secundários e instituir outros como cernes da vida social e econômica, como se tal procedimento fosse controlado por fatores científicos neutros. No entender do autor,

> uma hipótese fundamental da ciência é que as aparências são enganadoras e que existe um modo de olhar, ou interpretar, ou organizar a evidência que revela que os fenômenos superficiais desconexos e diversos são manifestações de uma estrutura mais fundamental e relativamente simples.[58]

Contrapondo-se a uma espécie de "consciência falsa", o cientista deve possuir uma consciência objetiva, pronta para apreender da realidade o que o olhar ordinário não consegue visualizar. Deve-se notar que, mesmo tendo igual terminologia, a definição de "tipo ideal" de Friedman está distante do procedimento analítico weberiano. Por outro lado, ainda que o economista não cite Weber, o contraste entre as duas metodologias revela

---

[57] Pareto. *Manuel d'Économie Politique*, p. 43-50.
[58] Friedman. "The Methodology of Positive Economics". In: Milton Friedman, ed. *Essays on Positive Economics*, p. 33.

as características próprias do método positivo. A "irrealidade" definida por Friedman não está fundamentada em uma seleção do real, mas sim na idéia de depuração de traços que formam a essência dos fenômenos sociais. É irreal, portanto, porque as concepções estão vinculadas à transcrição rigorosa de uma realidade objetiva que é sobreposta ao mundo concreto. Ao contrário da proposta weberiana, o entendimento positivo não sugere uma representação que acentua certos elementos significativos a fim de construir um argumento imaginário homogêneo e coerente[59]. A idéia weberiana de tipo ideal pressupõe a parcialidade das noções analíticas, pois a seleção dos fenômenos gerada pelo método escolhido deriva, necessariamente, do interesse ou da significação cultural de idéias de valor particulares dos pesquisadores. Segundo Weber,

> do mesmo modo que existem os mais diferentes 'pontos de vista', a partir dos quais podemos considerar como significativos os fenômenos citados, pode igualmente fazer-se uso dos mais diferentes princípios de seleção para as relações suscetíveis de serem integradas no tipo ideal de uma determinada cultura.[60]

É explícito como a proposta de Friedman subverte esse fundamento de parcialidade, na medida em que não propõe uma espécie de aproximação da realidade, mas sim uma separação dos fatos lógicos e "puros" da massa de eventos irracionais. Por conseguinte, a necessidade de depuração da metodologia positiva implica uma qualidade normativa que a distingue de uma epistemologia baseada na comparação e na medição da realidade a partir de determinados sistemas de idéias. No caso específico do conceito de racionalidade, a conseqüência é a transformação de um mero valor circunstancial de pesquisa em uma forma comportamental exemplar que passa a ser o fundamento de um julgamento da realidade.

A mistura entre as dimensões normativa e positiva é explicitada, por vezes, pelos próprios autores que participam do campo teórico da escolha

---

[59] Weber. "A 'Objetividade' do Conhecimento nas Ciências Sociais". In: Gabriel Cohn, org. *Max Weber: Sociologia*, p. 105.
[60] Ibid., p. 107.

racional. Por um lado, Buchanan[61] reitera essa perspectiva "irrealista" lembrando a exposição de Adam Smith em "A Riqueza das Nações", que oferece uma explicação "positiva" de como um sistema econômico trabalha a partir do interesse próprio, livre das regulações políticas. O autor salienta que Smith desenvolveu a perspectiva dedutiva de uma ordem social alternativa, de modo a desenhar um contraste com a (des)ordem que observava. Por outro lado, Buchanan admite que sua postura analítica é essencialmente normativa, sendo seu projeto de "constituição social" uma forma política que pode ser institucionalizada na realidade. A tarefa da teoria é "tentar convencer o cético de que o esquema constitucionalista-contratualista oferece uma base para a construção de uma sociedade dentro da qual as pessoas possam permanecer livres"[62]. Assim, a explicação envolve tanto análise quanto persuasão. A sutileza do argumento está em aliar seu caráter normativo à suposição de leis irrefutáveis da sociedade e da ação individual, pois "uma análise aceitável deve ser consistente com as leis da interação social que informam as atitudes humanas"[63].

A mesma direção é encontrada no trabalho de von Neumann e Morgenstern. Segundo os autores,[64] a generalidade da metodologia que propõem, baseada em procedimentos matemáticos e na percepção das propriedades medulares da ação, considera a potencialidade de seus resultados regerem as orientações individuais em um plano futuro. Ainda que seus pressupostos não incorporem uma série de fenômenos do comportamento individual real, que muitas vezes estão vinculados a atitudes confusas e irracionais, a teoria proposta, quando plenamente desenvolvida, poderia ser institucionalizada no cotidiano de todos os agentes.

---

[61] Buchanan, *Freedom in Constitutional Contract*, p. 4. O mesmo posicionamento normativo e a necessidade de construção racional de "boas instituições" a partir da teoria da escolha racional são assumidos também por Schofield. "Rational Choice and Political Economy". In: Jeffrey Friedman, ed. *The Rational Choice Controversy: Economic Models of Politics Reconsidered*, p. 190.
[62] Buchanan, *Op. cit.*, p. 4.
[63] Ibid., p. 4.
[64] Von Neumann e Morgenstern. *Theory of Games and Economic Behavior*, p. 20.

A caracterização "positiva" da realidade parece traduzir, contraditoriamente, o objetivo de normalizar um tipo de ação que, ainda que presente parcialmente na sociedade, deve orientar todos os domínios sociais, políticos e econômicos. Na verdade, a perspectiva de Friedman a respeito das relações entre a sua concepção de ciência e a análise normativa evidencia uma correlação original que procura instituir a interdependência entre as duas esferas. Essa perspectiva aparece claramente em certas passagens do trabalho do autor:

> Economia normativa e a arte da Economia, por outro lado, não podem ser independentes da Economia positiva. Qualquer conclusão política apóia-se, necessariamente, em um prognóstico sobre as conseqüências de fazer alguma coisa em vez de outra, um prognóstico que deve estar baseado – implicitamente ou explicitamente – na Economia positiva.[65]

> um consenso sobre a política econômica 'correta' depende muito menos, propriamente, do progresso da Economia normativa do que do progresso da Economia positiva que produz conclusões que são, e merecem ser, amplamente aceitas. Isto significa também que uma razão maior para distinguir claramente a Economia positiva da Economia normativa é precisamente a contribuição que pode, desse modo, ser produzida para um acordo sobre a política.[66]

Contudo, o intercâmbio entre trabalho positivo e normativo encontra limites sociais. Friedman lamenta a familiaridade com que as análises das Ciências Sociais e da Economia são encaradas na vida cotidiana[67]. A importância da temática destas ciências acarreta, segundo o autor, um vínculo com a realidade que acaba por promover a confusão entre as esferas da análise objetiva e dos julgamentos normativos ordinários, de modo que é estimulada a produção de asserções baseadas em experimentos não controlados. Assim, a idéia de uma epistemologia fundamentada em um procedimento contro-

---

[65] Friedman. "The Methodology of Positive Economics". In: Milton Friedman, ed. *Essays on Positive Economics*, p. 5.
[66] Ibid., p. 6-7.
[67] Ibid., p. 40.

lado de alcance da verdade, desvinculado das contingências do pensamento irracional, deve assumir aspectos diretamente políticos e pressupõe, antes de tudo, a separação das conclusões científicas da dinâmica social concreta. Pareto possui a mesma utopia de separar a ciência dos fatos sociais, atentando para os problemas que as reflexões habituais geram para uma orientação analítica governada pela razão experimental:

> para convencer alguém em matéria de ciência, é necessário expor, tanto quanto possível, fatos verdadeiros, colocando-os em relação lógica com as conseqüências que queremos tirar deles. Para convencer alguém em matéria de sentimentos – e quase todos os raciocínios que fazemos sobre a sociedade e sobre as instituições humanas pertencem a esta categoria – é necessário expor fatos capazes de despertá-los, de modo que inspirem a conclusão que queremos. É evidente que estas duas formas de raciocinar são completamente diferentes.[68]

> As teorias econômicas e sociais das quais se servem aqueles que tomam parte nas lutas sociais não devem ser julgadas por seu valor objetivo, mas principalmente por sua eficácia em suscitar emoções. A contestação científica que podemos fazer delas não serve de nada, mesmo que seja exata objetivamente.[69]

A norma fundamental do procedimento positivo é controlar os pensamentos ordinários e substituir os parâmetros da Economia Política tradicional por uma verdadeira ciência, neutra e objetiva tal qual seria a Física[70]. Os conceitos definidos no campo econômico e recepcionados pela teoria da escolha racional, dentre os quais se destaca a noção de racionalidade, demonstram esse viés objetivador. O próprio tipo de vocabulário de sua

---

[68] Pareto. *Manuel d'Économie Politique*, p. 124-125.
[69] Ibid., p. 134-135. O autor dá uma série de exmplos de opiniões que seriam descartadas se um procedimento epistemológico correto fosse institucionalizado socialmente. Dentre eles, o autor destaca o sentimento contra a guerra (p. 128), a asserção de que os homens são iguais por natureza (p. 128-129), e a idéia de que os homens podem ser governados sem a força (p. 134).
[70] Bernard Guerrien. "La Théorie Économique à votre Portée". In: Serge Latouche, dir. *L'Économie Dévoilée. Du Budget Familial aux Contraintes Planétaires*, p. 86.

narrativa − "forças de mercado", "lei de oferta e procura", "mecanismo de preços", "função de produção", etc. − é tomado emprestado das ciências naturais[71]. O objetivo é a definição de uma "Física social" e de um determinismo preditivo assentados em conceitos e ferramentas do modelo matemático, de forma a se alcançar a legitimidade analítica das Ciências Exatas[72]. Devido à suposição de que os objetos de investigação se comportam de modo a maximizar ou minimizar certas variáveis e a constituir certo equilíbrio, segue a compreensão de que os fatos sociais necessitam ser quantificados, e, por conseguinte, distanciados da complexidade descartável da realidade. Por outro lado, a regularidade do modelo descreve a necessidade de o mundo concreto tornar-se previsível, de modo que a vida ordinária se aproxime da teoria dos átomos individuais, que é mensurável, otimizada, estável e produtiva.

O resultado de tal caminho da teoria à prática é a definição de um mundo harmônico e funcional, em que a concepção de equilíbrio ganha destaque maior. Ainda que sejam reconhecidas as dificuldades de verificar esse modelo na empiria, os teoremas se tornam cada vez mais abstratos e parecem indicar um ponto ideal a ser buscado normativamente, pouco importando que o mundo ordinário demonstre uma série de "imperfeições" em relação aos pressupostos assumidos. A transcendência da teoria da escolha racional aparece justamente no momento em que ela desconsidera a realidade formada historicamente em prol da descrição de um fundamento inicial − a racionalidade − e uma estrutura espacial onde essa instância se movimenta − o equilíbrio social.

Para além do caráter normativo singular, há outra questão que parece ser ainda mais séria, vinculada também à ambigüidade entre as dimensões prescritiva e positiva. Na medida em que a escolha racional sustenta uma metodologia positiva, passível de ser representada formalmente por elementos matemáticos, suas concepções mais substantivas se inscrevem em uma indefinição axiomática que implica sérios problemas analíticos. A conceitu-

---

[71] Guerrien. "La Théorie Économique à votre Portée". In: Serge Latouche, dir. *L'Économie Dévoilée. Du Budget Familial aux Contraintes Planétaires*, p. 85.
[72] James Murphy. "Rational Choice Theory as Social Physics". In: Jeffrey Friedman, ed. *The Rational Choice Controversy: Economic Models of Politics Reconsidered*, p. 156-157.

ação de racionalidade, particularmente, é parte dessa problemática, gerando impedimentos para o objetivo de se instituir uma ciência de prognósticos gerais da vida social. O número de fenômenos que não são explicados pela atitude abstrata definida no conceito é relevante. Além disso, quando a noção de ação racional torna-se mais maleável, ela passa a incorporar postulados que acabam por torná-la destituída de significação.

AS AMBIGÜIDADES DO POSTULADO DE RACIONALIDADE

Uma definição exata do que se entende por "ação racional" não aparece de modo claro nos trabalhos da teoria da escolha racional. Não há uma idéia precisa do que pode ser caracterizado como conduta racional, ainda que todas as pesquisas enfatizem a centralidade da cognição individual na explicação dos fenômenos sociais. Desse modo, parece pertinente separar, a princípio, as perspectivas que afirmam uma racionalidade "fraca" das que postulam uma ação racional "forte"[73], já que incorporam orientações analíticas diversas. A primeira perspectiva ressalta a relação entre os meios e os fins escolhidos de modo autônomo, e se limita a conceber os indivíduos como portadores de uma escala coerente e transitiva de preferências, de modo que o conteúdo destas não é descrito *a priori*. Já a concepção "forte" de racionalidade percebe as atitudes como fundamentadas na maximização de bens específicos, dirigidas basicamente para a obtenção de dinheiro, de prestígio e de poder.

Essa distinção, contudo, não reflete categorias de fato exaustivas e excludentes. Há ambigüidades não resolvidas. Além disso, a distinção não desfaz o argumento normativo da "filosofia da consciência" de ambas as noções, caracterizado por um solipsismo que subverte o exame do sistema social em que os indivíduos estão inscritos. Por outro lado, apesar da reivindicação de uma ciência positiva, a diferença das idéias de racionalidade forte e fraca manifesta, sobretudo, a indecisão do conjunto da escolha racional em instituir uma definição precisa de seu conceito mais caro. Os trabalhos da teoria re-

---

[73] Estes termos são definidos por Donald Green e Ian Shapiro. *Pathologies of Rational Choice: A Critique of Applications in Political Science*, p. 13-19.

velam uma dicotomia entre o comportamento de maximização e as atitudes emocionais que ou torna insatisfatória a explicação de determinados fatos sociais ou fundamenta contradições irremediáveis. O ponto essencial é que tanto a posição que limita as análises das ações individuais a uma percepção instrumental de simples coerência entre meios e fins individuais (racionalidade fraca) quanto a que supõe uma atividade exclusivamente egoísta (racionalidade forte) possuem incoerências que não são resolvidas pelos autores.

Downs[74] reconhece esses problemas e procura demonstrar que a concepção fraca de racionalidade não é coerente. Segundo o autor, não cabe definir somente quais meios são os mais eficientes para o alcance de um dado fim, pois múltiplos objetivos acarretam confusão nas decisões individuais e choque entre alternativas. O uso da concepção fraca seria uma estratégia metodológica excessivamente abrangente e passível de produzir argumentos tautológicos. Para tentar sair do impasse, Downs sugere a restrição da idéia de racionalidade às situações em que firmas maximizam lucros e consumidores a sua utilidade pessoal, de modo que os outros objetivos dos atores devem ser considerados fatos emocionais e qualificados como desvios ao modelo.

> Assim, não levamos em consideração a personalidade inteira de cada indivíduo quando discutimos que comportamento é racional para ele. Não consideramos a rica diversidade de fins servida por seus atos, a complexidade de seus motivos, a maneira pela qual toda parte de sua vida é intimamente relacionada com suas necessidades emocionais. Antes, tomamos emprestado da teoria econômica tradicional a idéia do consumidor racional.[75]

Em sentido similar, contra a permissão de múltiplos fins e atitudes na idéia de ação racional, Elster[76] chama atenção para uma série de comportamentos inadequados e incoerentes, mesmo que transitivos na escala de preferências pessoais. Seria problemático supor, por exemplo, que o suicídio, o homicídio, ou o genocídio, mesmo se desejados e retificados por um pensamento consistente, pudessem ser qualificados de manifestações racionais. O

---

[74] Downs. *An Economic Theory of Democracy*, p. 4-7.
[75] Ibid., p. 7.
[76] Elster. *Sour Grapes. Studies in the Subvertion of Rationality*, p. 15.

importante é que os desejos e crenças individuais sejam racionais de uma forma mais substantiva do que a liberdade presente na concepção fraca, em que mesmo a ação de ver o horóscopo para investir no mercado de ações pode ser vista como racional. Elster sugere uma "teoria ampla da racionalidade", em que a ação é desvinculada de fatores psíquicos ou inconscientes, considerados irrelevantes. Nesse sentido, uma crença racional é baseada na capacidade de o indivíduo fazer um "juízo" a partir das informações que adquire, de modo que a nenhum elemento seja dada uma conotação indevida. Além disso, os desejos individuais também devem ser entendidos como racionais. A racionalidade, nesse caso, satisfaz uma capacidade de "autonomia"[77], que indica a habilidade pessoal de controle sobre os sentimentos ou aspectos afetivos.

Segundo Elster, a racionalidade deve ser compreendida como a busca autônoma e consciente de fins, mesmo que a obtenção destes seja impossível. Essa atitude, caracterizada como um "planejamento de caráter"[78], desconsidera tanto um entendimento ilusório quanto uma adaptação passiva, potencialmente ociosa. Assim, o planejamento pessoal contribui para a felicidade geral, pois ainda que os bens que todos buscam estejam além de seus respectivos alcances, essa busca colabora para a eficiência e riqueza, produzindo uma solução que é coletivamente racional. O planejamento de caráter leva a uma espécie de frustração otimizante, que coloca o indivíduo em uma situação melhor do que a inicial. A importância de tal capacidade de planejamento e discernimento em um contexto de competição social é prontamente assumida, já que

> em alguns níveis da vida é indispensável ter isso, e aqueles que não o possuem são logo eliminados. Casos extremos são os mercados competi-

---

[77] Elster. *Sour Grapes. Studies in the Subvertion of Rationality*, p. 20. Elster critica a atitude de "formação adaptativa de preferências", que ajusta os desejos às possibilidades existentes a partir de um processo psíquico e não consciente. A adaptação é elaborada por "guias" que diminuem a frustração de desejos não satisfeitos por meio do pensamento de que o mundo está de acordo com as nossas expectativas. Nesse sentido, os agentes tendem a ajustar passivamente as suas expectativas de acordo com as possibilidades dadas pelo contexto social em que estão inscritos. A fábula das uvas verdes, em que um indivíduo cria a convicção irreal de que certas uvas, que estariam de qualquer modo fora de sua possibilidade de consumo, estariam verdes, sintetiza o pensamento do autor a esse respeito.

[78] Ibid., p. 138.

tivos, em que firmas dirigidas por pessoas sem juízo logo vão à falência; e na guerra, quando líderes e soldados sem juízo estão em situação de alto risco.[79]

Entretanto, a conceituação de racionalidade de Elster também não é isenta de problemas quanto à relação da "autonomia" com os desejos individuais. A definição de planejamento pessoal é vaga, faltando precisão para que se a tenha como critério de verificação da racionalidade dos desejos ou objetivos individuais. Não há motivo analítico substancial que possa destituir um suicídio, por exemplo, se produzido por um pensamento consistente e longamente programado, de qualidades racionais, ao contrário da própria pretensão do autor. O conceito parece pressupor uma dimensão transcendental que torna arbitrária a definição de quais são os valores ou crenças relevantes, constituindo um entendimento que tende a retratar como racional somente as atitudes relacionadas com o padrão de competição social. O próprio Elster[80] afirma que tem pouco a dizer sobre o assunto crucial de uma causalidade coerente entre desejos, crenças e ações individuais. Nesse sentido, a sua noção de racionalidade permanece vazia. A tentativa de resolução do impasse para definir de forma nítida a ação racional se dirige, como a maior parte dos trabalhos da escolha racional, para uma contraposição entre razão e emoção que retira do campo de pesquisa parte substantiva das relações sociais. O cerne da imprecisão parece ser o fato de a teoria sempre definir os comportamentos a partir de seu pressuposto normativo de concorrência social, de modo que as interações que não cabem nesse paradigma são desqualificadas.

A caracterização do conceito de racionalidade no conjunto das análises da teoria da escolha racional demonstra uma série de dificuldades. Configura-se a conjunção, em um mesmo conceito, de modelos distintos de conduta, criando-se indeterminação semântica e aporias[81]. A conseqüência é um "sen-

---

[79] Elster. *Sour Grapes. Studies in the Subvertion of Rationality*, p. 16.
[80] Ibid., p. 16.
[81] Pierre Demeulenaere. *Les Normes Sociales. Entre Accords et Désaccords*, p. 77. Demeulenaere lembra que essa mesma ambigüidade já está presente em Pareto que, de um lado, afirma a indecidibilidade das preferências, mas, de outro, reserva à categoria de "interesses" um estatuto especial. Neste último entendimento, as preferências aparecem como fins desvinculados dos sentimentos socializados.

tido deslizante"⁸² (*glissement de sens*), que tende a transferir o princípio de racionalidade da idéia de uma mera coerência entre meios e fins pessoais para uma definição predeterminada de quais são os objetivos verdadeiramente racionais. Assim, torna-se essencial separar, ou desconstruir, os diferentes elementos que estão presentes em uma mesma noção, não somente para questionar a teoria, mas, antes, para indicar algumas confusões conceituais que não são devidamente esclarecidas.

Como já indicado, o conceito de "racionalidade fraca" utilizado em alguns trabalhos pressupõe somente uma dimensão de pertinência entre meios e fins, assentada na relação entre a diminuição dos custos e a maximização de vantagens, não importando os bens específicos escolhidos pelos agentes, que podem ser tanto referentes a si mesmos quanto balizados por padrões estéticos ou éticos abrangentes. Na medida em que permanece indeterminada a esfera dos objetivos individuais, a perspectiva não propõe o interesse, no sentido de uma maximização de bens pessoais, como aspecto analítico essencial. O entendimento centra-se apenas na livre ordenação, desde que coerente e transitiva, de preferências, que podem valorizar quaisquer benefícios. Como alguns autores não se cansam de repetir, os indivíduos podem agir até mesmo para otimizar meios que viabilizem propósitos altruístas⁸³.

Contudo, há dois problemas essenciais na perspectiva de racionalidade fraca. O primeiro é que nem sempre o conhecimento individual que ordena uma escala de preferências se demonstra adequado ou coerente, podendo ser fundado em crenças e expectativas falsas sobre a realidade social⁸⁴, como também indica Elster. Os indivíduos podem seguir um comportamento que, mesmo inscrito na tradição social a que pertencem, os leva a se distanciar de

---

[82] Demeulenaere. "Les Ambigüités Constitutives du Modèle du Choix Rationnel". In: B. Saint-Sernin, Emmanuel Picavet, R. Fillieule, Pierre Demeulenaere, dir. *Les Modèles de l'Action*.

[83] O que parece ser esquecido é que o altruísmo é, precisamente, a imagem refletida no espelho do comportamento baseado no interesse próprio. Um não pode caminhar sem o outro, pois em um sistema social que não fizesse referência central ao comportamento de maximização pessoal o comportamento altruísta seria destituído de sentido. Ver Ronald Kieve. (1986), "From Necessary Illusion to Rational Choice?: A Critique of Neo-Marxist Rational-Choice Theory". *Theory and Society*, v. 15, nº 4, p. 568.

[84] Demeulenaere. "Les Normes Sociales et le Modèle du Choix Rationnel". In: Jean Baechler et François Chazel, dir. *L'Acteur et ses Raisons*, p. 332.

seus interesses diretos, sejam quais forem. Um exemplo pode ser retirado dos tipos de ação guiados por aspectos místicos que, de um olhar externo e crítico, muitas vezes contrariam um caminho coerente de se obter alguns fins. Outro exemplo é retratado pelas ações norteadas a partir da disseminação social de informações errôneas, como em uma especulação financeira. Ainda que esses aspectos não sejam problemas em si mesmos, constituindo-se como fatos sociais, as teorias que seguem a concepção de racionalidade fraca não têm nada a dizer sobre eles, permanecendo em uma esfera analítica que pouco explica o papel dos valores sociais que, externos aos atores, podem limitar ou constituir seus interesses particulares.

O segundo problema é que a conceituação de racionalidade fraca, por ser muito ampla, não possui vínculo metodológico com mecanismos de análise generalizantes que comparem diferentes ações e produzam legitimação científica de acordo com procedimentos formais. Por vezes, as pesquisas, baseadas em diferentes noções de ação racional, geram até mesmo prognósticos diametralmente opostos sobre a realidade social. Há divergências, por exemplo, entre análises que, de um lado, supõem que a ação coletiva política não irá ser constituída devido aos problemas advindos do oportunismo, e outras que, participando do mesmo modelo conceitual, sugerem que tais movimentos podem ser sustentados por uma série de incentivos racionais de solidariedade[85]. No mesmo sentido, alguns trabalhos afirmam que candidatos em sistemas políticos de dois partidos tendem a adotar a mesma plataforma eleitoral enquanto outros sugerem que a racionalidade dos atores fará com que eles tenham diferentes posições ideológicas. O que parece fundamentar essas contradições é o fato de que a concepção fraca de racionalidade abarca uma compreensão vaga de suas premissas, revelando dificuldades para alcançar o objetivo científico de estabelecer previsões corretas sobre a vida social. Além disso, a noção não define heuristicamente o caráter particular das diferentes ações, tornando problemática a aferição do que seria um comportamento irracional. O poder explicativo do conceito permanece questionável, pois passa a admitir qualquer tipo de ação. Na verdade, a partir da utilização de axiomas sem definições precisas, todo e qualquer resultado social pode ser visto como um tipo de equilíbrio. O perigo principal da idéia

---

[85] Green e Shapiro. *Pathologies of Rational Choice*, p. 36-37.

de racionalidade fraca são as explicações *ad hoc*, que recorrem a preferências individuais que, entretanto, não são esclarecidas no próprio trabalho, e os argumentos tautológicos, em que toda ação é compreendida como racional simplesmente porque adequada ao ponto de vista do agente.

O vínculo com a ação econômica, e, por conseguinte, uma teoria de tendência metodológica voltada para a formalização, surge no momento em que se admite, como faz a maior parte dos trabalhos da escolha racional, uma hipótese mais restrita de ação racional. A hipótese da racionalidade forte procura evidenciar, sobretudo, os fenômenos e variáveis mais simples de se observar, que seriam independentes das qualidades psíquicas de cada agente[86]. Cria-se uma especificação dedutiva sobre que ações são efetivamente racionais, como indica o padrão típico da atitude de busca de riqueza, poder e prestígio. Assim, o caráter normativo da teoria torna-se explícito, na medida em que passa a definir que somente determinados tipos de ações portam coerência. Representando essa tendência, as dimensões sociais e políticas aparecem sempre subordinadas ou desafiadas pela possibilidade do advento do oportunismo.

Entretanto, alguns questionamentos também podem ser formulados contra a concepção de racionalidade forte. Seu problema central é explicar a realidade social como uma ordem a ser moldada exclusivamente por vontades pessoais, como se os indivíduos pudessem controlar o sistema estrutural em que estão inscritos. Apesar da hegemonia das ações egoístas na modernidade, é problemático que uma teoria não incorpore variados comportamentos que não implicam maximização pessoal. Além disso, é importante perceber que a concepção de racionalidade forte impossibilita definir a orientação a ser tomada nas situações de múltiplas escolhas que não portam um aspecto quantitativo nítido. Qual seria, então, a possibilidade de o indivíduo comparar o grau de benefícios de ações concorrentes presentes em um mesmo contexto social? Ainda que a teoria possa ter coerência na avaliação

---

[86] Sobre um debate interno ao campo da escolha racional a respeito das vantagens metodológicas de uma concepção restrita de racionalidade, e os problemas ocasionados para a explicação de vários fenômenos sociais, ver Alain Wolfelsperger. "La Modélisation Économique de la Rationalité Axiologique. Des Sentiments Moraux aux Mécanismes Sociaux de la Moralité". In: Raymond Boudon, Pierre Demeulenaere, Riccardo Viale, dir. *L'Explication des Normes Sociales*.

das circunstâncias em que apenas uma escolha deve ser feita, e em que os benefícios estão ordenados de forma clara, ela não responde que decisões devem ser tomadas em um espaço complexo de deliberação. Na decisão, tão discutida, de votar ou não votar, por exemplo, não há motivo para supor que o ato de ir até a seção eleitoral seja necessariamente custoso e portanto irracional. Na verdade, o voto pode tanto ser entendido como inútil quanto corresponder a um prazer ou à busca de prestígio pessoal. Uma resposta possível dos autores da escolha racional é que o indivíduo se direciona para a maximização egoísta de sua satisfação geral, que corresponde a vários cálculos razoáveis de perdas e ganhos. Todavia, essa resposta passa a admitir fins que incorporam sentimentos e orientações diversificadas, o que contraria a postulação de uma racionalidade baseada em objetivos predeterminados e acarreta o retorno às dificuldades analíticas do entendimento fraco da racionalidade.

A imprecisão da idéia de racionalidade forte está relacionada com o caráter controverso para qualificar de forma clara o que é uma atitude egoísta. Para explicar um comportamento em que as vantagens pessoais não sejam claras, como uma ação altruísta, por exemplo, a teoria procura sempre observar a eminência de certos ganhos pessoais. Axelrod[87] lembra que certas ações que a princípio parecem evidenciar uma conduta altruísta, como o ato de fazer caridade a alguém, na verdade indicam tentativas de procurar prestígio a fim de produzir uma satisfação pessoal. Nesse sentido, o autor sugere que o altruísmo de uma mãe que corre riscos para salvar a vida de alguns de seus descendentes pode ser um interesse pessoal em ter mais chances que cópias de seus genes irão sobreviver no futuro. Tais explicações contrapõem-se, porém, ao objetivo metodológico da escolha racional, que é prever ações. Fundamentalmente, mesmo com a incorporação da noção limitada de racionalidade, a teoria permanece indecisa sobre qual ação o indivíduo racional deve tomar em suas interações, se aquela relacionada com os ganhos imediatos de uma troca impessoal ou aquela conectada com os benefícios relativos e incertos da manipulação de virtudes sociais. Tendo as duas direções conseqüências pessoais muito diferentes, a resposta sobre o que compõe uma decisão de maximização nos termos do egoísmo carece de precisão.

---

[87] Axelrod. *The Evolution of Cooperation*, p. 135.

A fim de procurar explicar tanto a agência individual quanto a estrutura de um ambiente social complexo, os trabalhos da escolha racional tendem a apresentar o conceito de racionalidade de forma dúbia, sem resolver as ambigüidades das definições forte e fraca. Na medida em que não indica claramente o que deve ser tomado como ação racional, a teoria passa a admitir qualquer ação em seu arcabouço, tornando questionável seu poder de explicação. Na maior parte das vezes, as análises pressupõem interesses específicos – dinheiro, prestígio e poder – definidos em oposição a sentimentos ou valores sociais. Entretanto, quando examinam fenômenos diversificados e contrários à atitude egoísta, o conceito de racionalidade passa a significar a simples busca coerente de preferências pessoais, efetuada por meio de um relacionamento eficiente entre meios e fins. Na verdade, a idéia de racionalidade fraca parece ser um instrumento a ser utilizado quando as noções dedutivas do comportamento egoísta não dão conta dos fatos empíricos. Ernest Gellner resume o problema e a ambigüidade exposta:

> As Ciências Sociais que utilizam o modelo de meios e fins requerem, para passar das premissas de seus modelos para conseqüências testáveis, que os homens visem ou maximizem *qualquer coisa*, pouco importa o quê. O problema é que elas são tomadas por direções extremas contrapostas: se elas escolhem fins que correspondem a qualquer realidade observável, os objetivos são tão complexos e difusos que desafiam qualquer cálculo ou toda eficácia instrumental; se elas escolhem fins que permitem tais cálculos, elas evocam somente de muito longe os objetivos reais.[88]

Por outro lado, é somente através dessa mesma indefinição conceitual que a escolha racional pode realizar sua utopia de um mundo previsível, dado que o modelo teórico se torna tão maleável quanto o é a realidade observada. Este fato parece constituir uma tendência capital da teoria, que tende a conduzir suas análises a partir de seu método e conjunto de axiomas abstratos ao invés de trabalhar as pesquisas a partir dos problemas colocados pela

---

[88] Ernest Gellner. "L'Animal qui Évite les Gaffes, ou un Faisceau d'Hypothèses". In: Pierre Birnbaum et Jean Leca, dir. *Sur L'Individualisme*, p. 35.

empiria[89]. Concretiza-se uma exploração da ambigüidade do significado de racionalidade, de modo a transformar fenômenos problemáticos em dados consistentes a partir da reelaboração constante das concepções. Em vez de uma reformulação pautada pelas evidências observadas, criam-se prognósticos baseados em elementos que não estavam presentes na teoria. Além disso, quando a empiria contradiz de fato suas hipóteses, os trabalhos tendem a apresentar a justificativa de que o arcabouço teórico teria sido afetado por uma aberração circunstancial e temporária. Cabe notar que esse mesmo viés já é indicado de forma clara por Weber, quando examina a falta de espírito crítico das interpretações economicistas da realidade, tanto da liberal quanto da marxista. Assim,

> quando a explicação puramente econômica depara com dificuldades, dispõe de vários meios para manter a sua validade geral como fator causal decisivo. Isto é, trata tudo aquilo que na realidade histórica *não* pode ser deduzido a partir de motivos econômicos como algo que, *por isso mesmo*, seria 'acidental' e cientificamente *insignificante*. Ou então, amplia o conceito de economia até o desfigurar, de modo a que nele encontram lugar todos aqueles interesses humanos que, de uma maneira ou de outra, se ligam a meios externos.[90]

Contraria-se, portanto, o modelo de falsificação de hipóteses proposto como mecanismo de validade científica na própria metodologia de Friedman, pois os dados empíricos não podem acarretar a rejeição de um determinado conjunto de suposições. Substantivamente, as análises desqualificam o procedimento científico de que "para testar uma teoria necessitamos saber, com antecedência, o que a teoria prevê"[91]. Ao mesmo tempo, as pesquisas negam

---

[89] Green e Shapiro. *Pathologies of Rational Choice*, p. 34-35. Os autores denominam a tendência da escolha racional a incorporar fenômenos que não são pressupostos em seu conjunto de postulados como uma forma de teorização *post hoc*, referida às "descobertas" que a teoria faz em suas análises empíricas. Uma das formas mais presentes deste tipo de orientação é a tendência a moldar os pressupostos de acordo com as novas evidências empíricas encontradas em vez de criar mecanismos de falsificação de hipóteses.
[90] Weber. "A 'Objetividade' do Conhecimento nas Ciências Sociais". In: Gabriel Cohn, org. *Max Weber: Sociologia*, p. 85-86.
[91] Green e Shapiro. *Op. cit*, p. 38.

a possibilidade de seu corpo de conhecimento ser comparado com categorias analíticas alternativas. Desse modo, torna-se necessário questionar se os trabalhos da escolha racional podem ser considerados como suscetíveis a uma avaliação empírica, o que problematiza a sua própria legitimidade.

O sentido ambíguo da teoria é exemplificado pela crítica de François Chazel[92] ao conceito de "incentivo seletivo", apresentado por Olson como mecanismo de resolução dos problemas de ação coletiva. Segundo Chazel, há uma indefinição permanente do conceito, e, na medida em que não é explicitado um entendimento claro sobre o que efetivamente constitui um incentivo pessoal, qualquer modalidade de relação social passa a ser admitida. Buscando fundamentação em análises empíricas do mundo do trabalho e de associações de profissões liberais, o autor[93] explora dois problemas essenciais na teoria da ação coletiva da escolha racional. Primeiramente, o argumento parece servir somente à explicação de uma organização coletiva já existente e institucionalizada, deixando inexplicáveis os mecanismos que possibilitaram a criação da ação conjunta. O segundo problema é constituído pelo fato, demonstrado por uma série de pesquisas, de que a busca de objetivos coletivos precede – e não é um simples resultado, como propõe a teoria de Olson – a distribuição de bens individuais. Logo, os fins pessoais comportam-se antes como um resultado do que como uma condição necessária para qualquer ação coletiva. Para Chazel, a teoria da escolha racional deveria atentar para as crenças sociais, pois, em determinado momento, os agentes não possuem expectativa clara sobre os ganhos pessoais que serão efetivamente alcançados. É exatamente a centralidade das crenças, desconectadas de uma otimização ou divisão individual, que permitem explicar os mecanismos de emergência e mobilização das organizações coletivas.

Contudo, quando as análises da escolha racional se deparam com essas questões sociais se tende a refletir a mesma ambigüidade da concepção geral de racionalidade. A teoria passa a admitir a existência de incentivos que são desconectados de uma racionalidade forte, como aqueles vinculados a dimensões morais, psicológicas ou eróticas. Assim,

---

[92] François Chazel. "Individualisme, Mobilization et Action Collective". In: Pierre Birnbaum et Jean Leca, dir. *Sur L'Individualisme*, p. 256-258.
[93] Ibid., p. 262-263.

partindo do postulado de que toda participação em uma ação coletiva é fundada por incentivos seletivos, limita-se, então, a classificar nesta categoria os motivos, *quaisquer que eles sejam*, que levam os atores a se mobilizarem efetivamente: se a análise não coloca em evidência, no(s) caso(s) estudado(s), um benefício de ordem econômica ou social que resulta da participação, o pesquisador se voltará, então, para a satisfação moral, a preservação da estima de si ou para qualquer outro dado avaliado na situação observada, fazendo-o ter o papel de incitação seletiva substitutiva.[94]

A teoria não explora essas dimensões sociais – como se não lhe coubesse estudá-las –, ainda que envolvam a existência de múltiplas formas de comportamento. Ao mesmo tempo em que a categoria de racionalidade abarca uma ampla variedade de orientações e vantagens pessoais, se configura, implicitamente, a definição de dados empíricos de primeira e segunda ordem: uns são inteligíveis epistemologicamente, já os outros, mesmo admitida sua importância, são vistos como incapazes de darem garantia a uma explicação coerente. Sob o estatuto de "fenômenos irracionais", voltados para as qualidades psíquicas do sujeito, uma vasta gama de atitudes e crenças é deixada de lado nas análises. Expõe-se afinal a questão epistemológica central que a escolha racional enfrenta, manifestada na indecisão entre traçar um caminho que reduz o escopo analítico, o que permite fazer previsões sobre a realidade econômica, ou incorporar vários tipos de ações, o que subverte a capacidade de formalização e envolve aspectos contraditórios ao seu próprio quadro conceitual. O paroxismo das contradições revela-se nos momentos em que a teoria, frente a um contexto social que limita comportamentos instrumentais e incentiva relações desvinculadas do interesse próprio, afirma que é racional ter uma conduta desinteressada. Na medida em que admite uma série de fenômenos que permanecem apenas em um plano implícito, a teoria passa a não analisar fatos relevantes, geralmente definidos como pertencendo a uma esfera irracional que um dia será ultrapassada.

O que parece fundamental é que, mesmo se incorporadas ao conceito somente as noções de cálculo de custos e benefícios e de relação coerente

---

[94] Chazel. "Individualisme, Mobilization et Action Collective". In: Pierre Birnbaum et Jean Leca, dir. *Sur L'Individualisme*, p. 257.

entre meios e fins, não há como restringir a racionalidade a características subjetivas ou egoístas. Essas mesmas noções podem ser perfeitamente definidas por escolhas vinculadas a uma abstração social que não é controlada pela ação individual[95]. Há, portanto, a possibilidade de perceber a conexão das normas sociais com um tipo de razão que é distanciada da esfera restrita das preferências pessoais. Contudo, a teoria da ação da escolha racional tende a se limitar a um solipsismo que não prevê a dimensão das relações sociais que perpassa todas as coletividades. Uma questão que funda, afinal, a análise sociológica. Não se trata aqui de não observar a importância do comportamento maximizador na modernidade, mas de chamar atenção para a necessidade de uma perspectiva teórica que examine tanto os seus fundamentos sociais quanto a sua inscrição em uma conjuntura histórica que lhe dá suporte. Por um lado, isto requer notar a centralidade das interações sociais que são constituídas pelos indivíduos, o que, por sua vez, permite explicar de modo satisfatório a emergência e a mobilização de organizações coletivas que suplantam interesses exclusivamente individuais. Por outro lado, essa perspectiva permite observar as conjunturas sociopolíticas às quais os indivíduos estão vinculados e que guiam e circunscrevem as suas ações, facilitando ou problematizando as perspectivas de ação.

Também não se trata de indicar que fatos estruturais dotam os agentes de plena orientação e sentido, mas de procurar estabelecer conexões que demonstrem os mecanismos de troca social entre a agência e a estrutura. Tal viés analítico pode compreender que, no contexto social da modernidade, o raciocínio restrito à escolha de meios e fins diversos (racionalidade fraca) somente pode ser plenamente desenvolvido com a atitude centrada na busca de dinheiro, riqueza e poder (racionalidade forte), na medida em que a posse desses atributos potencializa tanto a melhor adequação entre meios e fins quanto a instrumentalização do mundo de acordo com os interesses pessoais. Todavia, esse relacionamento pode ser destacado apenas com a percepção de fatores estruturais e históricos de institucionalização das relações de mercado. Fatores que, de uma forma mais ou menos efetiva, o agente é incapaz de controlar.

---

[95] Demeulenaere. (2002), "La Complexité de la Notion d'Utilitarisme dans les Sciences Sociales". *Cités*, nº 10, p. 64.

Uma alternativa coerente às contradições do paradigma instrumental seria o estabelecimento da diferenciação entre o comportamento racional e uma atitude razoável[96]. O caráter fecundo desse tipo de procedimento é que a ação instrumental baseada no cálculo e em avaliações quantitativas é inscrita em um modelo sociologicamente compreensivo. Assim, a atitude racional não é entendida a partir de uma postura teórica que objetifica certas características da sociedade moderna, mas sim de uma idéia de razoabilidade que introduz as ações em um contexto de justificação social. Na medida em que não considera seu trabalho particular de significação, a escolha racional formula uma simplificação da realidade que acaba por transformar a teoria de ferramenta positiva em uma narrativa normativa que possui uma inscrição política poderosa. Essa inscrição torna-se mais efetiva conforme a suposição de que alguns pressupostos observam os aspectos fundamentais da vida social. Cabe notar, porém, que não se questiona aqui a simplificação da realidade que os autores formulam – uma vez que qualquer investigação deve necessariamente assim proceder para a construção de um conhecimento –, mas sim a falta de percepção das idéias de valor e das premissas subjetivas subjacentes ao modelo, que selecionam os fatos de determinada maneira e portam uma significação cultural precisa[97]. O principal questionamento diz respeito à pretensão metodológica de sugerir um procedimento analítico exaustivo, desconsiderando o fato de ser uma crença que, baseada no uso de categorias parciais, acentua uma parte restrita dos fenômenos. Nesse sentido, parece refletir apenas a suposição – que tantas vezes transparece na história do conhecimento – de um tipo de realidade nebulosa na qual somente certa descrição filosófica pode penetrar.

Os problemas aqui apontados não impediram o progresso da teoria da escolha racional em diferentes direções, desde a análise dos mecanismos da ação individual até o exame do complexo fenômeno do surgimento e da evolução das normas sociais. Na verdade, parece que esse desenvolvimento foi estimulado, mais propriamente, pela ambigüidade proposta em seu arcabou-

---

[96] Serge Latouche. *La Déraison de la Raison Économique. Du Délire d'Efficacité au Principe de Précaution.*

[97] Weber. "A 'Objetividade' do Conhecimento nas Ciências Sociais". In: Gabriel Cohn, org. *Max Weber: Sociologia*, p. 98.

ço teórico. Sobrepõe-se uma concepção imprecisa que é elaborada como um oráculo a desvendar os mistérios da natureza humana: a racionalidade. Esta noção possibilitaria percorrer analiticamente diferentes temas da sociedade, principalmente os fundamentos centrais da vida ordinária. Surge uma enorme literatura, definindo um entendimento simplificado e formalizado para o desenvolvimento de uma teoria política e sociológica original. Contudo, como procuro mostrar ao longo deste trabalho, o desafio que a teoria parece desconsiderar é a prescrição dos limites de aplicação de suas proposições e das fronteiras entre as suas dimensões expositiva e normativa, aspectos que podem ser compreendidos apenas com a análise das condições sociais de seus pressupostos.

II
ESCOLHA RACIONAL E TEORIA POLÍTICA

A POLÍTICA DA RACIONALIDADE MAXIMIZADORA

O conceito de racionalidade da escolha racional pressupõe uma teoria que explicita, em linhas gerais, a fundamentação analítica produzida pela economia neoclássica e a subordinação da política à economia. A esfera pública é definida a partir dos mesmos instrumentais teóricos com que a economia de mercado é analisada e sustentada. Logo, o objetivo será perceber de que modo a noção de racionalidade se articula com uma interpretação social baseada em parâmetros exclusivos das sociedades capitalistas modernas. Cabe lembrar que o fato essencial da abordagem econômica de que a teoria da escolha racional se apropria é seu enfoque comportamental, que seria convincente pela possibilidade de integrar uma variedade de atitudes humanas em um mesmo padrão[1]. A otimização pessoal compõe esse padrão universal, de forma que se generalizam em um mesmo modelo quantitativo, a utilidade, as ações de um consumidor, de um governo, de um sindicato ou empresa. As interações políticas são entendidas por intermédio do conceito de estratégia, que caracteriza a interdependência particular dos atores racionais, já que os ganhos de um "jogador" dependem dos prêmios de todos os outros indivíduos inscritos na relação. Assim, os indivíduos devem agir tendo como foco as expectativas de ação dos outros agentes, também fundamentadas em objetivos egoístas.

---

[1] Para uma introdução à perspectiva da Economia em oposição às outras Ciências Humanas, ver Gary Becker. *The Economic Approach to Human Behavior*, p. 3-14.

Com vistas a definir os motivos verdadeiros da ação política, Downs afirma que o exame do papel do governo e da dimensão pública necessita de uma elaboração teórica mais abrangente, pois

> pouco progresso tem sido feito em direção a uma regra generalizada, porém realista, sobre o comportamento de um governo racional, similar às regras usadas tradicionalmente para consumidores e produtores racionais. Como resultado, governo e indivíduos não têm sido integrados com êxito em uma teoria geral do equilíbrio.[2]

Nesse sentido, o espaço público é visto como *locus* de coordenação, mais ou menos eficiente, de diferentes indivíduos que buscam a maximização de recursos escassos, disponíveis no "mercado político". Cabe notar que a transposição do pressuposto de racionalidade individual para o campo do governo a partir da idéia de um *maximum* social fundado pelas relações de mercado é a questão central que fomentou a definição de todo um subcampo na teoria econômica, articulada na disciplina *welfare economics*. No entender dessa vertente, a política deve assegurar a otimização social atuando nas falhas de mercado, corrigindo-as através de práticas intervencionistas limitadas e pontuais. A idéia é que essas falhas são visivelmente identificáveis e devem ser reparadas pela administração burocrática, construída para esse fim exclusivo.

A concepção política da escolha racional é definida a partir de uma crítica à *welfare economics* tradicional. Fundamenta-se, então, a "teoria da escolha pública" (*public choice*), que, no entender de Buchanan[3], representa a tentativa de a teoria econômica se centrar na esfera pública, "internalizando" os comportamentos dos agentes políticos dentro dos mesmos padrões presentes no mercado. Tal procedimento pode demonstrar a possibilidade de interesses em competição serem reconciliados, como ocorre no equilíbrio

---

[2] Downs. *An Economic Theory of Democracy*, p. 3.
[3] Buchanan. "Toward Analysis of Closed Behavioral Systems". In: James Buchanan and Robert Tollison, ed. *Theory of Public Choice: Political Applications of Economics*, p. 11-23. Para detalhes da crítica à *welfare economics*, ver George Stigler. *The Citizen and the State: Essays on Regulation*, p. 103-113; William Mitchell e Randy Simmons. *Beyond Politics: Markets, Welfare, and the Failure of Bureaucracy*, p. 3-21.

resultante das trocas dos indivíduos. A crítica de Buchanan à *welfare economics* faz parte de um questionamento mais amplo da iniciativa do Estado frente às chamadas "falhas de mercado", que se constituíam em três direções: externalidades, bens públicos, e incompetências das decisões individuais. Segundo a teoria da escolha pública, um dos erros centrais desse entendimento é a suposição de uma dicotomia em que o mercado aparece como terreno de práticas egoístas e a política como instância abrangente baseada em julgamentos morais, em que os interesses públicos prevalecem através de informações facilmente disponíveis e sem custos[4]. Assim, reivindica-se um novo posicionamento da teoria econômica perante o espaço público, percebendo os agentes políticos por meio da racionalidade que permeia todas as motivações individuais. Ao mesmo tempo, os autores se distanciam da idéia de que os governos são instituições despersonalizadas que objetivam o bem comum. Os problemas advindos da dinâmica política são maiores do que os ocasionados por condutas inadequadas do âmbito privado.

A definição comportamental dos agentes políticos a partir da idéia de consumidor racional delimita o entendimento dos autores da escolha racional sobre o espaço público. A questão central passa a ser, então, a possibilidade de realização de uma escolha coletiva ou função de bem-estar social frente a interesses individuais divergentes entre si, analisando de que forma uma comunidade pode, do mesmo modo que os indivíduos, ser racional. A discussão torna-se mais complexa quando a teoria descarta o mecanismo de comparação interpessoal de utilidades a que os pensadores utilitaristas tradicionais, por meio de algum julgamento de valor, recorrem como mecanismo de escolha social. Não se pode mais permitir, dado o caráter potencialmente autoritário do mecanismo, que a regra de decisão coletiva se baseie na concepção da maior felicidade para o maior número possível de indivíduos. Para além das dificuldades de mensuração, essa operação acarreta um desvio da proposição de otimização paretiana.

Assim, um contexto social ou uma proposta política não pode originar mudanças que vão de encontro aos interesses de qualquer cidadão que pertence à comunidade. Os autores ressaltam um mercado em equilíbrio livre de interferências externas, baseado em um ponto ótimo, ou seja, uma

---

[4] Mitchell e Simons. *Beyond Politics: Markets, Welfars, and the Failure of Bureaucracy*, p. 3-4.

situação em que é impossível ser gerada maior utilidade de um indivíduo sem gerar perdas em outro. Não faria sentido produzir uma mensuração cardinal das utilidades individuais, em que a soma de diferentes interesses resulte em uma idéia abstrata de felicidade. A escolha racional afirma que a compreensão das utilidades deve ser definida a partir de um nível ordinal, de modo que uma ordem pessoal de preferências se torna incomensurável em relação a qualquer outra. Seguindo Pareto, o descrédito das comparações interpessoais reflete o questionamento da idéia utilitarista de soma de utilidades. Assume preponderância a agregação de interesses ocorrida no mercado. Essa mudança ressalta a articulação do pressuposto de maximização pessoal com a definição da política como um espaço desvinculado da formação de identidades coletivas[5]. É fundamental notar, portanto, o caráter contraditório que a ação individual passa a ter em relação à idéia de uma razão coletiva, fato que aponta para uma teoria política que procura separar claramente as esferas privada e pública.

O tema da racionalidade social é analisado na teoria da escolha racional a partir das questões levantadas por Kenneth Arrow, que sugere que toda escolha coletiva é intransitiva, dado o relacionamento contraditório entre as escolhas individuais e a possibilidade de uma intenção conjunta. Diferentemente da concepção do utilitarismo clássico, que possui uma proposta relativamente simples para a realização de uma razão coletiva, não importa qual fosse a configuração das ações individuais, a teoria política que resulta do "problema de Arrow" questiona a própria concepção de preferência social. Na análise de Arrow sobre a consistência das opções políticas, "a distinção entre o voto e o mecanismo do mercado será ignorada, ambas sendo vistas como casos especiais da categoria mais geral de escolha social coletiva"[6]. O autor destaca a incerteza presente na constituição da vontade social baseada em requisitos democráticos e no voto, questionando, então, o estatuto legítimo da decisão majoritária[7]. Apresentan-

---

[5] Sobre os problemas metodológicos de compatibilização de utilidades individuais a partir da perspectiva da teoria da escolha racional, ver Kenneth Arrow. *Social Choice and Individual Values*, p. 10-11.
[6] Ibid., p. 5.
[7] Deve-se notar, como veremos adiante, que Downs problematiza esse modelo, na medida em que o paradoxo de Arrow ocorreria somente em um mundo de certeza, em que partidos

do uma situação hipotética, Arrow[8] enumera as cinco condições que uma função de bem-estar geral teria de respeitar para gerar uma escolha social racional: 1- existência de três ou mais alternativas, em que as ordenações individuais são desconhecidas *a priori*; 2- condição paretiana de que a ordenação social responda positivamente às alterações dos valores individuais; 3- não reconhecimento de alternativas irrelevantes, situadas fora do conjunto apresentado aos agentes; 4- que a função de bem-estar social não seja imposta, respeitando a soberania dos cidadãos; 5- que a função não seja ditatorial. Segundo Arrow, não existe função de bem-estar que respeite essas cinco condições, o que impede a formação de uma escolha coletiva transitiva e fundamenta o "paradoxo do voto". Assim, a distinção entre os fatores do "gosto" individual e dos padrões de eqüidade que compõem a essência da preferência compartilhada por um estado social não pode ser definida claramente, permanecendo obscura.

O que importa perceber é que a contradição exposta por Arrow inaugura uma reelaboração da concepção de democracia, dirigida, no limite, para uma dicotomia entre mercado e ditadura. Nesse sentido, a fim de destacar os problemas da ação governamental, Riker[9] teme o perigo de uma qualificação "populista" do voto, que daria legitimidade para os governantes elaborarem programas discricionários. O voto deve servir somente à troca circunstancial dos governos, tendo-se em conta o fato de o homem racional não possuir um interesse explícito na participação política, já que pode satisfazer suas necessidades e desejos no mercado. Esse tipo de reflexão revela a pressuposição do campo da política a partir de um viés normativo particular, fundamentado na idéia de um "mercado de poder" e na constituição predeterminada e funcional das dimensões do público e do privado.

---

sabem o que os eleitores preferem, assim como estes últimos conhecem perfeitamente as conseqüências dos atos do governo. Segundo Downs, os indivíduos incorrem em custos para se manterem informados, de forma que a possibilidade de formação racional de uma maioria em vários assuntos se torna possível através de artefatos ideológicos. Downs. *An Economic Theory of Democracy*.
[8] Arrow. *Social choice and Individual Values*, p. 24-59.
[9] William Riker. *Liberalism against Populism: A Confrontation between the Theory of Democracy and the Theory of Social Choice*.

O PÚBLICO E O PRIVADO NA PRÁTICA POLÍTICA INSTRUMENTAL

Os problemas da constituição de uma escolha coletiva sugeridos por Arrow destacam a compreensão liberal da sociedade como uma pluralidade de indivíduos sempre em competição. Nesse sentido, o quadro político deve separar claramente os interesses privados dos públicos, pois a formação de identidades coletivas abrangentes resulta necessariamente em alguma forma autoritária de poder[10]. Como assevera Downs, "o governo é um agente de decisão separado de seus cidadãos [...] Assim, podemos tratar os cidadãos e os partidos políticos como dois grupos mutuamente exclusivos"[11]. Por outro lado, a ação individual deve ser seguida de uma racionalidade política que permita a estabilidade das previsões ótimas de custos e benefícios que ocorrem no mercado.

Previsibilidade e delimitação da política complementam-se mutuamente, revelando não só um entendimento de Estado mínimo, mas, também, a necessidade da dimensão pública como aparelho de construção de um futuro confiável para o livre mercado. O tema de uma esfera política restrita, mas necessária, sobressai, por exemplo, no debate que Buchanan[12] trava com o anarquismo libertário de Nozick. A questão sociopolítica essencial nesse debate refere-se à possibilidade de uma ordem social que possa prescindir de aparatos formais e legais, como propõem os trabalhos de Nozick. A resposta de Buchanan é negativa, na medida em que seria impossível definir uma ordem espontânea dos indivíduos, principalmente quando questões conflituosas surgissem. Ainda que reconheça a realidade de esferas da vida ordinária em que os agentes se comportam livremente, desvinculados das restrições legais formalizadas pelo aparelho estatal, Buchanan[13] afirma que

---

[10] Cabe lembrar que o tema da separação entre as esferas pública e privada é, no entender de Buchanan e Tullock, a questão essencial da Economia Política, assim como a reflexão fundamental que os homens devem fazer para decidir em que âmbito as atividades devem ser produzidas. Ver James Buchanan e Gordon Tullock. *The Calculus of Consent. Logical Foundations of Constitutional Democracy*, p. 3-9.
[11] Downs. *An Economic Theory of Democracy*, p. 26.
[12] Buchanan. *Freedom in Constitutional Contract*, p. 11-24.
[13] Ibid., p. 21-22.

o contexto de sociedades complexas não indica mecanismos naturais que façam as pessoas concordarem mutuamente quanto a seus direitos. O Estado definido de forma contratual aparece, então, como mecanismo legítimo para o cumprimento dos limites sociais das ações.

Buchanan[14] lembra que esse tema é representado pelo debate da idéia da "selva humana" de Hobbes frente à visão lockeana que salienta fronteiras naturais a demarcarem o espaço social. A disputa localiza-se, portanto, em torno de duas ontologias sociais diferentes. A primeira afirma que o ambiente caracterizado pela miséria e brutalidade é um fato social a ser evitado pela concordância de todos os agentes racionais a respeito da necessidade de uma formalização legal-institucional efetuada pelo Estado, mesmo que esta mesma dimensão possa se desvirtuar de seus objetivos iniciais e ameaçar os direitos individuais em alguns momentos. O outro entendimento, pelo contrário, ressalta a importância de interações sociais que, livres de imperativos políticos, subsistem por si mesmas por meio do respeito mútuo. A sutileza do arranjo contratualista exposto por Buchanan, representante da concepção política da escolha racional, é a ênfase original na interdependência entre essas duas ontologias. Destacam-se tanto a idéia de que as ações individuais podem ser, de certa forma, espontaneamente coordenadas pelo mecanismo do mercado quanto o pressuposto de que essas mesmas ações devem ser estimuladas pela existência delimitada de certas determinações legais e formais. Assim, "a posição contratualista requer uma discriminação sofisticada entre aquelas áreas de atividade humana potencial em que a lei é requerida e aquelas áreas que estariam melhores se deixadas a si mesmas"[15].

Ressalta-se, portanto, o entendimento de que a previsibilidade das relações sociais depende de um aparelho formal que submeta as condutas a um viés socialmente aceitável, pois "remover todas as leis, todas as instituições da ordem, em um mundo povoado por homens hobbesianos produziria o caos"[16]. O arranjo sociopolítico deve ser dirigido para a sistematização de uma "anarquia ordenada", composta de ações individuais voluntárias que não

---

[14] Buchanan. *Freedom in Constitutional Contract*, p. 23.
[15] Ibid., p. 24.
[16] Ibid., p. 23.

dependem de ameaça ou coerção, ou seja, "uma situação descrita como oferecendo a máxima liberdade para os indivíduos com um conjunto mínimo de regras e restrições formais sobre o comportamento"[17].

Nesse sentido, a política é vista como a possibilidade, problemática, de agregação de interesses individuais e não como instância legítima de preferência coletiva, devendo ser articulada e limitada à defesa dos direitos liberais fundamentais. Isto é claramente tipificado nas restrições impostas pelo modelo de democracia de Downs, em que o governo tem um papel apropriado na "divisão do trabalho" moderna. Ainda que inicialmente sugira a soberania do governo frente às questões econômicas, Downs afirma, logo em seguida, que a

> *propriedade privada* nesse sentido não significa uma reivindicação de propriedade sobre os meios de produção, mas uma parte legalmente protegida de sua produção [...] o governo não deve abolir ambos os tipos de propriedade, a privada e a dos meios de produção, se a liberdade política deve existir; assim o poder econômico de um governo possui alguns limites. Além disso, na medida em que toda propriedade privada depende de um sistema legal, independente da política, um dos elementos de nosso modelo de constituição deve ser tal sistema.[18]

Cabe notar que a separação funcional das dimensões pública e privada proposta pela escolha racional está articulada à crítica ao pressuposto da teoria pluralista segundo o qual a competição política de interesses individuais ou de grupos leva a um resultado otimizado do ponto de vista público. O entendimento pluralista indica que a concorrência inscrita nos contextos de livre iniciativa das democracias liberais modernas produz, bem como no espaço da competição econômica, um resultado de equilíbrio que gera bons resultados sociais. Assim, a abrangência das arenas modernas de decisão política e o grande número de atores divergentes presentes em uma sociedade complexa tornam impossível que um grupo de indivíduos possa efetuar de forma independente políticas exclusivistas de interesse próprio. O paradigma pluralista ressalta a necessidade de disseminação ou pulverização dos

---

[17] Buchanan. *Freedom in Constitucional Contract*, p. 24.
[18] Downs. *An Economic Theory of Democracy*, p. 12, nota 9.

mecanismos de poder, que devem estar abertos à participação de grupos ou indivíduos orientados para a defesa de seus desejos e preferências, independentemente de seus conteúdos particulares. O Estado é visto, então, como uma instituição neutra, que atua apenas na administração dos conflitos surgidos na esfera pública.

Ao contrário do entendimento pluralista, a teoria da escolha racional argumenta que uma sociedade que atinja eficiência ou eqüidade através de uma barganha abrangente está fora de questão. Segundo Olson,[19] o pluralismo não teria reconhecido os limites estruturais que estabelecem desigualdades fundamentais em qualquer sociedade e não observa as dificuldades que alguns grupos sociais, como os contribuintes, os desempregados, e os consumidores, possuem para obter recursos e se organizar. A possibilidade de consecução de uma barganha política generalizada e eqüitativa é restrita estruturalmente, pois a maior parte dos grupos não possui nem um número pequeno de participantes – o que facilita a fundação da ação coletiva – nem incentivos seletivos prontos para serem distribuídos a seus membros. Além disso, critica-se a crença de que um resultado socioeconômico benéfico é realizado quando há livre competição política de interesses organizados. Em oposição ao pluralismo, salienta-se que as redistribuições normalmente reivindicadas pelos grupos organizados se contrapõem ao bem geral. As intervenções dos grupos de interesse geram, automaticamente, malefícios desproporcionais, dirigidos principalmente às parcelas desorganizadas da população. Logo, a competição política deve ser controlada, sob pena de os indivíduos serem atacados em suas liberdades fundamentais.

O comportamento instrumental e racional implica, portanto, a impossibilidade de uma identidade pública ou coletiva. Downs[20] argumenta que a análise da política fundamentada na idéia de racionalidade é a única forma de desconsiderar teoricamente padrões éticos inexistentes, como um contrato social rousseauniano. A teoria da escolha pública questiona, ademais, a idéia aristotélica de que a participação política muda o caráter dos indivíduos, inspirando melhoramento moral e realização pessoal. O governo não deve ser

---

[19] Olson. *The Rise and Decline of Nations: Economic Growth, Stagflation and Social Rigidities*, p. 37.
[20] Downs. *An Economic Theory of Democracy*, p. 279-294.

visto como algo situado acima das situações e ações econômicas, mas como um instrumento paralelo ao mercado. Por conseguinte, deve-se considerar que os políticos estão submetidos aos mesmos condicionantes que motivam o consumidor racional, tendo como objetivo restrito a maximização de apoio político a partir do meio quantificável do voto. O fim central das organizações partidárias é simplesmente superar o concorrente, principalmente em um arranjo democrático "estável"[21] (*winner-takes-all*) em que os perdedores não alcançam nenhuma fatia do poder em jogo. A conseqüência de tal especificação é a dedução de um sistema partidário de dois grandes grupos, pois na medida em que não há "*payoff* para um partido que reiteradamente falha em obter mais votos que outro, é obviamente irracional manter partidos que sempre reúnam a minoria dos votos"[22]. Há uma lógica inexorável dos grupos políticos eleitoralmente fracos em direção ao fim ou à junção com entidades mais abrangentes, capazes de reunir a maioria dos votos nas eleições. Os grupos que ocasionalmente não lutam pela vitória eleitoral, por considerações de ordem ideológica ou não, são vistos como aberrações, e podem ser teoricamente deixados de lado nas análises.

Contudo, embora os condicionantes comportamentais sejam os mesmos tanto no mercado quanto na política, a teoria ressalta que a estrutura de incentivos difere fortemente de acordo com as singularidades de cada espaço[23]. Nos mercados, existe sempre o risco de perda, o que encoraja os indivíduos a melhorarem seus produtos ou serviços e também a diminuírem seus custos frente aos dos competidores. Na política, ao contrário, os agentes tendem a sacrificar, ainda que sob a máscara de um benefício público, bens privados de outros membros da comunidade. Dado que os serviços oferecidos não possuem preços definidos, manifesta-se um divórcio em relação à racionalidade das trocas efetuadas no mercado, o que ocasiona uma distribuição ineficiente dos recursos. Segundo Buchanan[24], a urgência desses perigos manifesta a

---

[21] Sobre as especificações gerais do modelo de democracia estável, ver Olson (1986), "A Theory of the Incentives Facing Political Organizations. Neo-Corporatism and the Hegemonic State". *International Political Science Review*, v. 7, nº 2, p. 167-8.
[22] Ibid., p. 168.
[23] Simmons e Mitchell. *Beyond Politics: Markets, Welfare, and the Failure of Bureaucracy*, p. 67-68.
[24] Buchanan. *Freedom in Constitutional Contract*, p. 18-19.

necessidade de melhor avaliar as regras procedimentais de uma sociedade constitucionalista-contratualista, pois as ações políticas, especialmente através da seqüência de eventos isolados, não refletem consenso social e tendem a restringir a liberdade e a eficiência econômica.

Buchanan sugere a retomada da idéia schumpeteriana de que a satisfação de interesses individuais é um subproduto das trocas efetuadas pelos agentes estratégicos no mercado e na política, pois

> os políticos em nosso modelo nunca procuram os cargos como meios de realizar certas políticas; seu único objetivo é colher os prêmios de controlar os cargos [...] os partidos formulam políticas para ganhar eleições, em vez de ganhar as eleições para formular políticas.[25]

No mesmo sentido, Olson[26] lança mão da noção de "máquinas políticas" para a definição dos agrupamentos políticos, que fazem as mesmas operações marginais de um produtor ou consumidor racional. Os agentes produzem um cálculo que objetiva o maior número de votos com o menor investimento possível, de forma que os gastos são elevados até o momento em que o ganho de votos iguala a perda marginal de recursos. O trabalho dos partidos nada mais é do que a venda de uma mercadoria exclusiva, fundada no poder do aparelho estatal. Assim, as "eleições são para o processo político o que o comércio é para o processo de produzir uma mercadoria, somente uma etapa final essencial"[27]. O "comércio" feito pelos grupos políticos seria legitimado pela organização e desempenho de serviços custosos a certos membros da sociedade.

Devido à formalização dos agentes do mercado e da política em um mesmo postulado comportamental, a dimensão pública é percebida como um espaço de trocas que devem objetivar a maximização mútua dos atores envolvidos. A definição da política nesses parâmetros torna-se evidente na

---

[25] Buchanan. *Freedom in Constitutional Contract*, p. 28.
[26] Olson. *The Logic of Collective Action*, p. 164-165.
[27] Stigler. *The Citizens and the State*, p. 126. Stigler sugere que os interesses dos agentes políticos são efetivados através de pagamentos extra-políticos. Um exemplo de tais práticas é a aceitação, por parte dos políticos, de cargos no mercado que são oferecidos como contrapartidas à satisfação dos interesses de certos grupos econômicos.

concepção de bem-estar social que o conceito de equilíbrio, recepcionado da *welfare economics*, exprime. Logo, as mudanças adquirem legitimidade somente se estiverem vinculadas ao pressuposto de gerarem benefícios gerais. Mudanças que prejudiquem alguém, mesmo que justificadas por algum discurso social, devem ser excluídas, de forma que se afirmem as condições ótimas produzidas pelo livre mercado. Não há, portanto, apenas uma predeterminação das esferas do público e do privado, mas também uma subordinação do âmbito político às leis da competição privada. Buchanan e Tullock[28] sugerem a relevância da regra de unanimidade como único mecanismo em que as escolhas privadas estão isentas de sofrer abusos por parte de uma escolha social fundada por alguma regra de decisão, como a majoritária. A transposição do critério paretiano para o processo político significa que "uma mudança só pode ser definitivamente demonstrada como aumento de 'bem-estar total' se todas as pessoas concordarem, ou seja, somente se houver um consentimento unânime de todos os membros do grupo"[29]. No entender dos autores da escolha racional, o ponto fundamental do critério de unanimidade é que ele ocorre a partir de negociações similares às elaboradas no mercado. Deve-se ressaltar o caráter normativo de tal entendimento, pois a política deixa de ser uma instância de conflito substantivo e se transforma em *locus* exclusivo da transação econômica, estando articulada ao ideal neoclássico de que ganhos mútuos devem sempre ser satisfeitos. Nesse sentido, "ação coletiva ou política sob o olhar individualista do Estado é o mesmo. Dois ou mais indivíduos acham mutuamente vantajoso unir forças para alcançar certos propósitos comuns. Eles 'trocam' investimento na obtenção de uma produção compartilhada"[30].

---

[28] Buchanan e Tullock. *The Calculus of Consent*. Esta regra somente não seria plenamente satisfeita devido aos custos de se organizar uma decisão em um grupo grande de indivíduos. Contudo, Buchanan e Tullock sugerem a necessidade da regra da unanimidade frente às questões que envolvam direitos fundamentais.
[29] Ibid., p. 92.
[30] Ibid., p. 19.

INDIVIDUALISMO, ESTADO E NORMAS PARA O DESENVOLVIMENTO ECONÔMICO

Como no arranjo político especificado pela teoria econômica neoclássica, a prática política definida pela escolha racional, a fim de não gerar situações subótimas, deve se limitar, além da garantia das liberdades individuais fundamentais, à produção estritamente controlada de "bens públicos". Estes bens não podem ser produzidos nem vendidos no mercado devido ao fato de serem indivisíveis, ou seja, impossíveis de serem consumidos exclusivamente por uma pessoa. Por conseguinte, cria-se uma ambigüidade em relação ao tema da ação política frente ao campo econômico. A intervenção política é ora questionada ora tomada como necessária, em um entendimento que desenvolve uma definição apriorística da dimensão pública. Fundamentalmente, reitera-se uma perspectiva funcional baseada em um Estado idealizado, em detrimento de aspectos de mobilização ou persuasão popular.

A teoria de Olson espelha essas dificuldades. Por um lado, Olson[31] deduz da idéia de bens públicos a irreversibilidade da intromissão do governo em certas questões. Contudo, isto cria um sério problema, na medida em que o aparelho estatal pode ser usado para a expropriação dos direitos de outros indivíduos ou grupos. A dimensão política torna-se, então, um mal necessário, dado o reconhecimento da impossibilidade de bens públicos serem vendidos pelo mercado ou providos por ação voluntária. Na medida em que esses bens são indivisíveis, todos os membros de um grupo social são obrigados a pagá-los através de impostos, originando a troca de "decisões individuais feitas em liberdade por decisões coletivas baseadas na força"[32]. A idéia é que os bens produzidos coletivamente são aceitáveis apenas quando os indivíduos percebem racionalmente, através de um "cálculo constitucio-

---

[31] Olson. *The Rise and Decline of Nations*.
[32] Id. *The Logic of Collective Action*, p. 94. Olson chega a admitir que se o governo produzir bens divisíveis, usualmente gerados pelo empreendimento privado, não estaria claro se haveria uma diminuição de liberdade. Uma associação privada como um cartel, por exemplo, pode restringir a liberdade econômica tanto quanto uma atividade econômica do governo. Enfim, são as ações políticas coletivas de grandes grupos, privados ou públicos, que restringem a liberdade individual, na medida em que excluem a parte da população que não participa delas.

nal"[33], que as prováveis externalidades envolvidas em seu provimento pelo Estado são menores que os custos de organizar voluntariamente a atividade. Por outro lado, Olson contesta a competência do governo para atuar nas falhas de mercado. Segundo o autor, a ação estatal origina um impacto direto na eficiência econômica de uma sociedade, pois esta é alterada assim que os incentivos se voltam para a redistribuição política e não para a produção, acarretando o desenvolvimento de organizações que procuram estabelecer monopólios. Além disso, Olson[34] questiona a coerência do caráter universalista presente na concepção de bem público, pois os elementos gerados politicamente são incapazes de possuírem unidade de oferta – quando o consumo adicional feito por um indivíduo não diminui o consumo disponível para outros. Assim, os bens públicos sempre tendem a ocasionar mais vantagens a um grupo de indivíduos, em detrimento do interesse geral.

No mesmo sentido, Downs[35] sugere a incapacidade de o Estado atingir um ponto social otimizado devido às suas limitações técnicas e à incerteza da avaliação dos custos e benefícios dos bens para cada indivíduo em uma sociedade complexa. Salientando um aspecto não presente na análise econômica tradicional do equilíbrio geral, Downs alega que a incerteza governamental acarreta, necessariamente, malefícios a certos indivíduos, privados de estabelecer um equilíbrio marginal em suas transações com o Estado. O autor critica os postulados de parte do pensamento político, evidenciados na teoria pluralista, que apresentam o governo como instância benevolente a servir à utilidade pública sempre que instituída a competição entre múltiplos interesses. Da mesma forma que em grande parte do mercado, as trocas feitas no campo político estariam longe de serem efetuadas a partir de um ambiente de certeza e de informações claras, o que impede a formação de um equilíbrio otimizado. O balanceamento político dos interesses é altamente custoso e tedioso, demandando maior tempo e gastos pessoais, sobretudo porque o meio de troca é composto de votos de um grande número de agen-

---

[33] Buchanan e Tullock. *The Calculus of Consent*, p. 62.
[34] Olson. *The Logic of Collective Action*, p. 14. A mesma crítica é feita por Downs. O autor lembra que a defesa nacional, o clássico exemplo de bem público que teria benefícios indivisíveis, sempre favorece mais alguns atores do que outros. Ver Downs. *An Economic Theory of Democracy*, p. 16.
[35] Downs. *Op. cit.*, p. 164-204.

tes e não de dinheiro, como ocorre na transação direta entre vendedor e comprador. Assim, as possibilidades de alcance de acordos racionais diminuem fortemente, ao mesmo tempo em que a satisfação de decisões eficientes se torna limitada. Cabe lembrar, uma vez mais, que o ponto medular do modelo político da escolha racional é que os governantes não se importam com o estabelecimento do equilíbrio eficiente de recursos que o livre mercado permite, pois cuidam somente da maximização de seu apoio eleitoral. Os políticos motivam-se pelo tema da eficiência econômica apenas quando esta questão desperta a atenção da população.[36]

Portanto, no entender de vários autores da teoria da escolha racional, mesmo a esfera limitada de realização de bens públicos do governo não deve ser tida como algo inquestionável. Aos problemas advindos da incapacidade técnica de se fazer cálculos soma-se o fato de que os governantes procuram favorecer ações redistributivas e desenvolver monopólios, em vez de sustentar condições competitivas[37]. A conseqüência fundamental é a contradição entre a ação eficiente das organizações privadas e a limitação da produtividade criada pela ação política. Contraria-se, sobretudo, o pressuposto a respeito de uma direção necessária das instituições políticas formais para a eficiência econômica quando inscritas em um contexto social competitivo. Ao mesmo tempo, demonstra-se a necessidade de prescrever de forma rigorosa o papel que as instituições estatais devem possuir frente ao campo da economia, pois as "instituições não são necessariamente ou mesmo usualmente criadas para serem socialmente eficientes; ao contrário, elas, ou pelo menos as regras formais, são geradas para servir os interesses daqueles que detêm poder de barganha para criar novas regras"[38].

Segundo Olson,[39] o tipo e a extensão da ação coletiva é a variável fundamental para a percepção das causas e dos problemas do desenvolvimento econômico. O essencial é a reflexão contraditória dos agentes racionais quando encaram a questão da eficiência da sociedade na qual estão inscritos. Por um lado, os indivíduos e suas organizações possuem o interesse geral

---

[36] Terry Moe. (1984), "The New Economics of Organization". *American Journal of Political Science*, v. 28, nº. 4, p. 759.
[37] Douglass North. *Institutions, Institutional Change and Economic Performance*.
[38] Ibid., p. 16.
[39] Olson. *The Rise and Decline of Nations*.

de que a sociedade cresça e progrida, pois, para qualquer tipo de objeto ou serviço que comercializem, a demanda estará diretamente articulada à dinâmica econômica e tecnológica do ambiente social como um todo. Por outro lado, porém, a atividade racional dos agentes contrapõe-se à realização de tal desejo, na medida em que reflete a pretensão de alcance da maior parte possível das riquezas por intermédio de mecanismos não econômicos. O problema, que pode ser modelado como um dilema do prisioneiro, é definido pela indecisão entre a defesa do aumento da produção social global coordenado pelo mercado – de forma que todos obtêm uma renda maior a partir do crescimento de uma parcela relativa do produto nacional – e a busca de fatias maiores do produto por meio do estabelecimento de políticas que maximizem rendas em detrimento do resto da população que não participa de tal ação. A teoria da escolha racional sugere que o segundo comportamento é preponderante, o que resulta em um determinismo econômico maléfico. Olson afirma que essa lógica vai ao encontro de suas postulações sobre a ação coletiva, na medida em que a organização econômica da sociedade possui a mesmo problema do oportunismo de um indivíduo em um grupo restrito. Portanto,

> a organização que age para proporcionar algum benefício para a sociedade como um todo está, na realidade, provendo um bem público para a sociedade inteira, e está, assim, na mesma posição de um indivíduo que contribui para a consecução de um bem coletivo para o grupo do qual faz parte. Em cada caso, o ator obtém somente uma parte (e muitas vezes somente uma minúscula parte) dos benefícios de sua ação, arcando, no entanto, com o custo inteiro de tal ação.[40]

A conseqüência necessária de tal construção teórica é que as organizações sempre tendem a se voltar para a competição política por rendas, o que constitui o próprio conceito de "coalizões distributivas". Olson lembra[41] que uma das maneiras mais conhecidas em que uma coalizão deste tipo propicia rendas a seus participantes, com a respectiva queda de eficiência econômica, é através de *lobbies* para a definição de medidas legislativas que

---

[40] Olson. *The Rise and Decline of Nations*, p. 43.
[41] Ibid., p. 44.

assegurem algum tipo de controle de preços ou mudanças tributárias exclusivistas. Outra forma de ação, desvinculada do plano diretamente político, é a constituição de cartéis em que os membros concordam em reduzir a produção de forma a aumentar os preços gerais de suas mercadorias ou serviços. A questão chave é que a competição das coalizões distributivas produz um jogo de soma zero, fundado por uma atividade política em que nenhuma parte ganha algo sem uma correspondente perda de outro lado. A prática política passa a se reduzir a objetivos de curto prazo, ocasionando instabilidade e condições para as sociedades se tornarem ingovernáveis. Olson também destaca como limitador da atividade econômica o tempo desperdiçado que os grupos organizados politicamente demandam para efetivar uma determinada decisão. As duas alternativas que asseguram uma decisão pública, a barganha consensual e os procedimentos constitucionais, voltam as atenções para ações que seriam mais profícuas se elaboradas pelos indivíduos de forma descoordenada no mercado. Enquanto a barganha consensual não é adequada para as organizações que contam com um grande número de pessoas, o estabelecimento de regras de decisão abarca os mesmos problemas presentes na relação geral entre Estado e sociedade civil. De acordo com Olson,[42] isto se torna claro na restrição que as organizações possuem em relação às inovações tecnológicas. Na medida em que essas mudanças geram grandes alterações no arranjo econômico de um determinado momento, os grupos políticos passam a ter a obrigação de gerenciar barganhas e licenças que seriam desnecessárias em um ambiente de livre competição. Ao contrário da eficiência econômica presente no mercado, essas organizações ocasionam atraso na geração de mudanças em padrões técnicos ou administrativos, impedindo uma alocação ótima de recursos em certos setores.

O fundamental é a percepção de que a incerteza produz desconfiança a respeito dos poderes do governo. Atentando para os problemas do marco regulatório dirigido pelo Estado, Stigler[43] afirma que um ponto central da teoria política deve ser a observação crítica de quais são os setores que recebem os benefícios estatais, seja via subsídios monetários diretos (quan-

---

[42] Olson. *The Rise and Decline of Nations*, p. 62-64.
[43] Stigler. *The Citizen and the State*, p. 114-115.

do o número de favorecidos é pequeno), via controle sobre a entrada de novos atores ou por fixação de preços. Stigler contraria as proposições teóricas que vêem a capacidade estatal de regulação do mercado como uma proteção do público em geral ou como mecanismo de desenvolvimento, e chama atenção para os privilégios que podem ser produzidos para os próprios setores a serem regulados. Portanto, a regulação pode ser usada para restringir a competição e as oportunidades de mercado, pois "consistindo de membros e *staff* com interesses privados, as comissões dedicam-se a trocas com as indústrias reguladas que são mutuamente lucrativas"[44]. Essa linha de raciocínio indica que o Estado e a política não são vistos somente como produtos das ações presentes no mercado, mas também como partes integrantes dele. Quando as esferas de atuação do governo são aumentadas, a conseqüência é a perda de autonomia da sociedade, que se torna refém de preferências particulares.

Segundo a perspectiva da teoria da escolha racional, o problema das relações entre o governo e os indivíduos racionais é que os últimos estão sempre impossibilitados, frente ao primeiro, de conduzirem ações que diminuam seus custos marginais. Olson[45] argumenta que os bens coletivos produzidos pelo Estado embutem automaticamente a restrição da liberdade individual, quando entendida estritamente como ação econômica livre, ou seja, liberdade de os indivíduos gastarem suas rendas da forma que lhes aprouver. Stigler[46] salienta duas características negativas das decisões políticas quando comparadas com as decisões individuais ocorridas no mercado. Primeiramente, as escolhas políticas devem ser produzidas, simultaneamente, por um grande número de atores, o que acarreta baixa previsibilidade. Por outro lado, as decisões públicas devem englobar toda a comunidade, e não apenas aqueles diretamente afetados e interessados nelas, de modo que os resultados se tornam ineficientes, pois o sistema político não possui os incentivos racionais que estão presentes nas transações privadas.

---

[44] Simmons e Mitchell. *Beyond Politics: Markets, Welfare, and the Failure of Bureaucracy*, p. 201.
[45] Olson. *The Logic of Collective Action*, p. 91-97.
[46] Stigler. *The Citizen and the State*, p. 123-125.

A ESFERA PÚBLICA COMO MERCADO POLÍTICO

A noção de democracia resultante do postulado de racionalidade da escolha racional é a de um jogo em equilíbrio. Assume-se uma relação necessária entre a Economia Política e o constitucionalismo, que se traduz na "teoria econômica da democracia" exposta por Downs: o mecanismo da troca, transposto à competição eleitoral, constitui o padrão essencial do jogo político e econômico. O que aparece como mecanismo de equalização democrática reflete, então, a desqualificação do conflito político substantivo e a padronização dos agentes e suas subjetividades em um mesmo paradigma quantificável. Assim, as preferências de bem-estar social passam a perder significado qualitativo, tomando o aspecto de números subordinados aos interesses dos governantes, sendo passíveis de serem trocadas no "mercado político". Como sintetiza Downs, "dado que cada cidadão adulto possui um voto, suas preferências são avaliadas aos olhos do governo, que está interessado somente em seu voto, e não em seu bem-estar"[47].

A conjunção das idéias de jogo político competitivo e de restrição do debate público aos valores da posse e da estratégia instrumental torna-se exemplar no conceito de ação coletiva trabalhado pelos autores da escolha racional. A noção de ação coletiva fundada pela racionalidade instrumental questiona diretamente as posições teóricas que sugerem que os homens lutam coletivamente por interesses compartilhados. A escolha racional afirma que essas posições não teriam apreendido os custos de tempo e dinheiro da organização da associação. Resumidamente, Olson sustenta que

> a menos que o número de indivíduos em um grupo seja pequeno, ou que exista coerção ou outro mecanismo especial para fazer os indivíduos agirem em seu interesse comum, indivíduos racionais, privadamente motivados, não agirão para alcançar seus interesses comuns ou de grupo.[48]

Argumentando com fundamento em um individualismo possessivo, Olson afirma que ali onde o ganho de qualquer sacrifício pessoal é dividi-

---

[47] Downs. *An Economic Theory of Democracy*, p. 18.
[48] Olson. *The Logic of Collective Action*, p. 2.

do com participantes que não contribuem, os agentes racionais desistem da ação coletiva. Assim, bens coletivos somente podem ser obtidos em grupos grandes por meio de sanções ou "incentivos seletivos" distribuídos individualmente. O agente pertencente a uma organização está

> em uma posição análoga à da firma em um mercado competitivo perfeito, ou do contribuinte perante o Estado: seus esforços não ocasionarão um efeito visível sobre a situação de sua organização, e ele pode gozar de quaisquer melhorias produzidas por outros, trabalhando ou não no apoio da organização.[49]

Como reitera Olson,[50] os problemas da ação coletiva implicam que as entidades políticas não podem ser espontaneamente formadas, na medida em que não conseguem, em uma democracia, coagir os indivíduos a delas participarem. Elas se restringem, então, à prática de *lobbies*, possibilitada pela adesão compulsória ou por incentivos seletivos gerados por bens não coletivos. Legitima-se a incorporação da dimensão política à barganha que os indivíduos recorrem quando iniciam uma ação coletiva, pois cada um

> procura assegurar o máximo de ganhos possível enquanto mantém pequeno o ganho de seus parceiros no acordo [...] cada indivíduo será levado a tentar ocultar suas próprias preferências em relação aos outros, de forma a assegurar uma maior fatia do "excedente" esperado.[51]

Cabe lembrar que autores como Downs, Buchanan e Tullock admitem, a princípio, um mercado de votos, já que todos poderiam obter ganhos mútuos nas transações efetuadas, como especificado pelo ideal da teoria econômica neoclássica. Entretanto, tal mercado porta algumas imperfeições, marcadas principalmente pelas diferenças do grau de interesse em certas questões e pelas desigualdades econômicas entre os cidadãos, que acarretariam a emergência de coalizões distributivas permanentes. Por outro lado, os autores sugerem que a barganha presente nas transações livremente efetuadas no mercado não

---

[49] Olson. *The Logic of Collective Action*, p. 16.
[50] Ibid., p. 132-135.
[51] Buchanan e Tullock. *The Calculus of Consent*, p. 98.

deve ser anulada nas discussões políticas, pois ela é capaz de dar proteção às minorias em certas medidas legislativas. Nesse sentido,

> o indivíduo pode reconhecer as vantagens a serem asseguradas da mercantilização dos votos sob certas circunstâncias. De fato, se todo mercado dos votos fosse proibido, ele provavelmente seria relutante em concordar com quaisquer regras de decisão que não fossem unânimes para a escolha coletiva. Ele pode considerar, então, que a quantidade ótima de mercantilização dos votos é proposta por aquele sistema que exclui o livre mercado de votos como tal, mas que aceita métodos indiretos de atingir aproximadamente os mesmos propósitos.[52]

Alguns autores tornam o jogo político mais complexo, na medida em que ele é limitado pelo fato de o homem racional normal ser desinformado. Devido ao gasto de recursos escassos que toda informação requer, os indivíduos racionais procuram informação até o momento em que os benefícios marginais desta igualam os seus custos marginais. De fato, há uma teoria da acumulação ótima e racional de informação, relacionada com o pressuposto de que indivíduos não possuem conhecimento completo e nem assumem transações sem custos. Nesse sentido, o campo da política apresenta a peculiaridade de ser composto pela incerteza e pela falta de informação de vários setores da sociedade[53]. Seguindo Schumpeter, Downs argumenta que isto impossibilita pensar a política através da teoria do equilíbrio geral especificada na Economia neoclássica, em que sujeitos plenamente informados fazem comparações de todas as alternativas que se lhe apresentam. De acordo com Downs, "tão logo a incerteza aparece, a clara passagem da estrutura de preferências para a decisão do voto se torna obscura por falta de informação"[54].

---

[52] Buchanan e Tullock. *The Calculus of Consent*, p. 274.
[53] Cabe notar que a incerteza resulta do cálculo individual entre os custos de se obter informações e os benefícios resultantes. Assim, da mesma forma que um comportamento de satisfação, a incerteza não se desvia do modelo do indivíduo racional e instrumental. Deve-se notar, porém, que a problematização de Downs a respeito da incerteza reconsidera as opiniões centrais da teoria de Arrow, na medida em que a desinformação implica a possibilidade de formação de maiorias consolidadas em torno de alguma ideologia. Ver Downs. *An Economic Theory of Democracy*, p. 207-219.
[54] Ibid., p. 83.

Como conseqüência, um campo de influência e crença é aberto, encontrando no jogo da competição eleitoral seu *locus* de atuação. Contudo, as crenças dos indivíduos não fundamentam a constituição de uma sociabilidade baseada em processos reflexivos sobre as relações sociais. As crenças são geradas pelos interesses dos agentes atomizados e maximizadores que a teoria da escolha racional pressupõe. Assim, aparecem subordinadas ao mercado político e ao líder persuasor, tornado especialista em sua função instrumental de estabelecer fatos e construir imagens que o ajudem eleitoralmente na maximização de votos. Os políticos acabam atribuindo aos indivíduos preferências que são somente suas. Cabe notar que o governo não encontra limites morais em sua ação de persuasão, e "para adquirir dinheiro para essas tarefas, ele pode vender favores para homens que necessitam de ação governamental e estão prontos para pagar por isto"[55]. Downs lembra que

> os persuasores não estão interessados *per se* em diminuir a incerteza das pessoas; eles querem certeza para produzir uma decisão que beneficie sua própria causa. Assim, eles fornecem somente aqueles fatos que são favoráveis a qualquer grupo que estão patrocinando [...] Eles apresentam informações corretas, mas organizadas de forma a direcionar as pessoas para uma conclusão específica.[56]

O pressuposto da desinformação explicita a ambigüidade da teoria da escolha racional a respeito da representação política do voto, visto como único mecanismo possível para a sociedade funcionar politicamente. Ao mesmo tempo em que o voto une a idéia das dificuldades de decisão política ao entendimento de que a vontade coletiva deve resultar de escolhas estritamente individuais, os custos da informação implicam certa ilegitimidade dos resultados eleitorais. Downs[57] sugere que, dado o limitado poder que o voto individual possui em uma eleição, os indivíduos gastam recursos para se manterem informados apenas em áreas em que a ação governamental afeta diretamente seus benefícios, o que gera um conflito entre a racionalidade individual e uma razão coletiva. Por outro lado, na medida em que os políticos

---

[55] Downs. *An Economic Theory of Democracy*, p. 92.
[56] Ibid., p. 83-84.
[57] Ibid., p. 238-259.

se importam somente pela obtenção de seus cargos, e não em promover um ideal social, as ideologias aparecem como mecanismos de competição por votos, relacionadas com a obscuridade e com o oportunismo dos partidos. As ideologias não são fins em si mesmos, mas meios de maximização do poder, não se referindo às preferências reais que os agentes políticos possuem[58]. As ideologias são subprodutos das incertezas, pois em um mundo de certezas todos os indivíduos expressariam perfeitamente seus interesses sem necessidade de mecanismos de composição social. Portanto, refletem a interdependência dos interesses presentes no jogo político. Os eleitores, devido aos custos da informação, acham as ideologias úteis, pois não necessitam refletir sobre todas as questões legislativas, adequando-se a uma perspectiva generalista. Já os partidos avaliam as ideologias como convenientes pelo fato de elas atraírem, sem a necessidade de transações diretas com o eleitorado, um apoio popular substantivo.

Downs reconhece que a subordinação política à competição eleitoral ocasiona a sistematização de uma irracionalidade, devido ao fato de os indivíduos serem representados por atores políticos que articulam a ambigüidade e o logro. A ação instrumental tende a transformar os eleitores em objetos de interesses exclusivistas, o que questiona a possibilidade de um arranjo realmente democrático. Ao mesmo tempo, na medida em que os partidos procuram atrair o maior número possível de eleitores, eles se distanciam da rigidez filosófica que uma ideologia potencialmente explicita[59]. O problema de Arrow aparece, portanto, em nova forma, pois se pressupõe a impossibilidade de uma racionalidade social frente a um contexto de indivíduos maximizadores. O sistema eleitoral aprofunda, sobretudo, as contradições entre os papéis de beneficiários e de contribuintes que os indivíduos têm na comunidade política, pois há uma fratura entre a atitude responsável e prudente do consumidor, que considera sua renda em relação aos preços disponíveis

---

[58] Downs. *An Economic Theory of Democracy*, p. 93-113.
[59] Downs argumenta que em um sistema político bipartidário, os dois agrupamentos tendem, a menos que exista um grande número de eleitores extremistas, a convergir ideologicamente para o centro, procurando incorporar os votos do maior número possível de eleitores. Por outro lado, em sistemas multipartidários, os partidos são obrigados a estabelecer coalizões que rompem com sua definição ideológica. Sobre a relação entre a dinâmica partidária e as ideologias, ver Downs. *Op. cit.*, p. 114-141.

nas situações de troca, e a atitude de cidadão, que não leva em conta a correlação entre rendas e preços[60]. O problema é que o mecanismo centralizado do Estado não é eficiente para mensurar as preferências individuais, gerando produtos que atendem a interesses particulares, que são pagos com as rendas de terceiros. Assim, o voto não permite um cálculo de custo e benefício que torne coerentes as escolhas individuais.

Torna-se claro, então, como a racionalidade econômica definida pela escolha racional articula-se aos pressupostos da teoria política liberal que separam normativamente as esferas privadas das públicas. Os postulados políticos relacionam-se perfeitamente com a afirmativa "sociológica" de Robert Dahl de que o "*homo civicus* não é, por natureza, um animal político"[61], de forma que o curso normal das ações individuais deve estar voltado para o mercado. Somente um profissional, o *homo politicus*, aloca seus recursos na dimensão constitucional para obter a maximização de seus desejos. Por conseguinte, a esfera constitucional é o espaço de um jogo sem capacidade de otimização social, em que diversos grupos lutam pela barganha com o poder executivo. Na medida em que os problemas de ação coletiva contrariam a formação de identidades abrangentes, as maiorias só podem ser alcançadas através do estabelecimento de acordos e trocas entre os diversos agrupamentos de interesses representados.

Pode-se relacionar os postulados políticos centrais da escolha racional à teoria schumpeteriana, que transforma a política em um simples *modus procedendi* a serviço de políticos demagogos. Cabe lembrar, a esse respeito, a afirmação de Downs de que "a análise profunda de Schumpeter forma a inspiração e fundação de nossa tese inteira, e nosso débito e agradecimento a ele são enormes"[62]. O caminho teórico é iniciado com o questionamento da satisfação das utilidades individuais na esfera pública e parte para a

---

[60] Simmons e Mitchell. *Beyond Politics: Markets, Welfare, and the Failure of Bureaucracy*, p. 46-48.

[61] Robert Dahl. *Who Governs?: Democracy and Power in an American City*, p. 225. Cabe lembrar que a escolha racional, principalmente através do trabalho de Olson, se contrapõe abertamente às posições da teoria pluralista, que sugerem uma direção espontânea à formação de grupos políticos. Limita-se a enfatizar aqui a formalização comportamental efetuada por ambas as teorias, já que se fundamentam em ontologias sociais semelhantes.

[62] Downs. *An Economic Theory of Democracy*, p. 29, nota 11.

sua desqualificação, ao passo que o livre mercado é sugerido como alocador ótimo e exclusivo das preferências pessoais. Os autores da escolha racional propõem um arranjo institucional conservador que se fundamenta no relativismo liberal que valoriza acima de tudo o respeito às divergências individuais. A política torna-se, portanto, carreira e negócio, nada mais devendo ser esperado de seu campo do que sua própria limitação, sob pena de a sociedade ser subjugada por grupos de líderes inescrupulosos. A famosa citação de Schumpeter – "normalmente, as grandes questões políticas tomam seu lugar na economia psíquica do cidadão típico entre aqueles interesses das horas ociosas que não atingiram o grau de passatempos e entre os assuntos de conversas irresponsáveis"[63] – nada mais especifica do que os problemas que o conceito de ação coletiva da escolha racional pressupõe, fundados em um ideal de indivíduo que não incorpora questões políticas simplesmente por estas não operacionalizarem, a seu ver, qualquer benefício direto.

Nesse sentido, a teoria da escolha racional assume uma ambigüidade a respeito da dimensão pública. Ainda que a política seja vista negativamente como um meio a serviço de interesses pessoais determinados, é tida também como imprescindível para a geração de previsibilidade social em um ambiente econômico complexo. A conseqüência é um procedimento teórico que se distancia da idéia de ciência positiva e antinormativa, fundamentado em um modelo apriorístico e funcionalmente adequado aos valores da sociedade liberal. Logo, a ambigüidade conduz a uma direção normativa que procura desconstruir a esfera pública como lugar de conflito de idéias ou sujeitos coletivos. Ao contrário, como claramente especificado pela definição de Downs sobre as ideologias, a teoria afirma a perspectiva de uma competição política instrumental que deve ser regulada por uma forma objetivada de Estado.

AÇÃO RACIONAL E OS PROBLEMAS DE JUSTIFICAÇÃO DA ESFERA POLÍTICA

As teorias que partem da concepção de agência instrumental indicam a posição problemática que a esfera política possui face aos perigos da "captura"

---

[63] Joseph Schumpeter. *Capitalismo, Socialismo e Democracia*, p. 326.

por interesses particulares. Se no campo econômico as trocas estabelecidas livremente pelos indivíduos caminham, como sugere a tese clássica da "mão invisível" de Adam Smith, para um contexto de otimização de todas as preferências envolvidas, no terreno da política, ao contrário, a dimensão de uma moralidade ou ética pública é duvidosa. No entendimento do liberalismo desde o utilitarismo clássico de Bentham, a tese da "identidade artificial de interesses" é admitida como uma forma de o interesse individual se identificar com a utilidade comum e geral. Nesse caso, cabe ao legislador o desenvolvimento dessa identificação, que estabelece a maior felicidade para o maior número possível de pessoas. Contudo, como vimos, tal vínculo é questionado pela teoria da escolha racional, que segue o entendimento paretiano a respeito da impossibilidade da comparação interpessoal de utilidades e da arbitrariedade das decisões políticas.

Por outro lado, na medida em que a teoria da escolha racional questiona até a perspectiva utilitarista clássica de legitimação do espaço público, ela evidencia a ausência de justificação política coerente de seu pensamento. A forma imprecisa como a política é apresentada, tida ao mesmo tempo por perigosa e imprescindível, reflete a inconsistência das justificações de uma esfera pública democrática que articule os diversos interesses antagônicos. Esse fato parece decorrente da imaginação epistemológica de que certos pressupostos indicariam a verdade objetiva da vida social. Mais precisamente, a utopia de que os dados, no caso as ações instrumentais, "falam por si mesmos", de modo que a teoria, diferentemente de toda filosofia política, não necessitaria travar um debate normativo interno.

Nesse sentido, a questão central que a escolha racional deve enfrentar, e as contradições que estão nela expostas, podem ser resumidas no problema de como constituir um consenso apesar do pressuposto da diversidade ou antagonismo dos membros da associação política. O desafio é legitimar uma esfera pública a partir de interesses individuais que são vistos, a princípio, como divergentes e não passíveis de serem modificados mediante mobilização ou identificação social. Procuro mostrar a seguir que as respostas a respeito de tal desafio formuladas na tradição da escolha racional se direcionam para uma objetivação fundamentada na criação de uma competição social que seria, ao mesmo tempo, não conflituosa no nível político. O que importa é que esse debate sublinha a indecisão normativa da filosofia política que parte da concepção econômica de racionalidade instrumental. Sem ter o objetivo de esgotar o tema, questiono a seguir as propostas de legitimação do espaço público elaboradas por Olson, que afirma a necessidade de organizações coletivas abrangentes, e por Russell Hardin, que define um arranjo político predeterminado a partir da reelaboração da moralidade utilitarista. Os trabalhos de ambos os autores oferecem estratégias bem diferenciadas, mas igualmente contraditórias, de justificação política produzidas no campo ontológico da escolha racional.

A teoria de Olson reproduz problemas já apontados. Pressupondo o espaço público por meio de uma atividade que tende permanentemente à satisfação de alianças distributivas, Olson sugere que somente algumas formações políticas, as "coalizões abrangentes",[64] podem ser condizentes com uma relação eficiente entre mercado e democracia. O autor tenta resolver as contradições da teoria da escolha racional no plano político por intermédio de um cálculo aritmético, desvinculando-se, no seu entender, de posições liberais ou conservadoras que relacionam, de forma direta, governo forte com economia fraca. Segundo Olson, um sistema de grandes coalizões produz um choque de tendências opostas, uma socialmente benéfica, dirigida para o desenvolvimento da economia como um todo, e outra que reduz a renda total da sociedade e distorce os incentivos dos atores, voltada para a redistribuição de rendas para a maioria que compõe um suporte eleitoral. Contudo, mesmo com esse desequilíbrio de direções, o sistema de grandes grupos geraria mais previsibilidade do que um arranjo pulverizado de várias forças políticas[65]. Em uma organização abrangente, a racionalidade impõe limites aritméticos sobre os mecanismos de redistribuição oportunista, pois, representando uma vasta gama de preferências, se manifesta um interesse pela prosperidade da sociedade em geral. Os membros da coalizão abrangente recebem boa parte da renda nacional, mas arcam também com grande parte

---

[64] O conceito de coalizões abrangentes é desenvolvido rapidamente em *The Rise and Decline of Nations*, p. 47-53. Posteriormente, Olson postula a centralidade do conceito para a dimensão política ser condizente com a eficiência da economia. Ver Olson. (1986), "A Theory of the Incentives Facing Political Organizations. Neo-Corporatism and the Hegemonic State". *International Political Science Review*, v. 7, nº. 2.

[65] Olson. (1986), "A Theory of the Incentives Facing Political Organizations. Neo-Corporatism and the Hegemonic State". *International Political Science Review*, v. 7, nº. 2, p. 170-1.

das perdas dela, mesmo através de redistribuições para si mesmos. Assim, eles tendem estruturalmente a pensar no interesse comum da sociedade a que pertencem, criando condições para uma barganha direcionada para a eficiência econômica.

Olson elabora um argumento neocorporativo[66] para a organização da esfera pública, ressaltando o caráter predatório dos incentivos dos grupos que representam somente uma pequena parte da sociedade, como verificado nas práticas dos *lobbies* e oligopólios. As organizações de tamanho reduzido seriam, de um ponto de vista social, inexoravelmente perversas, distantes da possibilidade de serem relacionadas com o bem público. Como assevera o autor:

> consideremos, novamente para facilitar aritmeticamente, uma organização para ação coletiva em que seus membros obtêm exatamente 1% da renda nacional. Se tal organização restrita devesse lutar para tornar mais próspera a sociedade na qual seus membros vivem, estes suportariam o custo total de qualquer ação para tornar a sociedade mais próspera, mas os membros da organização receberiam, em média, somente 1% do aumento da renda nacional. Somente se a razão nacional de custo-benefício dessa atividade fosse melhor que 100 para 1 serviria essa organização à sua clientela na luta para melhorar a sociedade. Assim, em vez disso, tais organizações têm, normalmente, um incentivo para serem "coalizões distributivas": não procurar aumentar a produtividade da sociedade, mas obter uma parte maior do que é produzido.[67]

O próprio Olson lembra que a base desse argumento se encontra na *Lógica da Ação Coletiva*, pois o relacionamento virtuoso entre um grupo socialmente abrangente e a eficiência econômica remete ao argumento exposto naquele trabalho sobre o que denomina "grupos privilegiados". Estes possuem em seus quadros pelo menos um membro que obtém uma fatia tão grande dos ganhos do bem coletivo que ele tem, a partir de seu interesse próprio, um incentivo para produzi-lo unilateralmente. Como exemplo, o autor argumenta

---

[66] Olson. (1986), "A Theory of the Incentives Facing Political Organizations. Neo-Corporatism and the Hegemonic State". *International Political Science Review*, v. 7, nº. 2, p. 174.
[67] Ibid., p. 172.

que o progresso econômico excepcional vivido pelo mundo no século XIX se deve ao fato de a Grã-Bretanha abranger naquele momento grande parte da economia mundial, especialmente a maior parte do comércio e das finanças internacionais. Por conseguinte, no plano político, o ponto normativo da teoria olsoniana torna-se evidente:

> sistemas políticos que contêm muitos partidos políticos pequenos, ou partidos políticos que são meramente facetas que cobrem muitas facções pequenas, enfrentam o mesmo problema, pois eles abrangem somente um segmento estreito da sociedade e têm, assim, um pequeno interesse nesta. Ao contrário, o partido político em meu sistema idealizado de dois partidos, e, em alguma medida, os maiores partidos e funcionários políticos em muitas democracias existentes, encaram incentivos que são amplamente compatíveis com, pelo menos, algumas concepções gerais do interesse da sociedade.[68]

Aqui, é transparente como uma teoria que se apresenta inicialmente como hipotética-dedutiva se transforma implicitamente em um posicionamento normativo, ainda que este seja problemático em relação às suas próprias premissas. O pressuposto sobre as coalizões abrangentes não se restringe somente às organizações políticas formalmente institucionalizadas em partidos, mas a qualquer tipo de grupo de interesse, dentre os quais são de fundamental importância as federações de empresários e os sindicatos de trabalhadores. Deve-se notar que o argumento está relacionado com a crítica aos postulados pluralistas que estimulam a competição de um grande número de grupos, vista como a representação de uma forma democrática madura. No plano político, o benefício social está articulado a um arranjo majoritário

---

[68] Olson. (1986), "A Theory of the Incentives Facing Political Organizatio. Neo-Corporatim and the Hegemonic State". *International Political Science Review*, v. 7, nº 2, p. 173. Olson encara seu argumento "neocorporativo" como um avanço em relação à teoria corporativista tradicional. Segundo o autor, a teoria corporativista não ressalta os microfundamentos sociais, ou seja, os incentivos individuais que explicam efetivamente o porquê de as organizações abrangentes funcionarem melhor do que os pequenos grupos de interesse. O argumento mais usado pelo corporativismo – de que haveria uma sintonia natural entre os poderes delegados pelo Estado e uma obediência por parte das organizações, resultando em contratos sociais de interesse geral – é para Olson destituído de sentido, pois não considera a racionalidade dos agentes.

ou bipartidário, baseado no sistema em que o partido eleitoralmente superior obtém todo o governo. Em tal arranjo, a força política de grupos de interesse especiais está estruturalmente limitada por causa da existência de outras grandes organizações nacionais. Segundo Olson, estas organizações são a base do bem-estar geral, gerando estabilidade e previsibilidade social.

Contudo, incorrendo em indecisões a respeito de seu modelo de justificação política, o próprio Olson[69] destaca os limites do contexto composto de organizações abrangentes. Mesmo que sustente que esses grupos possuem menos incentivos para agir em detrimento da eficiência social e econômica, o autor problematiza uma direção que os tome como panacéia. Devido aos problemas de informação dos eleitores, que os constituem como "ignorantes racionais" – pelo simples fato de que os posicionamentos ou votos de cada um pouco significam para o resultado final –, existe a potencialidade de as coalizões políticas não agirem de acordo com o que seria do interesse geral da sociedade. Além disso, Olson lembra que um sistema político constituído de poucas organizações possui menos diversidade de pontos de vista, competição menor e menos mecanismos para o questionamento de idéias ou políticas públicas errôneas. Olson salienta também as dificuldades intrínsecas que as organizações abrangentes enfrentam em seu cotidiano para coibir as atitudes oportunistas de seus membros, uma questão ausente das análises corporativistas tradicionais, que assumem soluções políticas que não levam em conta os incentivos racionais dos indivíduos. O autor destaca, por exemplo, os problemas que uma atitude de facção ocasiona, pois muitas vezes as coalizões abrangentes são nada mais que federações de grupos parcialmente independentes. Assim, unidades internas de interesse especial passam a apoiar somente as lideranças que efetivam leis relacionadas com as suas demandas particularistas, em detrimento do bem comum da organização[70].

Entretanto, deve-se notar que a dificuldade fundamental a respeito das grandes coalizões repousa nas hipóteses da própria teoria da ação coletiva de Olson, pois a formação de coletividades abrangentes pressupõe, necessaria-

---

[69] Olson. *The Rise and Decline of Nations*, p. 52-3.
[70] Id. (1986), "A Theory of the Incentives Facing Political Organizations. Neo-Corporatism and the Hegemonic State". *International Political Science Review*, v. 7, n°. 2, p. 185.

mente, as restrições advindas do comportamento racional e oportunista dos agentes que acarretam obstáculos precisos para a criação de grandes agrupamentos sociais. Desse modo, os benefícios sugeridos por Olson em torno das organizações abrangentes acabam por encontrar limitações nos pressupostos teóricos que ele mesmo assume. A exclusão de *lobbies* ou grupos setoriais dentro das entidades só poderia ser efetivada através de dispositivos legais determinados pelo Estado. Todavia, essa direção envolve ofensas às liberdades fundamentais, podendo ainda conduzir a um controle sistêmico das organizações por grupos que reprimem a dinâmica política interna. A necessidade de se instituir arranjos mais democráticos problematiza a preferência normativa de Olson por arranjos corporativistas. Fundamentalmente, a afirmação dos limites e perigos de uma estrutura social fundada em grandes coalizões explicita, sobretudo, as contradições de sua teoria política em relação ao pressuposto da racionalidade instrumental.

Outra saída para superar a contradição entre a idéia de comportamento político instrumental e a possibilidade de uma esfera pública otimizada é sugerida por Russell Hardin.[71] O autor procura, sobretudo, reconstruir o utilitarismo de modo a originar uma teoria ao mesmo tempo social e moral, questionando a dimensão estrita das escolhas individuais em pequenas interações e destacando as instituições que possuem a tarefa de estimular o bem-estar geral. Segundo Hardin,[72] mesmo com a possibilidade de captura do aparelho governamental por certos interesses particulares, a existência do domínio formal e legal é justificada por dois motivos especiais. Em primeiro lugar, a legitimidade da política, que toma a forma de direitos e outras proteções individuais, provém da regulação das trocas, assegurando-se previsibilidade nas situações em que as informações são limitadas. Essa

---

[71] Russell Hardin. *Morality within the Limits of Reason*.

[72] Hardin lembra o caráter problemático da exposição de Hume a respeito da esfera governamental. Assim, procura reconstruir sua teoria questionando a suposição humeana de que os políticos, ao contrário dos indivíduos normais que são regidos pelos interesses próprios imediatos do presente, seriam escolhidos dentre os agentes que possuem paixões calmas, voltadas para o cálculo de benefícios gerais a serem alcançados no futuro. Por outro lado, Hardin sustenta que esses problemas da teoria de Hume não devem deter a recepção do pressuposto da necessidade dos artifícios da justiça que estimulam as transações e permitem um contexto social com utilidade geral superior. Hardin. *Op. cit.*, p. 45-46.

regulação não oferece problemas do ponto de vista moral, pois procura dar vantagens mútuas para todos os agentes envolvidos. Ela relaciona-se com a otimização paretiana, pois não assume complexas comparações interpessoais de utilidades e se limita a assegurar situações de troca em que ninguém perde e pelo menos uma parte fica em condição melhor.[73] Tal regulação faz parte da tradição liberal de tomar o indivíduo como instância autônoma de constituição de escolhas, de modo que ela se torna uma soma à liberdade de o agente estabelecer contratos.

O segundo motivo para a legitimidade da esfera estatal parte de idéias que se desvinculam da ortodoxia da teoria política da escolha racional. Hardin enfatiza a dimensão de justiça que o aparelho formal deve estimular para além das transações efetuadas pelos agentes. Nesse entendimento, os direitos não são uma instância *a priori*, mas sim contingentes às necessidades que as sociedades possuem para originarem um contexto otimizado.[74] O pressuposto é que a comparação de utilidades entre os benefícios e os custos das partes envolvidas em uma troca, incluindo as partes externas a ela, possibilita assegurar uma avaliação precisa do quadro institucional que deve prevalecer em uma comunidade. A produção de uma ordem social conveniente deve incorporar, então, as desigualdades presentes em um determinado ambiente, de forma a não permitir a reprodução de contratos que dão, devido às diferenças de recursos, mais vantagens a certos interesses do que a outros. As regras formais do Estado são assumidas como proteções coletivas, e não se restringem mais aos indivíduos e à liberdade irrestrita das transações. Contraria-se, portanto, a perspectiva de que os problemas sociais e as externalidades são passíveis de serem resolvidas no próprio âmbito do mercado e das trocas. Hardin[75] questiona, por exemplo, os postulados de Coase a respeito da criação de um mercado de externalidades, em que as partes que sofrem algum dano social reclamam e resolvem de forma espontânea seus problemas. Contra tal visão, o autor ressalta as dificuldades de alguns grupos para a geração da ação coletiva e para a barganha em relação a outros agrupamentos detentores de vastos recursos.

---

[73] Hardin. *Morality within the Limits of Reason*, p. 76.
[74] Ibid., p. 81.
[75] Ibid., p. 117-118.

Um tipo de ação pública sustentada por Hardin é aquela que busca minorar os efeitos dos problemas de ação coletiva, uma vez que, seguindo a lógica do comportamento oportunista, seria notória a vantagem organizacional dos pequenos grupos frente a grupos abrangentes. Essas situações demandam proteção, pois uma das partes da transação compõe-se de pessoas não habilitadas a entrar de modo favorável em certos contratos. O exemplo clássico de tal situação é representado pelas dificuldades dos trabalhadores de uma fábrica ou de um setor específico para se coordenarem e estabelecerem acordos coletivos de forma a se contrapor às negociações individuais que dão vantagens de barganha aos dirigentes das empresas.[76] Outro exemplo de política pública plausível é a que protege a competição e barra contratos que visem o estabelecimento de monopólios.[77] Além disso, mesmo tendo em conta os problemas de informação da agência governamental, direitos exclusivos de certos grupos devem ser também legitimados, se dirigidos para membros ou classes que portam grandes desigualdades, como as políticas de ação afirmativa sugerem.[78] Deve-se notar o caráter singular das proposições de Hardin, pois o apoio conferido pelo Estado às partes mais fracas das transações apresenta prováveis perdas a uma das partes do espaço social, contrariando os pressupostos de unanimidade presentes na concepção de otimização paretiana.

Todas as proteções estão baseadas na justificativa moral de que o bem-estar geral é elevado, mesmo que acarrete, por vezes, perdas a algumas partes. O limite da justiça e da moralidade é sua dimensão distributiva, baseada em uma comparação controlada das utilidades pessoais. Segundo Hardin, é possível, ainda que dependesse de cada conjuntura, definir situações em que os custos da ação estatal são pequenos, sendo compensados pelos ganhos originados para os atores situados em posições sociais relativamente desprovidas de recursos. Assevera-se um dever moral utilitarista que deve permear as instituições políticas.[79] Nesse sentido, há semelhanças entre a proposta de Hardin e o tema da redistribuição de Rawls, ainda que este último autor re-

---

[76] Hardin. *Morality within the Limits of Reason*, p. 87.
[77] Ibid., p. 88.
[78] Ibid., p. 99.
[79] Ibid., p. 53; 115.

jeite uma comparação cardinal de utilidades. O que importa perceber é que, em ambas as análises, a definição de um suporte moral circunscreve o campo político em uma esfera transcendente que procura possibilitar a conjunção harmônica entre ação instrumental e racionalidade coletiva. As proposições políticas de Hardin são todas predeterminadas, acarretando a objetivação de um sistema de direitos que implica a separação da justiça em relação à vida ordinária da sociedade e de sua dinâmica política. Essa objetivação é fundamentada pela tradição filosófica que afirma princípios de justiça a serem alcançados por meio de uma razão depurada, distante dos perigos das reivindicações sociais presentes na esfera política, potencialmente imprevisível. Deve-se notar, por outro lado, que as preocupações normativas sempre tentam ser coerentes com os pressupostos centrais da escolha racional, principalmente a afirmação da estratégia instrumental como mecanismo exclusivo de interação social e a visão de um Estado controlado e funcionalmente adequado ao mercado.

A defesa de padrões externos de avaliação do que é contratado nas transações e a necessidade de estabelecer certas normas de justiça perante a contingência dos interesses individuais compõem a idéia de utilidade geral de Hardin. O autor procura explicitar as condições em que um contrato é estabelecido, atentando se os atores envolvidos são efetivamente livres ou se, devido à desigualdade de condições, são coagidos a aceitar o acordo. O resultado é uma crítica às teorias que enfatizam a autonomia total dos agentes, já que se admite que vários elementos de diferença de poder e conhecimento podem tornar uma troca insatisfatória do ponto de vista da justiça. São exemplos de injustiça: a possibilidade de uma das partes ser coagida ou estar em posição de barganha desvantajosa; uma das partes ser enganada ou mal informada sobre o real valor das mercadorias ou serviços a serem trocados; a mensuração incorreta de risco; a falta de clareza sobre as próprias necessidades e preferências.

Entretanto, ainda que esse tipo de entendimento possibilite a percepção de mecanismos sociais que se sobrepõem aos interesses individuais, as proposições de Hardin não fundamentam uma teoria política isenta de ambigüidades. Como expressa o autor, "um modo de ver a importância de uma análise utilitarista para a produção de política pública normal é considerar como ela faz sentido para certos dogmas conservadores, ainda que recomendando grandes políticas de bem-estar"⁸⁰. O conservadorismo ao qual Hardin procura se aliar é, diferentemente de visões religiosas ou autoritárias, àquele exposto por autores como Buchanan, que se concentra nos problemas das intervenções paternalistas do Estado que limitam a competição na economia. O inconveniente da política, no entender de Hardin, é a sua falta de informação, de modo que grandes intervenções na sociedade por parte de um governo não podem portar legitimidade. "O progresso social não se produz de forma planejada, mas sim por uma lenta evolução imprevisível e muitas vezes não notada, na medida em que instituições e práticas superiores substituem inferiores"⁸¹. Por conseguinte, o autor não explora de forma precisa os limites de ação do aparelho estatal e da própria dinâmica política. Ressalta-se apenas uma perspectiva teórica funcional, em que mercado continua a ser a instância fundamental de progresso social, tendo a política e a moral o papel restrito de tornar seu desenvolvimento mais eficiente.

Na medida em que incorpora elementos e justificativas estranhas à realidade das livres transações instrumentais, a exposição de Hardin incorre em aporias. Fundamentalmente, não fica claro o papel da política, pois ela condiz com uma esfera que é necessária mas duvidosa. O resultado é a contradição entre a idéia que outorga racionalidade às ações individuais e uma justificativa política baseada em uma dimensão que se sobrepõe aos agentes, distinta da realidade das práticas sociais instrumentais. Um dos problemas desse tipo de exposição refere-se ao estímulo de uma objetivação social, na medida em que não fica claro se os indivíduos realmente escolhem os seus princípios de justiça ou se estes pertencem a um contrato que possui uma natureza anterior. O fundamento político não se dá a partir de ações individuais contingentes, e o resultado do "debate" já é prescrito *a priori*, baseado em um contrato "verdadeiro" produzido por uma razão coletiva. Aqui também cabe a pergunta: "o que vem antes – sem dúvida, em primeiro lugar – o contrato ou o princípio?"⁸². As aporias pa-

---

⁸⁰ Hardin. *Morality within the Limits of Reason*, p. 160.
⁸¹ Ibid., p. 161.
⁸² Michael Sandel, p. 119. A respeito da teoria de Rawls, particularmente, Sandel chama atenção para o fato de que a dimensão racional do debate do contrato original postula um

recem refletir a contradição básica de se procurar preceitos reguladores ao lado da legitimação de orientações individuais diversas que são, em sua essência, desreguladas e vinculadas a um espaço específico que deve ser livre de imperativos políticos.

As ambigüidades da reflexão de Olson e Hardin a respeito da esfera política residem em muitos trabalhos que pertencem ao campo da escolha racional. A análise de Elster[83], por exemplo, revela problemas similares na tentativa de resolução das contradições provenientes de um pensamento que procura unir uma concepção pública com o postulado de racionalidade instrumental. Segundo o autor, uma escolha social baseada em preferências individuais não porta coerência por dois motivos. Primeiramente, as preferências nunca podem ser dadas, pois, devido a certas estratégias, os indivíduos nem sempre expressam os seus interesses como eles são verdadeiramente. Eles podem, ao contrário, ter medo de encarar publicamente certas alternativas ou até mesmo exprimir preferências falsas, se esta simulação ajudar na vitória de sua opção real. Em segundo lugar, todas as sociedades produzem processos psíquicos que fazem com que os indivíduos se adaptem às possibilidades que o contexto social apresenta e não manifestem suas preferências verdadeiras, como representado na fábula das uvas verdes[84].

Questionando a própria concepção de preferência individual, Elster aponta a possibilidade de modificação das utilidades pessoais ao longo do processo de debate público, o que pode acarretar uma nova noção de racionalidade coletiva, pois "muito mais importante – em teoria e para a prática – é a idéia que a preocupação central da política deve ser a *transformação de preferências* em vez de sua agregação"[85]. Abre-se espaço para o entendimento

---

sujeito que contradiz a própria idéia de contrato que a teoria pressupõe, pois não há neste debate uma pluralidade que fundamente discussões voluntárias baseadas na barganha e no consentimento. Segundo Sandel, a imposição de um sujeito universal torna-se clara na qualificação do chamado "véu da ignorância", em que os indivíduos podem se desvencilhar de suas particularidades em benefício de uma união que possibilita o advento da unanimidade social.

[83] Elster. *Sour Grapes. Studies in the Subvertion of Rationality*, p. 31-33.
[84] Ibid., p. 109.
[85] Ibid., p. 350.

da política como campo de especulação e persuasão discursiva. Contudo, Elster[86] passa a questionar tal razão coletiva, principalmente devido ao comportamento oportunista e à divergência dos interesses e valores individuais. O autor reproduz, então, a mesma incapacidade de relacionar as orientações instrumentais com uma justificação consistente da dimensão pública. Sobre os problemas que seriam próprios do domínio político, Elster ressalta a questão do paternalismo, manifestado geralmente pela imposição do dever de participação política de todos os cidadãos, mesmo aos agentes que não demonstram nenhum interesse cívico. Além disso, lembra que as desigualdades sociais impõem limites, pois somente uma parte da população possui os recursos necessários para a participação autônoma no debate público. Elster ainda aponta para o fato de que o processo de interação política pode tornar as pessoas mais egoístas ao invés de contribuir para a inclinação ao bem coletivo.

Fundamentalmente, tanto os problemas da teoria de Elster quanto as aporias apontadas nas exposições de Olson e Hardin refletem a contradição da escolha racional em procurar definir um argumento de legitimação política quando pressuposto um ambiente social de oportunismo. Qualquer rótulo de preferência geral em relação a um determinado resultado político passa a ser questionado e tido como uma estratégia de obtenção de bens ou serviços particulares. Essa direção é manifestada pela idéia de que a racionalidade instrumental dos indivíduos que detêm o poder os leva a usar as prerrogativas do monopólio da violência para garantir a maximização de fins pessoais. Assim, transparece a ambigüidade de uma teoria política que requer, ao mesmo tempo, o aparelho estatal, como mecanismo de defesa dos direitos fundamentais, e a sua própria limitação, em conseqüência da agência racional. Ressalta-se, sobretudo, a dicotomia problemática entre a noção do mercado como alocador democrático de interesses e os domínios políticos vistos como autoritários.

Cabe lembrar ainda que não se produz, em razão da instrumentalidade dos agentes e dos problemas de ação coletiva, um argumento satisfatório para dar conta do advento do Estado de direito como fenômeno social e histórico. Um breve exame da tentativa de Olson revela as dificuldades. Seguindo

---

[86] Elster. *Sour Grapes. Studies in the Subvertion of Rationality*, p. 37-42.

Buchanan,[87] Olson[88] argumenta que o jogo estratégico do mercado parte, inicialmente, de um estado de natureza hobbesiano em que indivíduos lutam entre si pela maximização de suas utilidades de curto prazo. Olson chega a definir a situação política inicial como "primeira bênção da mão invisível"[89], já que os agentes são levados, pela sua própria racionalidade, a estabelecer um governo autocrático. Efetiva-se, então, a troca da pilhagem natural pela apropriação indébita proveniente das taxas governamentais, que o Estado obtém como pagamento da paz relativa que induz na sociedade. Contudo, a mesma racionalidade que pressupõe a constituição da esfera governamental incentiva os autocratas a extrair para si mesmos o máximo de rendas da sociedade, o que ocasiona nos agentes econômicos profunda incerteza. A promessa do governante de não confiscar rendas dificilmente se realiza a partir de regras ou leis impessoais, sendo necessariamente contrariada pela falta de horizonte histórico dos autocratas, que procuram maximizar seus interesses no menor tempo possível. Segundo Olson, a racionalidade induz, então, ao estabelecimento de um consenso da sociedade civil sobre a sucessão política, a fim de gerar um comportamento previsível e de longo prazo nos governos.

Entretanto, algumas contradições teóricas surgem nesse tipo de explicação, também representantes da incoerência da atitude instrumental frente à justificação do espaço político. Olson mesmo assume que a passagem para o consenso social sobre as instituições públicas deve ser problemática devido aos grandes custos da ação coletiva do empreendimento. A única solução que o autor apresenta é oferecida pelo que denomina "acidentes da história"[90]. Olson afirma que em certas sociedades a limitação de governos autocráticos e a emergência de um pacto de tolerância mútua são produzidas pela dispersão de poder e recursos dos agentes, de forma que nenhum grupo ou indivíduo pode criar ou estimular governos ditatoriais. O problema é que tal solução dificilmente pode ser desvinculada da idéia de um contrato social

---

[87] Buchanan. *Freedom in Constitutional Contract*, p. 12-13.
[88] Olson. (1993), "Dictatorship, Democracy, and Development". *American Political Science Review*, v. 87, nº 3, p. 570.
[89] Ibid., p. 568.
[90] Ibid., v. 87, nº 3, p. 573.

fictício que o próprio autor procura questionar. Muitas sociedades apresentam o mesmo grau de dispersão de poder e não resolvem os problemas das coalizões distributivas. Além disso, a tese da necessidade de pulverização de poder e recursos contraria a própria alternativa corporativista assumida por Olson em outros trabalhos. Fundamentalmente, o autor não explica claramente que mecanismos sociais devem gerar uma esfera pública conveniente e novamente o único vínculo institucional relacionado com a racionalidade instrumental são certos direitos que transcendem o debate ordinário.

Apesar das diferenças, se há algum ponto normativo que une todas as teorias aqui interpretadas é a ênfase na necessidade de a política ser separada da sociedade. A política adquire uma forma não dinâmica, que deve ser voltada para a defesa da conduta de maximização que fundamenta o mercado. Quando afirmam um entendimento que subordina a política à economia, essas análises revertem até mesmo a idéia moderna de democracia, baseada na possibilidade de representação popular. A concepção política resultante destaca a importância que a noção de equilíbrio passa a adquirir, base de um discurso em que nenhuma parte da sociedade pode ser lesada. Em nome da defesa de direitos da minoria, ressalta-se um domínio transcendental que imuniza a política de movimento. Democracia passa a significar estabilidade e previsibilidade. Por conseguinte, liberdade e igualdade de direitos são concepções que significam que todos são igualmente impedidos de reivindicar modificações substantivas a partir da esfera pública. A forma imprecisa segundo a qual a política é apresentada nos trabalhos da escolha racional revela, na verdade, uma direção normativa que procura desqualificar a dinâmica imprevisível do conflito de interesses coletivos, principalmente a imaginação de novos arranjos sociais ou econômicos.

LIMITAÇÕES DA TEORIA POLÍTICA DA ESCOLHA RACIONAL

Quando articulamos a noção de racionalidade da escolha racional com seus critérios de validade específicos, que são formados social e historicamente, pode-se questionar a objetivação que a teoria produz quando assume certos comportamentos como transcendentes. Nesse sentido, a concepção política refletida pela racionalidade instrumental é considerada como produto de uma realidade demarcada por agentes inscritos em espaço e tempo definidos, potencialmente passível de crítica e subversão por outras práticas. É somente através da compreensão do caráter existencial e concreto do conceito que se pode contestar uma filosofia política que tende a limitar seu próprio objeto a partir de valores ou "interesses" restritos. Por outro lado, essa direção permite entender o espaço público como fundamentado na prática social, ou seja, como uma categoria eminentemente histórica.

Ao contrário do que postula a ciência positiva apresentada pelos autores da escolha racional, suas análises revelam um viés normativo em que os "fatos" podem ser vistos como valores particulares da sociedade capitalista. A afirmativa de que "os modelos teóricos deveriam ser testados principalmente pela precisão de suas predições em vez da veracidade de suas afirmações no mundo real",[91] adquire, portanto, um sentido político, claramente alusivo ao tipo de individualismo competitivo que presume, através da definição dos problemas da ação coletiva, a impossibilidade de pensar o campo público fora dos parâmetros dos valores da posse e da estratégia econômica. Cabe notar que sobressai nas análises do campo da escolha racional um princípio de "razão suficiente",[92] baseado em um naturalismo ontológico que subverte a noção de uma ordem social que dote os indivíduos da possibilidade de deliberação sobre os ambientes em que vivem. Assim, configura-se uma contradição entre o pressuposto de que os indivíduos são livres para buscar sua realização pessoal e a definição de uma estrutura em que certas regras são necessárias para conferir previsibilidade às relações sociais. O problema da ordem social se impõe, já que se faz necessário pensar os meios pelos quais uma organicidade pode ser sistematizada a partir de comportamentos instrumentais.

A partir desse sentido normativo, pode-se, questionar a análise política da escolha racional a partir de duas direções específicas. Em primeiro lugar, critica-se as proposição de uma pretensa igualdade de recursos dos agentes

---

[91] Downs. *An Economic Theory of Democracy*, p. 21.
[92] Para este ponto, leia-se Wanderley Guilherme dos Santos. *Discurso sobre o Objeto. Uma Poética do Social*, p. 19-37.

quando efetuam transações no mercado. Chama-se atenção para o fato de que a teoria da escolha racional não destaca a dimensão estrutural do poder social, afirmando o argumento sociológico controverso de uma exclusiva responsabilidade dos agentes sobre suas posições sociais. Em segundo lugar, evidencia-se o caráter normativo da teoria, que exclui a potencialidade de processos de identificação social ou dinâmicas desvinculadas das propriedades comportamentais instrumentais.

Sobre a questão da qualidade estrutural e as diferenças de poder que envolvem a ação econômica, cabe destacar, a princípio, a contradição da escolha racional quanto ao estatuto da liberdade individual. A teoria incorre em problemas quando supõe um mundo social em que ações egoístas interagem livremente a fim de maximizarem suas correspondentes preferências[93]. Cabe notar que tal interação reflete uma confusão entre meios e fins individuais, na medida em que um determinado agente só consente em ser um meio para o objetivo de um outro agente se este for, ao mesmo tempo, um meio para seu fim. Subjetividade e objetividade se intercambiam, revelando, além dos componentes de uma possível desigualdade de poder nas relações, uma aporia que subverte a capacidade de direção pessoal independente. Contraditoriamente, o postulado fundamental da escolha racional indica que um indivíduo necessita da condição de ser um meio ao objetivo de outro agente para ser autônomo. A teoria patina, então, entre uma afirmação libertária e a inevitabilidade da instrumentalização dos indivíduos.

Portanto, o tema do poder surge como mecanismo essencial para o entendimento do que os indivíduos podem ou não escolher em suas ações. O mundo não se configura como o espaço de troca isento de restrições políticas postulado pela escolha racional, ou seja, como um campo aberto a fins construídos de forma livre e autônoma pelos agentes. Um ponto importante pode ser representado pela diferença com que o *habitus* da racionalidade se impõe nos indivíduos em função de suas posições ou classes sociais[94]. Nesse sentido, alguns grupos sociais, em face de suas condições precárias de qualificação, segurança e emprego, são es-

---

[93] Wanderley Guilherme dos Santos. *Discurso sobre o objeto. Uma poética do social*, p. 57-59.
[94] Pierre Bourdieu. *Algérie 60: Structures Économiques et Structures Temporelles*, p. 85-91.

truturalmente mantidos fora dos padrões comportamentais de cálculo e previsibilidade. Os agentes não podem, então, pensar o futuro a partir de funções de utilidade ou cálculos fundados pela situação presente. As necessidades fundamentais passam a ser o fator exclusivo de interesse, o que impede a sistematização de uma hierarquia de fins a serem alcançados, ou seja, um plano de vida.

Desse modo, caso se tenha como objetivo chegar a uma teoria política mais consistente, há necessidade de se apreender o que não é redutível às ações da razão maximizadora, percebendo as fontes de um poder que se estabelece fora do controle dos agentes. Essa temática revela-se ausente na teoria da escolha racional, que enfatiza a responsabilidade exclusiva dos agentes quanto à sua posição social. Segundo James Coleman, poder "é uma propriedade do *ator no sistema*. Não é uma propriedade da relação entre dois atores (portanto, não é correto, nesse contexto, falar do poder de um ator sobre outro, embora seja possível falar de um poder relativo dos dois atores)"[95]. Cabe notar que essa concepção resulta diretamente da noção de equilíbrio, que induz a pensar os intercâmbios sociais do mercado como produtores de benefícios mútuos. Como indicado no conceito de externalidade, as trocas só geram malefícios de modo indireto, sendo dirigidos apenas para agentes situados fora do espaço das transações.

A perspectiva da escolha racional não atenta para as posições específicas a que as pessoas estão submetidas em uma estrutura social e econômica. Empregado e empreendedor, por exemplo, aparecem como entes dotados dos mesmos recursos de poder para alcançarem seus objetivos. Uma formulação tal qual a teoria da mercadoria de Marx, que expressa a objetivação das subjetividades em um mundo condicionado por relações de produção que transformam as instâncias sociais em valores de troca, se torna sem sentido. Todavia, um tipo de procedimento analítico como este permite compreender fenômenos estruturais fundamentais, principalmente o fato de que a inscrição dos agentes em um processo de trabalho a que não mais lhes pertence impossibilita a formação de meios e fins comuns a todos os indivíduos, diferenciados quanto às suas posições de empregado e dono do capital.

---

[95] James Coleman. *Foundations of Social Theory*, p. 133.

Nesse sentido, um aspecto essencial que a teoria da escolha racional não evidencia diz respeito à repartição econômica pela qual a sociedade moderna se organiza, que determina formas singulares de apropriação e de uso das condições de produção. Ao contrário dos postulados universalistas da teoria, não cabe supor o mesmo tipo de relação social para diferentes contextos socioeconômicos, tais como: a propriedade coletiva de um território de caça por uma comunidade de caçadores; a propriedade comum do solo e a divisão de parcelas periódicas ou hereditárias; a propriedade coletiva de um Estado socialista; a propriedade privada alienável moderna, etc.[96] Tendo-se em conta uma determinação estrutural, o fato de as ações pessoais dependerem de outros atos, como indica o paradigma da teoria dos jogos, não significa somente que um quadro estratégico se institui nas interações, mas sim que existe uma multiplicidade de ações que formam um sistema que subsiste por si mesmo, desconectado, em certo sentido, das intenções ou razões subjetivas. O importante é a percepção de que diferentes formas de organização econômica implicam possibilidades de ação desiguais para os indivíduos.

A outra questão da teoria política da escolha racional a ser ressaltada é o fato problemático de as análises desconsiderarem manifestações sociais ou públicas desvinculadas das ações de maximização pessoal. Dado o postulado de que os indivíduos agem autonomamente, sem ligações com o ambiente externo, a teoria entende qualquer restrição social como parâmetro que contraria a natureza humana. A imaginação ou criação de legislações que regulem as condições de trabalho, por exemplo, são pensadas como uma negação da liberdade de os agentes determinarem suas posições sociais de acordo com seus cálculos de custos e benefícios. A acepção da racionalidade nos termos da ontologia econômica acarreta dificuldades para pensar o relacionamento entre preferências individuais e escolhas sociais, de forma que um sistema político só é coerente se pressupõe um pluralismo de interesses divergentes ou antagônicos. A política torna-se restrita ao mecanismo do voto, concebido como meio exclusivo de agregação quantitativa das diferenças. O propósito das eleições é a seleção de governos que estimulam, aos olhos do indivíduo, a sua própria maximização, refletindo o comportamento

---

[96] Maurice Godelier. *Rationalité et Irrationalité en Économie – II*, p. 153-154.

estratégico que impede uma socialização política reflexiva ou um potencial de transformação social baseados na construção de identidades coletivas.

Reifica-se a definição das regras do "jogo" social exposto no mercado, de forma que o Estado se limita a defender sistemas legais e contextos de eficiência que não invadam as trocas voluntárias[97]. O caráter independente do sistema de direitos fundamentais e a limitação da prática política refletem a opção normativa que o conceito de racionalidade da teoria da escolha social segue. A noção de ação racional revela a necessidade de abstrair uma moralidade e torná-la inquestionável a partir da objetivação social que não suporta outro fundamento que não o especificado em seus pressupostos. Essa objetivação é entendida à luz da teoria social em que a interação dos indivíduos é postulada como geradora de contratos autônomos e igualitários, tomados como um bem comum. A idéia de contrato indica que a unidade predomina epistemologicamente sobre a pluralidade, pois os indivíduos possuem um eu anterior à própria definição de seus objetivos.

A concepção política da escolha racional indica, sobretudo, a centralidade dos parâmetros liberais de contenção do governo. O mercado aparece como uma dimensão espontânea, e qualquer interferência em seu funcionamento é tida por uma desvirtuação de processos naturais eficientes e benéficos. O mercado torna-se o lugar da verdade e da adequação ótima, justificado pelo preço das mercadorias e dos custos de produção em relação às necessidades demandadas livremente pela sociedade. Pode-se argumentar que o mercado – e suas idéias particulares de oferta, demanda, valor, preço – torna-se um lugar da veridicidade (*véridiction*) e da falsificação de todas as práticas governamentais.[98] Ao contrário da crença da razão de Estado anterior ao século XVIII – preocupada com a fomentação da riqueza estatal, vista como requisito indispensável do desenvolvimento econômico – a teoria

---

[97] Na verdade, a teoria do novo institucionalismo é a única perspectiva, dentro do campo da escolha racional, que reivindica alguma legitimidade em transferir certas tarefas, para além das falhas de mercado e das externalidades, para a dimensão da política, já que admite certa intervenção do Estado. Contudo, o entendimento resultante implica uma definição funcional da política em relação à economia, baseada na ação estatal em esferas pontuais e predeterminadas, como a quebra de contratos, disseminação de informações e defesa da propriedade privada. O novo institucionalismo é discutido no capítulo V deste livro.
[98] Michel Foucault. *Naissance de la Biopolitique*, p. 32-34.

da escolha racional é parte da ontologia que prescreve uma nova correlação entre Estado e mercado. O aspecto original da ontologia moderna é o fato de que o mercado, e não mais o aparelho estatal, surge como a base de um governo bom e "verdadeiro". A atenção política não se dirige mais, portanto, para o aumento da amplitude social ou econômica da esfera pública, mas para a institucionalização de um princípio de limitação governamental que seja funcionalmente adequado à independência das relações instrumentais de troca.

Um ponto essencial da análise da escolha racional é a validação de um entendimento técnico da política. Dados os fins da eficácia econômica baseada no livre exercício da racionalidade, a política tende a se tornar um instrumento de escolha entre os meios mais eficientes para o alcance de objetivos que não caberia discutir. A esfera pública torna-se uma instância que não reflete a legitimidade e a abertura imaginativa da representação popular. Assim, rejeita-se a noção de soberania que fundamenta as concepções tradicionais de democracia, reificando o sistema legal que regula as relações entre o mercado, o social e o cultural. Na verdade, o discurso economicista tende a esvaziar a capacidade de transformação presente nas instituições democráticas, na mesma medida em que o mercado perde seu aspecto de construção humana para possuir uma conotação de transcendência, de uma forma quase divina[99]. Os pressupostos de comportamento racional e a fundamentação da técnica burocrática, da chamada engenharia institucional, passam a caminhar juntos.

Contudo, a suposição da conduta instrumental implica instâncias transcendentes que desconsideram a dinâmica do conflito de idéias que é um fundamento central da ação política. A abstração elaborada pela teoria da escolha racional indica uma restrição analítica, pois vários fatos empíricos demonstram que a dimensão pública não se limita às características funcionais de satisfação de utilidades individuais. A política é inscrita em processos contingentes de representação social impossíveis de serem predeterminados. Processos que apontam para algo mais abrangente do que os métodos mecânicos de agregação de preferências pessoais que a tradição lançada por Ar-

---

[99] Jacques Sapir. *Les Économistes contre la Démocratie. Les Économistes et la Politique Économique entre Pouvoir, Mondialisation et Démocratie*, p. 151.

row apresenta. Além disso, deve ser notado que o voto e a prática política não se resumem aos seus momentos formalmente institucionalizados. Ao contrário, eles são produtos da complexa dinâmica do debate público, no qual as referências individuais são constantemente reelaboradas pelas imagens e representações sociais desenvolvidas.

Os procedimentos formalizados da teoria da escolha racional possuem limites claros quanto à percepção da dinâmica ou da constituição dos processos políticos. Mesmo no ambiente hegemonicamente instrumental da modernidade, a dimensão pública não é somente um lugar de competição de interesses, mas também um "campo" e um "trabalho"[100]. Um campo no sentido de ser o lugar de relacionamento da sociedade, que designa um sentido específico às ações do conjunto social. E, sobretudo, um trabalho, no sentido de que a esfera do político qualifica o processo pelo qual um agrupamento humano toma progressivamente, por meio da discussão pública, a face de uma comunidade que compartilha regras e valores. Pode-se explicitar o que se procura chamar atenção aqui através da distinção de Rosanvallon[101] entre as esferas do "político" – que é baseada em processos de constituição de uma comunidade democrática – e do "exercício da política" – que é efetivada pela competição instrumental. Referir-se ao político e não à política é

> falar do poder e da lei, do Estado e da nação, da igualdade e da justiça, da identidade e da diferença, da cidadania e da civilidade, em resumo, de tudo que constitui uma cidade para além do campo imediato da competição partidária pelo exercício do poder, da ação governamental cotidiana e da vida ordinária das instituições.[102]

Desconsiderando o espaço do "político", a teoria da escolha racional subordina toda a dimensão pública à competição advinda do comportamento instrumental e não indica a relevância de crenças e atividades que se encontram manifestadas nas instituições da vida moderna. Os autores perdem a referência das práticas discursivas e de debate que determinam as características mais substantivas do que se convenciona chamar democracia. Se a

---

[100] Rosanvallon. *Pour une Histoire Conceptuelle du Politique*, p. 12.
[101] Ibid.
[102] Ibid., p. 14.

democracia ainda aparece como um princípio organizador da ação política moderna é exatamente por refletir um caráter fluido e impreciso, uma solução em si problemática e não passível de ser determinada *a priori*.

Desse modo, a política é assumida também como um objetivo coletivo, o que se distancia da idéia schumpeteriana de um meio para o alcance de fins individuais. A vida pública torna-se um elemento que forma grande parte dos julgamentos e preferências individuais, sendo definida como um artifício conceitual e discursivo que se baseia no interesse comum.[103] Instituindo uma articulação tensa entre conflito, persuasão e unidade, a *práxis* política relaciona-se com mecanismos de justificação e legitimação, da mesma maneira que com questões de coesão social e cultural, dentre as quais a concepção de nação possui maior relevância. Certamente, se a política, ou mesmo o voto, se resumissem à competição de funções de utilidade excludentes não haveria nem a possibilidade de existência de ambas. Seria uma forte contradição supor que indivíduos racionais sustentam um arcabouço institucional que potencialmente sempre pode se manifestar contra suas próprias preferências.

A política pressupõe um tipo de processo que impede a categorização indiscutível de sua dimensão. Assim, ela torna-se um verbo, uma ação, que, essencialmente social, contraria as tentativas de objetivação vinculadas a um sujeito universal. Como demonstra a experiência moderna, a política não se reduz ao espaço liberal fundado pelo comportamento instrumental, mas reflete também os ideais de um Estado impessoal e da representação de vontade popular que retêm uma abertura considerável sobre os horizontes sociais a serem reivindicados. O problema da perspectiva da teoria da escolha racional é aliar a individualização presente na modernidade, um fenômeno contingente, a uma espécie de anomia instrumental que exclui a possibilidade de produção de convergências ou a constituição de identidades coletivas. Sem a condição de representação dessas identidades, a democracia, como objeto essencial da teoria política moderna, aparece destituída de sentido.

---

[103] Emmanuel Picavet. *Choix Rationnel et Vie Publique. Pensée Formelle et Raison Pratique*, p. 392-410.

III
ESCOLHA RACIONAL E TEORIA SOCIAL

A CONCEPÇÃO SOCIOLÓGICA DA ESCOLHA RACIONAL. AS NORMAS E O JOGO SOCIAL

A temática das normas sociais inaugura, no campo da escolha racional, uma teoria da ação que relaciona a orientação instrumental com a idéia de uma estrutura controlada pelos agentes. A conseqüência é uma teoria sociológica que entende o quadro societal como um jogo estratégico. Assim, as situações sociais não podem ser vistas apenas como generalizações de decisões tomadas por sujeitos isolados, pois nenhuma ação ou escolha pode ser efetivada sem levar em conta a dependência dos resultados em relação a um contexto social composto de grande número de indivíduos. O objeto analítico da Sociologia da escolha racional remete aos bens ou atividades humanas que não são comparáveis e não podem ser estudados, exclusivamente, de acordo com a ciência econômica tradicional. Assume-se a necessidade de uma nova abordagem de comportamentos que são ao mesmo tempo racionais e não econômicos.[1] O ponto original ressaltado pelos autores na explicação desses fenômenos é o fato de não recorrerem, ao contrário do pensamento social padrão, a restrições culturais, à tradição, ao acaso ou a estruturas que seriam apenas imaginárias. Nesse sentido, os fenômenos sociais devem ser analisados por meio da percepção das normas e dos valores que estão inseridos em complexos mecanismos de troca, diretamente vinculados aos interesses dos atores.

---
[1] Elster. *Ulysses and the Sirens*, p. 127.

O projeto essencial da teoria sociológica da escolha racional é fundar uma análise que examine de forma coerente os movimentos do nível macro do jogo social para o micro das ações econômicas, e, inversamente, do micro para o macro. O objetivo é entender as relações sociais como um jogo dependente das práticas racionais, baseado na compreensão segundo a qual os indivíduos participam livremente e ativamente da construção estrutural da sociedade, vista como um conjunto de regras que limitam, mas não constituem, as interações. A proposição sociológica é estudar as regras que, contratualmente estabelecidas, organizam as ações e que são, posteriormente, modificadas e desenvolvidas no movimento estratégico do jogo social. Segundo James Coleman,

> essa visão, assim como o caráter das transações do macro para o micro e do micro para o macro, pode ser entendida por intermédio da imaginação de um jogo de simulação social do tipo que é usado na educação. Tal jogo é composto dos seguintes dados: um conjunto de papéis que os atores empreendem, cada papel definindo os interesses ou objetivos do jogador; regras sobre os tipos de ações que são permitidas para os jogadores em cada papel, assim como sobre a ordem do jogo; e regras que especificam as conseqüências de cada ação para os outros jogadores inscritos.[2]

Para Coleman, a necessidade da análise dessas regras sobressai no momento em que as trocas revelam grandes diferenças entre os fatores possuídos pelos indivíduos, originadas pelos variados recursos pessoais e posições sociais dos agentes. A admissão da vida social como um jogo evidencia o postulado de um espaço de carência e de disputa por bens raros. Por conseguinte, a sociedade é vista como sinônimo de organização de interesses em conflito.

> O que produz um sistema social, em contraposição a um conjunto de indivíduos que exercem de modo independente seus controles sobre as atividades que satisfazem seus interesses, é um fato estrutural simples: os atores não controlam completamente as atividades que podem satisfazer seus interesses, encontrando algumas delas sob o controle parcial ou total

---

[2] Coleman. *Foundations of Social Theory*, p. 11.

de outros atores. Portanto, a busca de um interesse pessoal em tal estrutura requer, necessariamente, que o indivíduo se engaje em transações de algum tipo com outros atores. Essas ações não incluem somente o que é normalmente pensado como troca, mas também uma variedade de outras ações que cabem sob uma concepção mais ampla de troca. Esta inclui subornos, ameaças, promessas e investimento de recursos.[3]

Mais especificamente, a estrutura social é relacionada com o mecanismo de troca econômica ocorrida no mercado da seguinte forma:

> a troca social muitas vezes ocorre não em transações isoladas de duas pessoas, mas dentro do contexto de sistemas de troca em que há competição por recursos escassos. Esses mercados sociais lembram, por vezes, mercados econômicos, embora muitas vezes demonstrem grandes diferenças. Uma idéia de ambas as similaridades e diferenças pode ser vista pelo exame do papel do dinheiro nos sistemas econômicos – pois, mais do que qualquer outra diferença particular, é a ausência de dinheiro que separa as trocas não econômicas das econômicas.[4]

Ou seja, a separação entre o sistema social e o econômico se dá pela mera ausência de um meio objetivo. Essencialmente, esta citação revela a concepção de realidade social adotada pela teoria da escolha racional. A teoria articula o tema da escassez, fato natural que obrigaria os indivíduos a se relacionarem uns com os outros e a gerarem a sociedade, com a temática da troca, que constitui o mecanismo exclusivo de interação, voltado para a satisfação recíproca de interesses. O sistema social é visto como um sistema de trocas, de modo que as normas e os valores se tornam contingentes às preferências individuais. Por sua vez, a sociedade é o resultado do somatório de várias ações racionais desconexas. As práticas instrumentais constituem os microfundamentos dessa teoria sociológica, que se contrapõe às perspectivas que não ressaltam os interesses autônomos dos indivíduos em todas as situações. Assim,

> o caminho correto para a teoria social é mais difícil: manter uma concepção única do que são os indivíduos e perceber o variado funcionamento

---

[3] Coleman. *Foundations of Social Theory*, p. 29.
[4] Ibid., p. 119.

sistêmico não a partir de diferentes tipos de criaturas, mas de diferentes estruturas de relações nas quais estas criaturas se encontram.[5]

Não é ao acaso que Hobbes é lembrado e não é pouco o que estas linhas traduzem como concepção social e teoria da ação. A estrutura não é uma dimensão própria da vida social, mas uma necessidade construída intencionalmente, *a posteriori*, pelos interesses dos agentes. As normas e regras nascem do conflito e da escassez, de modo que se contrarie o ambiente de hostilidade geral e se criem condições para o advento de equilíbrios. Nesse sentido, Russell Hardin[6] indica a necessidade de estudar não somente os contextos do que denomina "cooperação" – que representam o modelo ordinário de trocas de bens – mas também a "coordenação" que é regulamentada por normas sociais e que condiz com situações em que uma parte da interação maximiza algo somente se as outras também maximizarem. O importante é assinalar que as estratégias elaboradas pelos indivíduos normalmente se baseiam em convenções que, por sua vez, objetivam a promoção de mais transações. O entendimento sociológico é, portanto, claramente funcional e circular: a lógica da ação coletiva acarreta problemas de interação que devem ser resolvidos por instâncias e normas abrangentes.

Por conseguinte, a própria escassez pode ser em grande parte mitigada, se relacionada com um contexto que regulamente de forma eficaz o livre intercâmbio. Mesmo as diferenças de recursos e de poder entre os atores têm limites, pois as trocas coordenadas socialmente ocasionam um ambiente de satisfação recíproca. Fundamentalmente, uma concepção singular de equilíbrio, advinda da teoria econômica e que perpassa toda a tradição da escolha racional, não é questionada nessas análises sociológicas. Assim,

> através de trocas como as descritas acima, há uma redução da discrepância entre interesses e controle, na medida em que ocorre um equilíbrio – um ponto em que não existem trocas que possam aumentar a realização de interesses esperada por ambos os atores. Nesse ponto, cada ator terá maxi-

---

[5] Coleman. *Foundations of Social Theory*, p. 197.
[6] Hardin. *One for All. The Logic of Group Conflict*, p. 26-27. Hardin indica a regulamentação da direção rodoviária, em que todos devem dirigir de um lado ou de outro, como exemplo de uma norma social que visa o benefício geral.

mizado sua realização de interesses esperada em relação ao grau permitido pelos recursos com os quais começou.⁷

As regras sociais estão vinculadas a uma agência individual que é anterior às suas próprias regulamentações. Nesse sentido, as normas dependem diretamente dos interesses que indivíduos portadores de recursos possuem em relação a elas. Comumente, a idéia de norma na sociologia da escolha racional é baseada na concepção de informação. É essa categoria que reitera a perspectiva de um controle dos fatos sociais pela cognição individual, pois há o pressuposto de que as regras sociais são instrumentos informacionais que objetivam dar previsibilidade aos agentes inscritos nos espaços de troca. Logo, as normas são princípios que regulamentam e informam as interações, tornando-as mais ou menos previsíveis, mas que, por outro lado, podem ser manipuladas pela orientação instrumental de uma das partes. Segundo Elster,⁸ a questão da ação social refere-se exatamente à relação eficiente entre as crenças e as evidências disponíveis para um indivíduo. A noção de "juízo"⁹ indica a possibilidade de os agentes alcançarem uma "crença verdadeira", baseada no controle total das informações ou das normas de um contexto social. O problema é que a busca de informação é limitada pela própria racionalidade, devido aos custos de aquisição de novas formas de conhecimento da realidade.¹⁰ Além disso, essa crença racional, que parece indicar uma "consciência verdadeira", sofre vários distúrbios oriundos do psiquismo individual. Elster não faz referência a nenhuma esfera cultural e social, procurando acreditar que os "erros" ou "ilusões" são parte de processos afetivos contrários ao interesse pessoal.

O ponto fundamental dessa perspectiva sociológica é que as normas são sempre circunstanciais e não adquirem um estatuto social autônomo, na medida em que só são "usadas" se estiverem de acordo com a aquisição estratégica de bens ou serviços. Uma das conseqüências de tal compreensão é tomar as normas como "limites" às ações. Desconectada de uma dimensão prescritiva, elas são concebidas como instâncias de decisões individuais, rela-

---

⁷ Coleman. *Foundations of Social Theory*, p. 38-39.
⁸ Elster. *Sour Grapes. Studies in the Subvertion of Rationality*, p. 16.
⁹ Ibid., p. 16-17.
¹⁰ Hardin. *One for All. The Logic of Group Conflict*, p. 15.

cionadas com os cálculos de custos e benefícios pessoais. Reitera-se na perspectiva sociológica da escolha racional o entendimento de que as normas e os valores são construídos de modo a-histórico e contingente. Na medida em que possuem um propósito, as normas sociais são colocadas em prática apenas quando geram algum tipo de benefício funcional para os indivíduos. Na verdade, o valor dos fatos sociais pode ser percebido no espaço econômico, ou seja, no valor de troca que possuem. Normas sociais e preços se igualam, pois as primeiras passam a depender, necessariamente, do interesse de diversos agentes em relação a um determinado fato social. Por conseguinte, norma e troca tornam-se sinônimos, sendo intercambiáveis se assim desejam as preferências.

Essa perspectiva opõe-se às teorias clássicas da Sociologia que indicam uma relação complexa entre os domínios da estrutura social e da agência individual. Conseqüentemente, uma série de dados sociais é descaracterizada e tornada irrelevante, principalmente as relações entre a cultura e as normas e a explicação das diferenças entre as sociedades. Tais questões são deixadas de lado em prol de um entendimento que homogeneíza as esferas sociais e vê a sociedade como uma agregação de trocas independentes. Pouca ou nenhuma referência é feita à dimensão histórica das condições de carência material e de competição da economia capitalista, por exemplo. Ao contrário, essas condições aparecem objetivadas, como se fossem dados naturais das relações sociais e do jogo em que os homens se envolvem. Desse modo, a explicação da coordenação dos agentes a partir das normas ou convenções torna-se vazia. Como afirma Hardin, a coordenação "pode somente ocorrer. E se ela ocorre da mesma forma algumas vezes, o resultado pode ser uma convenção vigorosa que governa, então, comportamentos futuros na medida em que dá incentivos específicos para agir".[11] O ponto primordial das relações sociais é um indivíduo isolado, livre de imperativos, e a estrutura é examinada como um resultado da volição constante advinda do interesse próprio. Em vez de ser um componente determinante da constituição dos indivíduos, a estrutura social aparece como um fato controlado, formada pelas contingências de subornos, ameaças e promessas, sendo potencialmente desconsiderada se contrária às condições impostas pela conduta instrumental.

---

[11] Hardin. *One for All. The Logic of Group Conflict*, p. 45.

Devido à idéia de uma natureza social competitiva, um dos temas capitais desse tipo de sociologia é a dimensão da confiança e da disponibilidade de informações para os agentes. Na medida em que se pressupõe um sistema baseado em relações imprevisíveis de competição, a confiança surge como um parâmetro que indica a funcionalidade de certos ambientes, geralmente de tamanhos restritos, na resolução dos problemas de ação coletiva. O crédito nos outros é analisado a partir de sua potencialidade em permitir intercâmbios previsíveis em contextos egoístas. Nesse caso, a questão sociológica é saber quando um agente deve cooperar e em que condições ele deve seguir seus interesses pessoais nas relações sociais.[12]

O CÁLCULO DA CONFIANÇA E A EVOLUÇÃO DA COOPERAÇÃO

A confiança se articula ao tema do risco a que os indivíduos se expõem em suas transações. O risco pressupõe o tempo que as trocas levam para serem concluídas, o que implica incerteza para o agente que investe uma soma de recursos antes de receber um retorno.[13] A teoria da escolha racional afirma que, em espaços sociais de tamanho reduzido, a incerteza pode ser mitigada de duas maneiras. A primeira aponta para a criação de mecanismos formalizados por contratos e sistemas legais. Todavia, o que interessa à teoria sociológica da escolha racional é a segunda forma, baseada em fatores de confiança que estimulam o intercâmbio de baixo risco de um modo exclusivamente informal. Esses fatores manifestam e proporcionam um ambiente social previsível que prescinde dos custos de organização de um sistema legal ou contratual. Cabe notar, porém, que a perspectiva sociológica da escolha racional estabelece a união entre a idéia de uma dimensão social que se impõe sobre as preferências pessoais e um cálculo de custo e benefício que é elaborado autonomamente pelos agentes. Assim, a confiança e o risco são vistos como fenômenos paralelos, pois ainda que princípios sociais possam adquirir algum tipo de independência

---

[12] Axelrod. *The Evolution of Cooperation*, p. vii.
[13] Coleman. *Foundations of Social Theory*, p. 91.

em relação à contingência das transações, eles também podem ser instrumentalizados pelos interesses pessoais. A confiança é subordinada a uma espécie de aposta individual, calculada matematicamente nos mínimos detalhes, na medida em que

> o ator sabe o quanto pode ser perdido, o tamanho da aposta, o quanto pode ser ganho (a quantia que pode ser ganha), e as chances de ganhar. Estes e somente estes são os elementos relevantes [...] Essa expressão simples é baseada no postulado de maximização da utilidade sob risco. O credor (*trustor*) potencial deve decidir entre não depositar confiança, no caso de não haver mudança em sua utilidade, e depositar confiança, no caso de sua utilidade esperada relativa a seu *status* presente corresponder ao ganho potencial vezes a chance de ganho menos a perda em potencial vezes a chance de perda.[14]

Não há na norma da confiança um aspecto de prescrição comportamental. Ela depende de um cálculo, pois

> a decisão potencial do credor (*trustor*) é quase sempre problemática – decidir se deposita ou não confiança no devedor (*trustee*) potencial [...] Em muitos casos, o devedor (*trustee*) de um benefício possui a escolha entre manter a confiança ou quebrá-la.[15]

As transações são submetidas a uma reflexão sobre os benefícios e custos de cooperar ou não, de forma que o credor (*trustor*) deve possuir mecanismos hábeis para dissuadir a outra parte de tomar o caminho do rompimento dos acordos. O cumprimento das promessas resulta, então, do interesse próprio e estaria vinculado geralmente ao advento de trocas repetidas entre os mesmos indivíduos[16]. Esta seria uma característica natural das relações sociais, pois agentes racionais procuram interagir com as mesmas pessoas. O principal incentivo para o cumprimento dos acordos é que o parceiro da interação presente deverá ser útil em um empreendimento futuro. As tran-

---

[14] Coleman. *Foundations of Social Theory*, p. 99.
[15] Ibid., p. 96.
[16] Hardin. *Morality within the Limits of Reason*, p. 42-43.

sações tendem a se constituir, então, como jogos repetidos, de modo que todos os agentes envolvidos possuem um interesse recíproco para reiterar promessas feitas.

A informação ganha *status* especial nessa perspectiva social, pois existe uma correlação direta entre os atos de um indivíduo e a próxima jogada a ser elaborada por outro agente[17]. Já que as relações sociais tomam a forma de situações de risco, são as informações que precisam a possibilidade de um contexto de confiança mínima. Supõe-se que as pessoas se reconhecem por intermédio da satisfação de suas preferências, pois o conhecimento e a garantia de previsibilidade nas interações são dependentes da repetição de jogos com os mesmos jogadores. Assim, o "recebedor" de um benefício espera perder muito se a relação que ele estabelece tem continuidade temporal e indica previsão de lucros mútuos no futuro, ao contrário de uma transação ou "jogada" simples e contingente com sujeitos desconhecidos. Paralelamente, quanto mais as informações a respeito das jogadas estabelecidas forem difundidas por meio de uma estrutura comunicativa, maior será a confiança inscrita nas interações, dado o medo dos agentes em terem as suas reputações questionadas.

Na medida em que os jogos são repetidos, torna-se possível guiar as expectativas e estabelecer punições de acordo com as ações passadas. Além disso, entra no quadro do jogo a questão das reputações[18]. O ponto fundamental é que a repetição possibilita, em situações que não são de soma zero, o desenvolvimento de cooperações sem a necessidade de agências externas, como o Estado, para as estimularem. O dilema do prisioneiro tende a ser resolvido e a possibilidade de jogadas cooperativas voltadas para ganhos mútuos não é mais vista como irracional. Os jogadores podem adotar a estratégia do *tit for tat* – repetição da jogada anterior do adversário, de forma a ameaçá-lo com defecção se ele tender a fazer o mesmo – para resolver o jogo satisfatoriamente. Essa perspectiva também é denominada "evolucionária", baseada no pressuposto naturalista de que, dadas certas condições iniciais, a cooperação e a reciprocidade de comportamen-

---

[17] John Maynard Smith. *Evolution and the Theory of Games*, p. 149.
[18] Axelrod, *The Evolution of Cooperation*; Shaun Heap e Yanis Varoufakis, *Game Theory: A Critical Introduction*, p. 167-194.

tos advêm de forma espontânea, mesmo em um ambiente composto de indivíduos egoístas.[19] Apropriando-se do argumento de Olson a respeito da redução dos problemas de ação coletiva em pequenos grupos, Coleman[20] procura demonstrar que, em certos espaços, acordos verbais são suficientes para criar confiança entre os indivíduos. Essa característica seria explicada exatamente pelas jogadas repetidas e pela rede de comunicação em que os agentes estão inscritos. Deve-se notar, entretanto, que não é retomado aqui um argumento que poderia ser pautado, por exemplo, pelas diferenças estruturais entre tipos de solidariedade. Ao contrário, sugere-se que um mesmo tipo de racionalidade se faz presente em todos os espaços sociais, sendo diversificadas as suas características pelas circunstâncias específicas de cada ambiente.

Cabe notar que o entendimento das teorias dos jogos repetidos e evolucionária parte do grau zero de uma sociedade sem normas sociais. A questão central diz respeito ao surgimento da cooperação em um mundo povoado de pessoas egoístas e sem autoridade central.[21] Supõe-se que uma moralidade, no sentido ordinário, não é importante, dado que nada mais é demandado nas interações além do interesse próprio dos agentes. "O fundamento da cooperação não é, na verdade, a confiança, mas a durabilidade do relacionamento"[22]. Portanto, o que é valorizado é a esfera das informações, em detrimento da necessidade das regras ou convenções sociais. Quando os autores manifestam uma concepção de cultura para o estudo da cooperação, sugere-se um modelo muito simplificado, em que os indivíduos adquirem seus comportamentos através da imitação de atores exitosos.[23] Assim, os comportamentos são disseminados socialmente por meio de padrões relacionados aos critérios de uma evolução estabilizada. A perspectiva sociológica torna-se um projeto explicitamente normativo, que procura revelar resultados que "podem ser usados para gerar implicações para o comportamento privado e para as políticas públicas",[24] pois "entendendo as condições que permitem o

---

[19] Axelrod. *The Evolution of Cooperation*, p. viii.
[20] Coleman. *Foundations of Social Theory*, p. 109-110.
[21] Axelrod. *Op. cit.*, p. 3.
[22] Ibid., p. 182.
[23] Smith. *Evolution and the Theory of Games*, p. 172.
[24] Axelrod. *Op. cit.*, p. ix.

surgimento da cooperação, ações apropriadas podem ser tomadas para promover o seu desenvolvimento em um cenário específico".[25]

Além de sua composição espacial, um aspecto central da cooperação é a dimensão temporal. Em um contexto de atitudes egoístas, a cooperação surge no momento em que os agentes que participam de uma interação têm informações das jogadas anteriores. Uma escolha determina não somente os resultados do presente, mas pode influenciar as escolhas futuras dos indivíduos, o que afeta todas as estratégias. O cálculo efetuado pelos agentes passa a ser determinado, então, pela razão entre os ganhos imediatos de uma conduta oportunista em relação à cooperação que ocasiona uma rede evolutiva mais ou menos estável de ganhos futuros, ainda que não tão certos quantos os benefícios presentes. "Afinal de contas, se é pouco provável encontrar a outra pessoa de novo, ou se nos preocupamos pouco com resultados futuros, então devemos também desertar agora sem olhar as conseqüências disso para o futuro".[26] Por outro lado, o indivíduo normalmente se preocupa com seus ganhos futuros, e em contextos de interações de longo prazo a cooperação tende a possuir grande estabilidade.[27] O caráter evolutivo da cooperação é efetivado pela propagação da reciprocidade (*tit for tat*), que demonstra ser superior a qualquer outra estratégia adotada. A necessidade de correspondência mútua termina no momento em que a "cooperação, uma vez estabelecida com base na reciprocidade, pode se proteger da invasão de estratégias menos cooperativas".[28] Deve-se notar que a linguagem biológica do modelo analítico procura apresentar um pensamento científico, comprovável e não aberto a questionamentos.

---

[25] Axelrod. *The Evolution of Cooperation*, p. 6.

[26] Ibid., p. 15.

[27] Contudo, se as interações podem ser interrompidas, a "tentação" é grande para desertar e não cooperar. Axelrod (p. 60) dá o exemplo da mudança do padrão de interação de um parlamentar com outro quando algum deles possui a perspectiva de não se eleger para o próximo pleito. As relações que antes eram caracterizadas pela cooperação passam a ter, então, uma dimensão de desconfiança e oportunismo, dado que no futuro os parlamentares não deverão se encontrar. Nesse sentido, uma das postulações normativas do autor é aconselhar os administradores públicos a tornarem o futuro mais importante que o presente, com o desenvolvimento de redes de relações mais duráveis e freqüentes. Axelrod. *Op. cit.*, p. 126-132.

[28] Ibid., p. 21.

Em situações repetidas e não caracterizadas como de soma zero, o *tit for tat* seria uma estratégia "coletivamente estável",[29] não passível de ser descaracterizada por outra tática individual.

Portanto, ainda que certa desconfiança entre os agentes seja inevitável, ela pode ser parcialmente ultrapassada pela sistematização de informações sobre as partes envolvidas nas interações. Por sua vez, devido aos seus custos, a busca de informações é dependente do cálculo sobre a importância das perdas ou ganhos das atividades em questão. A motivação para se informar é relativa à proposição de que quanto mais os ganhos potenciais são baixos, menores serão as conseqüências de uma decisão a ser tomada em uma interação particular, e, por conseguinte, se torna menos necessário a coleta de dados. Assim, o cálculo individual passa a manifestar uma estimativa reflexiva mais complexa, pois

> não é somente a razão entre a perda possível em relação ao ganho, medida a partir da probabilidade que o beneficiado (*trustee*) mantenha a promessa, que afeta a ação; a quantidade de ganho e de perda possíveis deve também afetar a extensão da busca por informação adicional. A busca deve continuar até o momento em que o custo de um incremento adicional de informação ainda é menor que o benefício que este é esperado trazer. Este benefício cresce de acordo com o tamanho do ganho e da perda possíveis.[30]

A importância das informações para deter os comportamentos imprevisíveis não se limita às interações impessoais, mas é pressuposta em todos os níveis da sociedade, mesmo nas esferas privadas da família ou das relações amorosas. Segundo Coleman,[31] "é principalmente por essa razão que pais de estudantes de *high school* querem conhecer e saber o tanto quanto possível sobre os garotos com os quais suas filhas saem". É interessante destacar este exemplo banal, pois ele explicita claramente a formulação

---

[29] Axelrod. *The Evolution of Cooperation*, p. 56; Smith. *Evolution and the Theory of Games*, p. 10. Smith utiliza o conceito de "estratégia evolucionariamente estável" para definir as situações em que nenhuma outra estratégia pode ser melhor sob a influência da dinâmica da seleção natural proveniente do comportamento animal.

[30] Coleman. *Foundations of Social Theory*, p. 104.

[31] Ibid., p. 103.

sociológica a respeito da relação entre confiança, risco e normas sociais. A conduta dos pais e dos garotos em relação às meninas é comparada aos cálculos que são elaborados, por exemplo, nos intercâmbios entre exportadores e seus futuros importadores. Os garotos procedem ao cálculo sobre as perdas e ganhos da agressão sexual das meninas, que seria, segundo Coleman, a atitude mais desejada se não estivesse inserida em uma relação de reciprocidade estratégica. Por sua vez, as meninas partem do fato de que "o ganho consiste na atenção do garoto e em estar habilitada a sair em encontros futuros, em vez de ficar em casa tal como no passado".[32] No mesmo sentido, a construção de laços de amizade expressaria a expectativa, em parte instável, de se colocar confiança em certos indivíduos e não em outros, estabelecendo transações baseadas no interesse próprio. O rompimento ou transgressão de uma amizade, por exemplo, não são vinculados a certos deveres socialmente compartilhados, mas a uma avaliação pessoal que indica que

> um ganho potencial a partir de uma relação íntima pode também ser grande, mas, desde que existam muitos outros amigos potenciais que podem prover um ganho equivalente aproximado, a comparação relevante não é entre a perda potencial absoluta e o ganho potencial absoluto, mas entre a perda potencial absoluta (tal como a violação da confiança de alguém ou o abuso do corpo de alguém) e a *diferença* entre o ganho esperado deste amigo e o ganho esperado de outro.[33]

O radicalismo de tal proposição faz transparecer o pressuposto de contingência da confiança e das normas sociais, que aparecem como um "depósito" a ser usado ou descartado dependendo das circunstâncias diversas dos interesses pessoais. A concepção de racionalidade instrumental é levada nesses exemplos a situações limites, tendo-se em conta a fonte expressiva que as dimensões do amor ou da amizade possuem, por intermédio de complexos esquemas normativos, nas sociedades modernas. Contudo, a teoria não responde de maneira satisfatória à questão lógica de como os atores podem gerar relacionamentos intensos e sair facilmente da situação do dilema do

---

[32] Coleman. *Foundations of Social Theory*, p. 102.
[33] Ibid., p. 104-105.

prisioneiro se eles não confiam verdadeiramente em seus semelhantes. Os problemas tornam-se mais complexos pela presunção de Axelrod[34] de que possa haver em uma sociedade o desenvolvimento sem fim de condutas não cooperativas. Ou seja, um *tit for tat* de provocações e respostas de deserções mútuas, inserido no mesmo fundamento comportamental que é apontado para um ciclo virtuoso de cooperação.

Por outro lado, cabe questionar se a confiança, na perspectiva da escolha racional, adquire um estatuto de norma social. Na medida em que ela é submetida a um cálculo formado exclusivamente pelo interesse próprio, este estatuto, que depende necessariamente de uma esfera prescritiva inquestionável, não parece ser adequado. O que se verifica é a centralidade da concepção de "depósito de confiança" (*placement of trust*).[35] Ou seja, a confiança é entendida como um fato contingente, referente aos riscos e às conseqüências das ações. Ela não se caracteriza por uma dimensão estruturante, independente das trocas efetuadas, mas sim como o resultado da matemática instrumental de uma situação particular. Desse modo, os autores indicam a necessidade de as relações de confiança, principalmente em contextos impessoais, estarem patrocinadas por mecanismos formais tais como certas notas promissórias (*escrow*; *bills of exchange*) – em que uma terceira parte da interação se responsabiliza pelo pagamento da primeira parte até o momento em que a segunda entregue o bem demandado na troca – ou contratos ordinários, que envolvem a formalização da troca e são legalmente garantidos pelo aparelho estatal.[36]

Fundamentalmente, as proposições sociológicas da escolha racional sugerem a irrelevância da cultura para a explicação das relações sociais. Por sua vez, como veremos a seguir, os problemas mais patentes da teoria se evidenciam quando ela sai da esfera de contextos de interação de tamanho reduzido e tenta explicar a viabilidade da confiança e das normas em grandes comunidades, assumindo um entendimento social mais abrangente. Demonstrando indecisão analítica entre as esferas do cálculo individual e da estrutura social, a teoria demonstra-se incapaz de explicar eventos

---

[34] Axelrod. *The Evolution of Cooperation*, p. 176-177.
[35] Coleman. *Op. cit.*, p. 97.
[36] Ibid., p. 98; Hardin. *Morality within the Limits of Reason*, p. 46-47.

que comportam múltiplos agentes. Ela permanece indecisa entre certas proposições que afirmam a existência autônoma das normas e outras que indicam a necessidade inexorável de sanções legais para a manifestação de orientações não egoístas. Por outro lado, os mecanismos sociais que explicam a própria desconfiança e a conduta egoísta, por exemplo, são deixados de lado, de modo que as atitudes instrumentais passam a ser vistas como instâncias transcendentais.

NORMAS E AUTONOMIA EM SOCIEDADES COMPLEXAS: PROBLEMAS TEÓRICOS

Saindo da esfera de troca direta de um grupo limitado de indivíduos, ou do que poderíamos denominar microsociologia, parte da literatura da escolha racional também procura explicar a emergência de normas em contextos sociais mais abrangentes. As análises demonstram uma preocupação mais vasta em compreender os fenômenos coletivos, principalmente os vinculados a um espaço caracterizado por transações dispersas e impessoais. Os trabalhos procuram, sobretudo, conceber a produção de normas sociais funcionalmente adequadas aos problemas provenientes da interação estratégica, o que pode gerar um funcionamento mais apropriado do contexto socioeconômico.

Parte da sociologia da escolha racional afirma a centralidade das chamadas "externalidades" como parâmetro essencial para o exame da interdependência social em ambientes complexos.[37] A existência de problemas voltados para atores externos a uma transação, sobre a qual não possuem controle direto, origina uma preocupação singular e funcional em relação às normas sociais. Existiriam dois tipos de externalidade: a "positiva", quando uma ação beneficia outros indivíduos situados fora do processo de transação; e a "negativa", quando uma ação acarreta conseqüências maléficas aos agentes. São estas últimas que geram um interesse mais efetivo, pois as pes-

---

[37] Coleman. *Foundations of Social Theory*, p. 20-21; Karl-Dieter Opp. "How do Norms Emerge? An Outline of a Theory". In: Raymond Boudon, Pierre Demeulenaere, Riccardo Viale, dir. *L'Explication des Normes Sociales*, p. 15-16.

quisas podem motivar o impedimento de certos tipos de ações que causam prejuízos coletivos.

Uma das formas de deter as externalidades negativas seria instituir um sistema de compensações aos indivíduos afetados por certas ações, produzindo uma espécie de "mercado de externalidades"[37]. Assim, os agentes interessados na consecução de ações que provocam danos estabelecem contatos diretos com os afetados pelas externalidades a fim de comprarem os direitos de efetuarem tais ações. Uma estrutura social é gerada, então, no momento em que os indivíduos concedem a outros direitos de controle sobre certas práticas, o que gera benefícios a todas as partes envolvidas no processo. É a fundação dessa relação que cria a transição do plano micro para uma dimensão efetivamente social, pois as normas surgem "quando o direito socialmente definido de controlar uma ação é sustentado não pelo próprio ator, mas por outros"[38]. Essa transferência ocasiona um contexto dinâmico e um tipo de dependência consensual. Para tal contexto ser passível de previsão, as normas aparecem como mecanismos que direcionam as atitudes em certo sentido. Cabe notar que a direção das ações não precisa ser definida legalmente, pois pode ser ocasionada por uma situação de troca informal e voluntária entre os interesses envolvidos[39]. Contudo, como certos autores do próprio campo da escolha racional chamam atenção, em sociedades de grande porte um mercado de externalidades está fora de questão devido à impossibilidade de estabelecimento de acordos entre uma vasta gama de agentes. Em tais contextos, os indivíduos que impõem as externalidades se encontram distantes das pessoas que as sofrem. A gênese das normas sociais deve se encontrar, então, em outros mecanismos de controle sobre as ações que causam danos coletivos.

---

[37] Coleman lembra a afirmação de Ronald Coase a respeito dos contratos que permitem o advento controlado de transações que portam externalidades negativas. Produz-se, então, um mercado de direitos de controle sobre algumas ações que gera benefícios a todas as partes envolvidas no processo. Coleman. *Foundations of Social Theory*, p. 250.

[38] Ibid., p. 243.

[39] Esse tema é de fundamental importância para a vertente institucionalista que trata dos contextos institucionais informais que permitem um arranjo socioeconômico mais eficiente. A idéia é que certas instituições prescindem de aparelhos formais que são potencialmente custosos e passíveis de serem tomados por interesses particulares. A exposição desse tema será empreendida no capítulo V, *Instituições e Racionalidade Coletiva*.

Tal como nas circunstâncias em que o problema das externalidades se impõe, a sociologia da escolha racional em geral reivindica uma "proposição instrumental",[40] pois as normas sociais devem surgir como ferramentas para a obtenção de objetivos coletivos. Para além das condições que geram externalidades, as normas da estrutura social surgem como mecanismos para resolver situações compostas pelo dilema do prisioneiro ou por estados subótimos que necessitam de coordenação para a realização de um equilíbrio mais proveitoso. Situações melhores para todos os agentes de um contexto social complexo podem ser obtidas por intermédio de um acordo explícito ou tácito, no caso dos problemas de coordenação, ou por meio de sanções que façam os indivíduos cumprirem as promessas efetuadas em situações caracterizadas como dilemas do prisioneiro. No caso de obtenção de equilíbrios melhores, as normas surgem como regularidades que apontam para um resultado como a única solução possível de interesse geral em um ambiente social. Pode-se dizer que há um "uso utilitário" das normas, na medida em que os sujeitos levam vantagem agindo de acordo com elas. Desse modo, "o prêmio da conformidade em relação a uma regularidade consiste, então, no ato mesmo da conformidade, visto que isto garante o que é desejado por todos – a realização de um equilíbrio coordenado".[41]

Coleman[42] indica a diferença de sua análise em relação ao ambiente social isento de normas definido pelo modelo tradicional do dilema do prisioneiro. Enquanto neste último a capacidade de instituir uma cooperação previsível é excluída, pois os agentes não podem se comunicar (e mesmo se o fizessem não poderiam confiar uns nos outros), sua perspectiva pressupõe um contexto de livre comunicação, o que envolve a possibilidade de formação de regras que se façam cumprir por si mesmas. O exame das normas sociais torna-se relevante nos contextos paradoxais em que a teoria dos jogos é indiferente entre as soluções apresentadas ou nos casos, representados pelo dilema do prisioneiro, em que o resultado é subótimo e socialmente inaceitável.[43] Nesse sentido,

---

[40] Opp. "How do Norms Emerge? An Outline of a Theory". In: Raymond Boudon, Pierre Demeulenaere, Riccardo Viale, dir. *L'Explication des Normes Sociales*, p. 15.
[41] Edna Ullmann-Margalit. *The Emergence of Norms*, p. 85.
[42] Coleman. *Foundations of Social Theory*, p. 253.
[43] Ullmann-Margalit. *Op. cit.*, p. 15.

quando um grande grupo ou sociedade encaram um problema de coordenação, eles podem não estar aptos a basear sua coordenação em uma promessa. Porém, como Hume argumenta, eles podem resolver prontamente seus problemas por intermédio da convenção. Se o problema repete-se muitas vezes, qualquer coordenação exitosa pode assinalar como se coordenar novamente na próxima ocorrência do problema. A estratégia à qual o grupo recorre pode se tornar uma convenção, no sentido de que é a escolha óbvia de praticamente todos sempre que o problema padrão ocorre.[44]

Todavia, não se explica satisfatoriamente nessas análises que mecanismos sociais específicos impediriam o advento do comportamento oportunista, ou seja, falta uma explicação da resolução do próprio dilema do prisioneiro. A questão passa a ser como proteger um contexto de benefícios coletivos que é instável devido às tentações dos participantes envolvidos. Os princípios da racionalidade individual se chocam claramente com as proposições sociais, configurando uma contradição que a teoria parece incapaz de resolver. O problema é que ao pressuposto de que os agentes buscam minimizar os riscos e a falta de previsibilidade das interações é adicionada a idéia de que eles determinam espontaneamente o meio social mais eficiente para o alcance de tal objetivo. A questão sociológica a ser enfrentada é, portanto, a explicação da maneira pela qual esse meio é escolhido, pois isto depende de uma teoria que observe os quadros cognitivos e sociais que os indivíduos possuem, ou seja, de um exame bem mais amplo que o modelo de racionalidade da escolha racional.

Devido à possibilidade do comportamento oportunista – principalmente nas situações em que há um elemento de renúncia individual em relação a alternativas mais vantajosas, e a coordenação de resultados aparece apenas como uma opção de segunda ordem –, a maior parte das análises toma as normas sociais como dependentes de sanções específicas, condizendo com necessidade de controle para que os indivíduos não ajam somente a partir de seus interesses. A temática das sanções procura unificar racionalidade e norma social, demonstrando que as ações desviantes podem afetar di-

---

[44] Hardin. *Morality within the Limits of Reason*, p. 49.

retamente as utilidades pessoais. Assim, as normas só podem se tornar institucionalizadas por meio da vigilância, de forma que aqueles que não participam da ação coletiva passam a ser vistos como perdedores ou exploradores[45]. É o desejo de não ser explorado que estabelece uma ligação entre a sanção social e o valor dos elementos ao nível racional das preferências pessoais em jogo. Prêmios e punições tornam-se mecanismos essenciais nesse modelo de sociedade, em que interesses e normas se relacionam de forma instável, pois

> as pessoas que têm as suas ações submetidas a normas [...] levam em conta as normas, e os prêmios ou punições potenciais que as acompanham, não como determinações absolutas de suas ações, mas como elementos que afetam suas decisões sobre que ações serão realizadas de acordo com os seus interesses.[46]

Entretanto, as questões tornam-se mais complexas nos contextos em que o estabelecimento de normas ou sanções produz tanto beneficiários quanto perdedores, que deixam de usufruir o direito de realizar ações mais vantajosas. Já que não há como instituir um sistema de vigilância uniforme ou completo, não se explica o porquê de os agentes aceitarem perdas pessoais em prol de um bem-estar geral abstrato, o que gera contradições. É fundamental notar o problema substantivo das sanções em relação à concepção de eficiência definida nos parâmetros da otimização paretiana. Ullmann-Margalit[47] faz somente vagas referências a respeito de sanções internas em relação ao não cumprimento das normas sociais, como sentimentos pessoais de culpa, remorso e vergonha. Coleman,[48] por outro lado, faz referência à inevitabilidade de perdas individuais, o que define uma situação subótima contrária a seus pressupostos. Por outro lado, no caso das externalidades, cita a possibilidade de que se instaurem trocas de benefí-

---

[45] Wolfelsperger. "La Modélisation Économique de la Rationalité Axiologique. Des Sentiments Moraux aux Mécanismes Sociaux de la Moralité". In: Raymond Boudon, Pierre Demeulenaere, Riccardo Viale, dir. *L'Explication des Normes Sociales*, p. 85.
[46] Coleman. *Foundations of Social Theory*, p. 243.
[47] Ullmann-Margalit. *The Emergence of Norms*, p. 117.
[48] Coleman. *Op. cit.*, p. 260-262.

cios gerais a partir de um mercado delas, desconsiderando as dificuldades de tal mecanismo em um ambiente complexo e impessoal.

Deve-se notar, além disso, que a análise das normas sociais pressupõe, necessariamente, uma dimensão de poder, o que desqualifica a suposição de uma distribuição igualitária e consensual de direitos entre os indivíduos. Assim, as normas e as sanções tornam-se mais fracas se contrariam os interesses dos agentes detentores de mais recursos. Ainda que Coleman atente para o fato de que o impedimento das externalidades depende da força das sanções e do conjunto de recursos de poder que os indivíduos possuem, o próprio autor[49] faz apenas poucas referências a esta questão, preferindo notar a capacidade de os agentes estabelecerem sanções a partir de canais de comunicação dispersos e a possibilidade de sistematização geral de relações de confiança.

Esses problemas refletem a falta de resolução da sociologia da escolha racional em geral do dilema entre a noção de oportunismo e um comportamento submetido às normas sociais. As análises geralmente limitam-se a notar o fato de que as normas se constituem, por vezes, como fatores de "segunda ordem", que são instrumentais para impedir certas condutas na tentativa de gerar bens públicos de primeira ordem[50]. O entendimento de eficiência e bem-estar geral se torna problemático, pois a teoria afirma, contraditoriamente, a autonomia da busca do interesse próprio ao mesmo tempo em que supõe processos de socialização que enfraquecem a sua concepção de ação. A dificuldade central é explicar por que determinados agentes aceitam normas estruturais que podem lhes acarretar perdas. Além disso, não se explicita por que indivíduos racionais, com seus problemas de ação coletiva, se uniriam em ambientes impessoais a fim de superar certas externalidades ou ocasionarem um resultado socialmente benéfico. A tensão entre a esfera estrutural e a ação racional individual pode ser percebida claramente quando examinamos as pesquisas sobre socialização política apresentadas por John Campbell[51] e Russell Hardin[52].

---

[49] Coleman. *Foundations of Social Theory*, p. 270.
[50] Opp. "How do Norms Emerge? An Outline of a Theory". In: Raymond Boudon, Pierre Demeulenaere, Riccardo Viale, dir. *L'Explication des Normes Sociales*, p. 15-16.
[51] John Campbell. "Institutional Analysis and the Role of Ideas in Political Economy". In: John L. Campbell and Ove K. Pedersen, ed. *The Rise of Neoliberalism and Institutional Analysis*.
[52] Hardin. *One for All. The Logic of Group Conflict*.

Por um lado, a teoria de Campbell sobre os processos de persuasão política apresenta um fundamento cognitivo que se sobrepõe e é anterior aos indivíduos, o que implica práticas baseadas em "paradigmas" e "sentimentos públicos", originadas, respectivamente, do sistema científico das sociedades modernas e da estrutura normativa das comunidades.[53] Por outro lado, esse fundamento é articulado a concepções e ações controladas diretamente pelos indivíduos, que constroem "programas" e "enquadramentos" (*frames*). Os programas colaboram com os interesses particulares dos políticos na medida em que especificam cursos de ação claros usados para persuadir os eleitores. Já os enquadramentos procuram legitimar as ações através de concepções e símbolos retirados de forma controlada dos sentimentos públicos. Em ambos os casos, os políticos manipulam e se apropriam de fatos sociais a fim de maximizar suas oportunidades. Todavia, os paradigmas e os sentimentos públicos restringem as possibilidades de discurso que podem ser utilitariamente trabalhadas pelos agentes. Nesse sentido, a estrutura social é postulada ambiguamente como mera restrição ao comportamento pessoal e como fator constituinte das práticas. Além disso, transparecendo a forma como a dimensão social é articulada com a ação individual nos trabalhos da escolha racional, é pressuposta a preponderância de alguns agentes frente às estruturas. A teoria torna-se mais controversa na medida em que está exclusivamente interessada em entender a conduta de atores políticos, vistos como apartados da massa da população, indicando semelhanças à diferenciação de Pareto entre uma elite racional e eficiente e o resto da população governada por paixões. Ainda que a análise tente explicar as formas complexas de persuasão nas quais a política está inscrita, ela indica uma contraposição não resolvida entre o paradigma instrumental centrado no uso das idéias a partir de um viés manipulador e a noção imprecisa de uma esfera estrutural que direciona as orientações.

O mesmo sentido de socialização política é espelhado por Russell Hardin em sua explicação da formação dos grupos de poder. De acordo com o autor,[54] a coordenação e a geração da identificação política dependem do uso manipulado das instituições disseminadas socialmente. Assim, líderes provocam sentimentos que se encontram latentes em um contexto de

---

[53] Campbell. "Institutional Analysis and the Role of Ideas in Political Economy", p. 166.
[54] Hardin. *One for All. The Logic of Group Conflict*, p. 64.

modo a constituir um grupo coletivo. Mais uma vez, as estruturas sociais são percebidas como limites às ações, mas que podem ser instrumentalmente controladas, o que permite pensar a possibilidade de o indivíduo calcular custos e benefícios de qualquer tipo de ação. O ponto original de Hardin em relação à análise de Campbell é que, ao lado da manipulação efetuada pelos agentes que detêm a liderança de um grupo, o autor ressalta o interesse próprio e a expectativa de benefícios por parte dos que se deixam manipular.[55] Nesse sentido, a tese não se diferencia da suposição tradicional de Olson quanto à necessidade de incentivos seletivos e pessoais para a organização da ação coletiva. Contudo, ao contrário desta suposição, os benefícios individuais seriam gerados *a posteriori*, quando o agrupamento conquista efetivamente o poder. Por conseguinte, o entendimento de Hardin demonstra-se confuso entre a premissa de que não há grandes custos em contribuir para o esforço político de um grupo e a suposição de que incentivos seletivos positivos ou negativos são requisitos para estimular a ação coletiva. Outro problema é que, segundo o autor,[56] os indivíduos estariam mais propensos a seguir um movimento político quando este mobilizasse um grande número de pessoas, uma vez que os riscos de sofrer retaliações de um outro grupo, ou mesmo do Estado, diminuiriam. Estranhamente, Hardin não indica nenhuma contradição entre esse postulado e os pressupostos que apontam uma direção oposta – a de que os indivíduos, mesmo interessados nos benefícios, não patrocinam um grupo abrangente se outros agentes já se incumbem dessa tarefa.

Para escapar desses problemas, Hardin[57] procura explicar o advento da identificação política a partir do acaso e de fatores diversos. A base da mobilização seria, então, fundada a partir da conjunção de elementos espontâneos da dinâmica social com a racionalidade dos indivíduos. Assim,

> indivíduos podem achar a identificação com seu grupo benéfica porque aqueles que se identificam fortemente podem ganhar acesso a posições sob controle do grupo e porque o grupo proporciona um ambiente relativamente seguro e confortável. Indivíduos criam sua própria identificação

---

[55] Hardin. *One for All. The Logic of Group Conflict*, p. 48.
[56] Ibid., p. 51-52.
[57] Ibid., p. 51.

com o grupo através da informação e das capacidades que eles adquirem a partir da vida do grupo. Um grupo ganha poder com a coordenação de seus membros, poder que pode permiti-lo produzir ações contra outros grupos. Portanto, o grupo pode de forma genuína ser instrumentalmente bom para seus membros, que podem tender a achar, sem fundamento, que ele é inerentemente, e não contingentemente, bom.[58]

Segundo Hardin, mesmo na identificação com uma agremiação esportiva, como em todo processo de identidade política, há uma série de preferências sociais contingentes, principalmente os benefícios do pertencimento a uma coletividade específica que não suportam lealdades ou identificações diferentes, que podem ser traduzidos pela força das redes de vizinhança, das notícias locais ou das conversações no trabalho, por exemplo.[59] A maximização se dá, nesse sentido, através de "benefícios epistemológicos" baseados em conforto, familiaridade e fácil comunicação, que reduzem a necessidade de se adquirir vastos conhecimentos sobre a realidade e permitem um contexto de baixos custos de transação.[60] Portanto, os interesses provêm tanto da manipulação de signos das lideranças quanto das práticas circunstanciais de inserção dos indivíduos em determinado movimento social ou político.

O problema dessas análises de socialização política aqui expostas, exemplares do pensamento da escolha racional, é que elas deslizam para explicações tautológicas. Na tentativa de tomar as fontes de coordenação social – a língua, a religião, a comunidade e os costumes locais – como fatores de interesses pessoais, os autores passam a admitir eventos que descaracterizam o conceito de ação racional. As idéias não são definidas como arcabouços de potência retórica, mas se limitam a instrumentos contingentes a serem usados na maximização de interesses exclusivistas. Além disso, criando uma dicotomia entre "elite" e "massa", os trabalhos possuem o viés perigoso de apartar analiticamente os políticos da sociedade, de forma que a última é vista como um conjunto a ser manejado para qualquer direção. Ainda que os trabalhos admitam que muitas propriedades da cultura são produzidas coletivamente, eles procuram argumentar que o gozo e os benefícios desses

---

[58] Hardin. *One for All. The Logic of Group Conflict*, p. 70.
[59] Ibid., p. 53.
[60] Ibid., p. 77.

aspectos estão sempre vinculados a uma dimensão de consumo racional de certos agentes.[61] Ora, nesta lógica, claramente circular, qualquer comportamento pode ser descrito como racional, simplesmente porque o indivíduo assim quer e age. Por conseguinte, nos momentos em que a teoria concede a existência de condutas normativas que não indicam nenhuma referência instrumental, a tendência é chamá-las de irracionais ou inseri-las na idéia de maximização de conforto epistemológico,[62] de modo que qualquer prática se torna interessada. A conclusão padrão limita-se a afirmar que as normas sociais e a mobilização política tendem a ser mais fortes quando servem a certas preferências pessoais.

Fundamentalmente, não se explica satisfatoriamente a forma pela qual uma determinada conjuntura de coordenação política ou social abrangente é constituída. Além disso, elimina-se a questão das diferenças de uma comunidade para outra, pois se supõe que todas estão subordinadas ao mesmo tipo de comportamento instrumental. Também fica aquém de uma compreensão consistente a manifestação de grupos que provêm poucos benefícios a seus membros, como comunidades religiosas periféricas, identidades étnicas marginais sem expectativa de desenvolvimento, ou até agremiações esportivas fracassadas. Faltando uma análise coerente do caráter estruturante das normas e valores sociais, torna-se problemático, por exemplo, ter em um mesmo parâmetro analítico o tipo de luta de um grupo para instituir uma língua como idioma oficial e um combate voltado para a obtenção de cargos no governo.[63] É interessante notar que, enquanto as proposições teóricas sobre o nível "macro" são condicionadas pelo desenrolar do "jogo social", a dimensão "micro" nunca é questionada na teoria social da escolha racional. Esta última é sempre qualificada por meio da idéia de uma natureza que não é passível de ser nem modificada nem desenvolvida pelos intercâmbios que os agentes efetuam. A tendência é a objetivação das ações individuais, tornando as concepções de posse e atitude instrumental inquestionáveis.

Cabe notar ainda como a teoria sociológica da escolha racional examina as normas e valores sociais que, a princípio, não apresentam funcionalidade

---

[61] Hardin. *One for All. The Logic of Group Conflict*, p. 68.
[62] Ibid., p. 61-63; 139.
[63] Ibid., p. 56.

específica. Nesse caso, a tendência da teoria é enfatizar a direção social imprevisível e casual dos comportamentos racionais. Por meio de um processo simples e imponderável, certas normas surgiriam quando atores que possuem interesses similares gerassem, a partir de suas ações descoordenadas mas regulares, o advento de uma regra. A norma social aparece, portanto, como um resultado agregado não esperado.[64] Um exemplo desse tipo de entendimento pode ser dado até mesmo pela mutilação genital feminina:

> eu ilustrarei o modelo de emergência de normas não planejadas com a explicação de Mackie (1996) da mutilação genital feminina. Suas asserções básicas podem ser resumidas como: (1) tanto os homens quanto as mulheres "desejam fortemente criar com êxito suas crianças biológicas" (p. 1007); (2) os homens têm interesse em controlar o comportamento sexual das mulheres de modo a assegurar que elas não criem descendentes de outros homens; (3) em sociedades poligâmicas com alta desigualdade de recursos, os custos de monitoramento são altos para os homens que possuem várias mulheres; (4) os pais e as mulheres possuem o interesse de que as filhas se casem com homens ricos; (5) a mutilação feminina serve a este interesse: ela é um sinal de fidelidade e impede a promiscuidade sexual; (6) mulheres circuncidadas são preferíveis pelos homens como esposas.[65]

Esse exemplo expõe as questões estruturais que a teoria não responde. A primeira refere-se à explicação do surgimento do fato social específico da circuncisão, e não de outros mecanismos de "monitoramento". Outra questão sociológica não examinada é a maneira pela qual a submissão da mulher, que sofre corporalmente a violência, se constitui como um interesse próprio dos homens. Também não são explicados fatos que parecem surgir exclusivamente da estrutura social, como o de que "homens possuem interesse

---

[64] Opp. "How do Norms Emerge? An Outline of a Theory". In: Raymond Boudon, Pierre Demeulenaere, Riccardo Viale, dir. *L'Explication des Normes Sociales*, p. 23-26. Opp dá como exemplo o surgimento da norma de não fumar em público. Agentes com o mesmo interesse em não se expor à fumaça, acabam gerando de forma descoordenada restrições informais aos fumantes. Estes, por sua vez, mesmo com a ausência de restrições explícitas, tendem a se abster de fumar em público, o que indica o surgimento de uma norma social não planejada.
[65] Ibid., p. 27.

em controlar o comportamento sexual das mulheres", ou "pais e mulheres possuem o interesse que as filhas se casem com homens ricos". Estes fatos e valores não são naturais, outras sociedades não os valorizam. O que parece é que o autor usa, de forma etnocêntrica, traços culturais relevantes de sua própria sociedade para compor explicações *ad hoc*. Não é sociologicamente relevante examinar as normas e as ações sociais pelo simples fato de maximizarem vantagens pessoais. É a própria caracterização destas vantagens, que são internalizadas pelos agentes e variam de sociedade para sociedade, que precisa ser explicada em sua gênese e particularidade. Assim,

> por natureza essa teoria é muda sobre as motivações de qualquer natureza. É aí que reside sua verdadeira fraqueza. Nós lidamos com uma concepção deliberadamente *cortada* e, assim, em um sentido, parcial dos comportamentos humanos, pois ela faz partir sua análise teórica de um estágio do processo de decisão em que estas motivações já intervieram sem que procuremos saber de onde elas provêm, em que consistem, nem como elas intervêm.[66]

Importa notar que nenhuma referência histórica é mencionada pela teoria, mesmo se as condutas possuem um aspecto tradicional que não é nem analisado nem questionado pelos indivíduos. Dimensões prescritivas tais quais o sistema de castas na Índia, a repreensão a sujar as ruas em uma grande cidade, as restrições para manter relações sexuais antes do casamento em comunidades religiosas, são vistos como exemplos de resultados de trocas consensuais, e não como modelos culturais que exercem alguma forma autônoma de condicionamento social. Na busca de entender certos comportamentos de entusiasmo não vinculados ao conceito de racionalidade instrumental – tais como uma greve de fome por interesses abstratos e longínquos; a expectativa em assumir uma posição na linha de frente de uma guerra; ações fortemente emotivas em seguir um líder; terroristas que explodem a si mesmos com bombas –, Coleman[67] aponta para certas satisfações pessoais

---

[66] Wolfelsperger. "La Modélisation Économique de la Rationalité Axiologique. Des Sentiments Moraux aux Mécanismes Sociaux de la Moralité". In: Raymond Boudon, Pierre Demeulenaere, Riccardo Viale, dir. *L'Explication des Normes Sociales*, p. 64.
[67] Coleman. *Foundations of Social Theory*, p. 273-282.

baseadas nos incentivos e prêmios resultantes da união de indivíduos que procuram um mesmo objetivo. Contudo, não é evidente que indivíduos que seguem um determinado líder sofram encorajamentos de outros indivíduos. Na sociedade moderna, por exemplo, esta ação pode perfeitamente se dar em bases impessoais, desconectada de vínculos com outros agentes. No mesmo sentido, o fato de estar em greve de fome para beneficiar terceiros não está, necessariamente, relacionado com prêmios ou incentivos disseminados socialmente. Seria ainda mais complexo tratar tal comportamento como portador de satisfação pessoal, assim como a ida autônoma para a linha de frente de uma guerra. Por outro lado, tratar como racional um conjunto de condutas diversificadas, como faz Coleman, traz novamente o problema das análises tautológicas já apontado, sendo impossível imaginar que atitude não seria racional. O conceito de racionalidade passa a se relacionar com elementos variados, até com orientações emocionais contrárias a uma reflexão calculada, perdendo a sua capacidade de explicação.

Para tentar solucionar os impasses, aponta-se para a emergência de normas informais que implicam processos de policiamento interno. Segundo Coleman, "é a instalação no indivíduo de algo que pode ser chamado uma consciência ou um superego: chamarei a isto de sistema de sanção interno".[68] Por vezes, o processo de socialização seria tão influente que poderia até mesmo criar um outro *self*.[69] Racionalidade e sancionamento interior aparecem, então, como dois mecanismos paralelos. O agente internaliza certas regras e normas, sob a forma de restrições ao seu comportamento, e é capaz de mentir a si mesmo para escapar do caráter de sanção delas. A satisfação de interesses pode ser alcançada pela transformação da estrutura interior do indivíduo, de forma a adaptá-la aos imperativos do arranjo social exterior. Essa expansão do *self* une o indivíduo ao seu contexto sem questionar a sua racionalidade. Isto poderia explicar, por exemplo, processos de identificação social tais como orientações individuais que ocasionam benefícios psíquicos gerais; compartilhamento de experiências, mesmo ruins, como a participação conjunta em uma guerra; ou processos de transferência de poder, como a identificação com lideranças políticas ou religiosas. Em sentido similar, al-

---

[68] Coleman. *Foundations of Social Theory*, p. 294.
[69] Ibid., p. 517-518.

gumas análises entendem a adesão às normas sociais a partir da necessidade que os indivíduos possuem de serem estimados pelos outros, de modo que os agentes incorporam em seus cálculos as reações desagradáveis de reprovação aos atos anti-sociais.[70]

Freqüentemente, as análises passam a destacar fatos psíquicos que, por sua vez, não são devidamente explicados. Ainda que a negação da cognição instrumental seja possível a partir de processos de socialização, as pesquisas da escolha racional não compreendem tais mecanismos sociais. Por um lado, as normas parecem ser produzidas internamente pelo indivíduo. Por outro, parecem ser estrategicamente estimuladas por certos agentes, como organizações religiosas ou o Estado nacional[71]. Por vezes, configura-se a suposição de que os indivíduos possuem duas funções de utilidade, uma baseada no ponto de vista moral e outra fundamentada exclusivamente em sua racionalidade instrumental[72]. As questões tornam-se mais complexas mediante a idéia de que as normas gerais de uma sociedade tendem a ser fracas quando são desconectadas de um contexto de interações repetidas e de incentivos pessoais[73]. Fundamentalmente, os problemas refletem o fato de que a internalização das normas sociais aparece contraposta à natureza racional dos indivíduos, gerando a concorrência de duas dimensões que, a princípio, são apresentadas como antagônicas.

A questão do voto é paradigmática dos problemas que chamamos atenção, principalmente das relações que a teoria sociológica da escolha racional efetua entre razão instrumental e irracionalidade, ou entre uma agência livre de determinações e um tipo de estruturação social dos comportamentos. Na verdade, a questão já é automaticamente anexada à expressão "paradoxo do voto". De acordo com as proposições da teoria, um eleitor não tem nenhum benefício em votar, dado o cálculo entre os custos de tempo e esforço da ação e a impossibilidade relativa de seu ato de ir até as urnas influir no resultado final. Mesmo interessado no resultado da eleição em questão, e em

---

[70] Wolfelsperger. "La Modélisation Économique de la Rationalité Axiologique. Des Sentiments Moraux aux Mécanismes Sociaux de la Moralité". In: Raymond Boudon, Pierre Demeulenaere, Riccardo Viale, dir. *L'Explication des Normes Sociales*, p. 84.

[71] Coleman. *Foundations of Social Theory*, p. 295-296.

[72] Wolfelsperger. *Op. cit.*, p. 74-75.

[73] Hardin. *One for All. The Logic of Group Conflict*, p. 107.

seus ganhos pessoais no caso da vitória de um candidato específico, o eleitor racional sabe claramente da incapacidade de seu voto ser decisivo, fato que o dirige para a abstenção. A eleição reflete o problema da ação coletiva de que nenhum cidadão pode ser excluído dos benefícios de um bem coletivo, mesmo que não tenha contribuído para a produção de tal bem. Contudo, a maior parte dos eleitores vota, o que ocasiona o paradoxo. Na medida em que a empiria contradiz claramente as previsões da teoria, o que para uma ciência "positiva" é inadmissível, essa é uma das questões mais debatidas no campo da escolha racional.

Os trabalhos contêm diferentes palpites sobre a "irracionalidade" do ato de votar.[74] Alguns sustentam que os agentes não julgam corretamente a probabilidade de seu voto influenciar no resultado, tendo uma reflexão que inflaciona a expectativa de suas decisões particulares frente ao contexto social. Outras análises recorrem a fatos como o dever cívico, classificados como irracionais. Assim, sugere-se que os agentes vão às urnas quando pensam ter uma obrigação para tal ato ou quando procuram afirmar sua identidade partidária. Algumas pesquisas se baseiam na utilidade originada da contribuição para um esforço coletivo de sucesso. Por outro lado, há trabalhos que continuam a propor a racionalidade do cálculo do voto, e procuram demonstrar o medo que o indivíduo possui de perder a oportunidade de decidir uma eleição, em caso de um provável empate. Outros se fundamentam na teoria dos jogos e asseveram que, do ponto de vista estratégico, é coerente votar devido à expectativa de que os outros agentes racionais não votarão, o que tornaria um voto pessoal decisivo para o resultado final. Como uma conseqüência não esperada, essas expectativas individuais acabam ocasionando uma ida massiva para as urnas.

Contudo, as evidências empíricas não provam tais expectativas, e a tendência dos trabalhos a respeito da conduta eleitoral é transformar os dados de forma a torná-los consistentes com a teoria da escolha racional[75]. As análises se limitam a concluir, sem explicações consistentes, que o ato de votar é geralmente mais gratificante do que seus custos, sendo,

---

[74] Para uma exposição concisa das diferentes direções que os autores da escolha tomam para explicar o voto, ver Green e Shapiro. *Pathologies of Rational Choice*.

[75] Green e Shapiro. *Pathologies of Rational Choice*, p. 55.

portanto, racional. Todavia, a noção de que a abstenção eleitoral introduz algum tipo de perda pessoal é claramente contraditória com a concepção de racionalidade da teoria, principalmente porque os custos e os benefícios de tal atitude são explícitos para qualquer reflexividade instrumental. De forma geral, esse caráter contraditório parece estar vinculado ao fato de a teoria não fazer referência à estrutura sociopolítica na qual os atores estão inscritos. No caso do voto, por exemplo, a falta de análise estrutural descarta o estudo essencial da modificação circunstancial do comportamento cívico e político de uma eleição para outra, ou em diferentes sociedades.

Deve-se notar que a direção analítica limitada à dimensão individual é conscientemente assumida por alguns autores, que afirmam as vantagens de uma metodologia positiva e simples para evidenciar os fenômenos verdadeiramente essenciais das ações. A construção teórica procura efetuar certa depuração dos fatos empíricos, interessada mais no que poderia acontecer às situações concretas se guiadas pela racionalidade do que no que realmente ocorre[76]. O modelo de interação social elaborado por Axelrod,[77] por exemplo, evita explicitamente certas questões, como o comportamento fundamentado por hábitos ou regras sociais e as escolhas inconscientes ou não estratégicas. No mesmo sentido, quando procura explicar a gênese das preferências dos agentes, o que poderia gerar um tipo de análise decididamente sociológica, Coleman[78] prefere se dirigir para explicações de cunho estritamente psicológico. Já Elster[79] assume os limites da teoria da ação racional, e aceita a importância social das condutas quase-racionais ou baseadas em instâncias emocionais que se contrapõem ao raciocínio estratégico e instrumental dos agentes, mesmo que quando seus interesses materiais fossem seriamente ameaçados, eles sejam capazes de encarar a realidade. Segundo o autor, devido à falta de um paradigma científico-formal para examinar as relações entre os domínios racional e emocional, a saída é encarar com mo-

---

[76] Ullmann-Margalit. *The Emergence of Norms*, p. 1-2.
[77] Axelrod. *The Evolution of Cooperation*, p. 17-18.
[78] Coleman. *Foundations of Social Theory*, p. 515-516.
[79] Elster. (2000), "Rational Choice History: A Case of Excessive Ambition". *The American Political Science Review*, v. 94, nº 3, p. 692.

déstia a capacidade explicativa do modelo da escolha racional, o que não implica questionar sua qualidade em esclarecer e prever os fatos fundamentais da vida humana.

A ausência de um exame coerente da relação entre a estrutura social e a agência racional resulta na tendência da sociologia da escolha racional em tomar os fenômenos que não caibam em seu corpo teórico como ocorrências irracionais ou ininteligíveis. Essa direção analítica lembra a divisão metodológica elaborada por Pareto entre os comportamentos lógicos e não-lógicos. Assim, pressupõe-se grande parte das ações como fatos que devem ser desconsiderados, na medida em que pertencem a um estágio a ser ultrapassado pela racionalidade econômica. Por conseguinte, os autores não atentam para o dado primordial de que a concepção de racionalidade que sustentam depende de paixões e valores específicos que são formados por mecanismos sociais complexos, o que subverte um modelo que objetifica as orientações instrumentais e solipsistas.

RACIONALIDADE E INDIVIDUALISMO METODOLÓGICO

O ponto fundamental que parece ausente nas análises da teoria da ação racional é que as decisões individuais incorporam aspectos desligados de situações estratégicas e de interesse pessoal. Aspectos articulados a dimensões sociais que estão, de certa forma, fora do controle dos agentes. As críticas que Raymond Boudon[80] faz ao paradigma da escolha racional são importantes por evidenciarem essa esfera social. Além disso, a apropriação de suas críticas é fecunda por indicar as diferenças entre os campos teóricos do individualismo metodológico e da escolha racional que, apesar de serem muitas vezes confundidos, estão, na verdade, limitados por fronteiras que permitem separar a ontologia da teoria econômica de perspectivas sociais identificadas com uma análise mais estrutural.

Cabe notar, a princípio, que o próprio Boudon trata de desvincular a sua teoria do individualismo metodológico de uma apreciação normativa sobre

---

[80] Boudon. (2002), "Théorie du Choix Rationnel ou Individualisme Méthodologique?". *Sociologie et Sociétés*, v. XXXIV, nº 1.

o individualismo moderno, como fazem as análises pautadas pela concepção de racionalidade econômica. Segundo o autor,

> existe entre o individualismo no sentido metodológico e o individualismo de sentido ético ou sociológico a mesma relação que existe entre a palavra *bad* na língua persa e a palavra *bad* em inglês [...] as duas palavras se pronunciam exatamente da mesma maneira, mas como pertencem a duas línguas distintas, seus significados são diferentes. No mesmo sentido, a noção de individualismo possui um significado inteiramente diferente se ela aparece no contexto da Sociologia, no da ética ou naquele da teoria do conhecimento.[81]

Podemos dizer que o individualismo metodológico expressa uma orientação epistemológica que procura não fundamentar um posicionamento ontológico. Na explicação de um fenômeno social, a teoria de Boudon prescreve a necessidade de reconstruir as motivações dos agentes e refletir o fato social em questão como um resultado das ações individuais. A metodologia se distingue das análises de caráter holista que não observam a relação necessária dos fenômenos coletivos com as razões individuais e tratam certas instituições coletivas, como partidos ou organizações religiosas, como dotados de conhecimento ou vontade própria.[82] Assim, o plano metodológico não pressupõe que se analisem as sociedades como conjuntos formados de átomos independentes, mas sim que se entenda a relação entre as atitudes e o espaço social, pois é somente essa relação que possibilita identificar e justificar uma ação como racional.

A fim de expor de forma clara seu questionamento da teoria da escolha racional, e as diferenças desta em relação ao individualismo metodológico, Boudon[83] indica a série de postulados que resumem o conjunto epistemológico da primeira vertente: (1) todo fenômeno social é produto de ações, comportamentos, e crenças dos indivíduos; (2) toda ação individual pode ser compreendida; (3) fora as ações automáticas (ação orgânica de piscar o

---

[81] Boudon. "Individualisme et Holisme dans les Sciences Sociales". In: Pierre Birnbaum et Jean Leca, dir. *Sur L'Individualisme*, p. 46.
[82] Ibid., p. 50.
[83] Id. *Raison, Bonnes Raisons*, p. 19-22.

olho, por exemplo), supõe-se que as ações ou crenças individuais são produtos de razões; (4) as razões consideradas pelo agente sempre levam em conta as conseqüências das ações; (5) os indivíduos se interessam exclusivamente ou prioritariamente por seus interesses pessoais; (6) supõe-se que o indivíduo conhece e avalia as vantagens e as desvantagens de uma ação ou crença, escolhendo a que melhor lhe traga benefícios. Boudon[84] argumenta que a concepção de racionalidade proposta pelo individualismo metodológico, entendida por ele como "modelo racional geral", se limita às premissas 1, 2 e 3, tendo a teoria da escolha racional adicionado os preceitos 4, 5 e 6 na explicação dos fenômenos sociais. Como parâmetro original de sua teoria, Boudon chama atenção para a centralidade do ponto três, em que as causas das atitudes e crenças dos agentes residem no sentido que elas possuem, ou seja, nas razões que os indivíduos têm para adotá-las, sejam essas razões conscientes ou não.

A não incorporação dos últimos três postulados pelo individualismo metodológico tem o efeito de dar o estatuto de casos particulares e contingentes às situações em que os agentes manifestam um comportamento correspondente a estes preceitos. Ainda que Boudon[85] valorize parte da escolha racional por revelar as razões dos indivíduos em alguns tipos de conduta, ele critica o fato de que uma vasta gama de fenômenos sociais deixa de ser explicada pelas suposições instrumentais da teoria. Segundo o autor, somente em certos casos as razões individuais refletem as conseqüências das ações. Além disso, só em pouquíssimos casos os agentes poderiam submeter as conseqüências de seus atos a um cálculo de custos e benefícios pessoais. Baseado em seu modelo particular de racionalidade, Boudon elabora duas críticas essenciais ao paradigma da escolha racional.

Primeiramente, Boudon[86] afirma a existência de várias situações sociais em que a orientação dos agentes se apóia em crenças não triviais. O importante é a percepção de que a adesão pessoal a determinadas crenças manifesta uma conduta de natureza cognitiva. Por conseguinte, o problema da teoria da escolha racional é a sua incapacidade de esclarecer fenômenos em

---

[84] Boudon. *Raison, Bonnes Raisons*, p. 49-50.
[85] Ibid., p. 37.
[86] Ibid., p. 42-43; Id. (2002), "Théorie du Choix Rationnel ou Individualisme Méthodologique?". *Sociologie et Sociétés*, v. XXXIV, nº 1, p. 19-20.

que o comportamento dos atores reflete crenças socialmente coerentes e não conseqüenciais. Boudon[87] dá exemplos de ações que tornam problemática a idéia de uma avaliação calculada e auto-referenciada: o eleitor vota; dois jogadores dividem uma soma de dinheiro em vez de o primeiro pegar mais para si mesmo; indivíduos praticam suicídio. Somente em certas circunstâncias específicas as ações e as crenças estão direcionadas para as conseqüências e para um cálculo de custo e benefício. Na maior parte dos casos, as crenças não possuem um caráter conseqüencial, de modo que a teoria da escolha racional não possui mecanismos para explicá-las. Boudon[88] critica, sobretudo, a maneira pela qual a escolha racional procura explicar os fenômenos que evidenciam essas crenças não triviais, que são contrárias à concepção de racionalidade econômica. O erro capital é supor que os indivíduos aderem às vezes a uma espécie de falsa consciência, baseada no fato de o sujeito operar no interior de "enquadramentos" que exprimem fatores emocionais inautênticos.[89] Ou seja, uma possível atitude desinteressada do indivíduo, que não é compreensível nos moldes da racionalidade possessiva, estaria, na verdade, mascarando um cálculo de interesse, passível de ser demonstrado por uma ciência objetiva. Assim, o eleitor que não percebe que seu voto não influi no resultado final está inscrito, por exemplo, em um enquadramento mental que o faria a acreditar no contrário, tendo uma estimação errada de seu comportamento. Segundo Boudon, essas suposições são sempre insatisfatórias, na medida em que sugerem que o indivíduo obedece a forças sociais misteriosas e irracionais que não podem ser explicadas.

A segunda crítica de Boudon se refere ao fato de que a escolha racional permanece impotente perante os valores sociais que manifestam atitudes e capacidades de justificação que não podem ser relacionadas com condutas egoístas. O autor[90] lembra que todo espectador de Antígona condena Creonte e aprova a protagonista sem hesitação, onde quer que se represente a tragédia de Sófocles. O caráter universal de tal atitude está vinculado

---

[87] Boudon. *Raison, Bonnes Raisons*, p. 45.
[88] Ibid., p. 44-45.
[89] Id. (2002), "Théorie du Choix Rationnel ou Individualisme Méthodologique?". *Sociologie et Sociétés*, v. XXXIV, nº 1, p. 30.
[90] Id. *Raison, Bonnes Raisons*, p. 46.

ao direito de todos à dignidade ressaltada por Antígona. A atitude frente à peça representa uma série de fenômenos em que os agentes avaliam situações nas quais não estão de nenhuma forma implicados. A fraqueza da escolha racional em tais circunstâncias deve-se ao fato de que, ao contrário de um distanciamento, a maior parte das pessoas emite uma opinião forte sobre uma questão que não as envolve diretamente. O fato exemplar de vários indivíduos, que provavelmente nunca serão condenados pela justiça, possuírem uma tendência normativa em relação à pena de morte demonstra que há várias instâncias de envolvimento pessoal não interessado que não podem ser explicadas no quadro teórico da racionalidade instrumental. No mesmo sentido, o plagiário provoca sempre um sentimento de repulsão, até quando ele não lesa ninguém em particular e contribui antes à notoriedade do plagiado. O impostor também é visto negativamente, mesmo se seus atos não comportam qualquer inconveniente, senão para ele próprio. A noção geral do direito do mais forte é chocante e seu exercício inaceitável. O cidadão comum reprova de maneira veemente a corrupção, ainda que não seja afetado de forma direta, e a mesma atitude de indignação é sentida em países com possibilidades remotas de serem atingidos por níveis elevados de tal comportamento. Fundamentalmente, a percepção sociológica demonstra que, independentemente do contexto social, esses fatos são assuntos graves para os indivíduos e são tratados de forma minuciosa, com despesa pessoal de tempo e informações para que tais ações não voltem a se repetir. Na medida em que são fenômenos de conseqüências pessoais irrisórias, a desaprovação que recebem só pode ser explicada porque contrariam regras fundamentais que são a base de um pacto social.

Portanto, o ponto questionável da escolha racional é a sua limitação analítica à racionalidade instrumental, o que a faz negligenciar a razão cognitiva ou axiológica fundamentada em princípios ou teorias sociais. Segundo Boudon, as razões do agente são de caráter cognitivo quando ele aceita uma teoria ordinária pelo simples fato de que lhe parece justa, mesmo que ela não tenha relação com seus interesses pessoais. Por outro lado, a racionalidade possui uma qualidade axiológica quando o agente obedece normativamente a princípios prescritivos. Boudon sugere que é a desconsideração desta dimensão axiológica que faz com que a teoria da escolha racional assuma o pressuposto errôneo de que o indivíduo muitas vezes incorpora um tipo de falsa consciência, vinculada a seus sentimentos.[91] Logo, ressalta-se a idéia inconsistente de que natureza racional é envolvida por uma atitude afetiva e irracional que não corresponde às "verdadeiras" preferências pessoais. Para Boudon, o defeito essencial da perspectiva da escolha racional está na propensão a contrariar a realidade dos fatos sociais, tal como na questão do voto, pois

> uma regra essencial da deontologia científica tendo imposto que não podemos nos livrar de um conjunto de fatos que se recusam a entrar em uma teoria, não entendemos como podemos ignorar a afirmação da maior parte das pessoas de que votam porque possuem o sentimento de que é *necessário* votar.[92]

Contrapondo-se ao modelo da escolha racional, Boudon procura demonstrar que o individualismo metodológico traduz de forma coerente a racionalidade dos atores como a incorporação, mais ou menos consciente, de crenças e atitudes que apresentam "boas razões" circunstanciais de existência. Desse modo, as instituições ou normas sociais, se estabelecidas consistentemente na realidade, são compreendidas como boas, legítimas e aceitáveis, estando desvinculadas dos interesses diretos dos indivíduos. Segundo Boudon,

> muitas discussões seriam, sem dúvida nenhuma, evitadas se nos lembrássemos que *crença* é somente um substantivo formado a partir de *crer*, ou *racionalidade* um substantivo baseado na expressão *ter razões de*. O verbo tem sobre o substantivo a vantagem de não induzir essas visões substancialistas que levam às perguntas sobre o que é *realmente* a racionalidade ou o que é *realmente* uma crença.[93]

Nesse sentido, a adesão a uma crença ou a um valor social não se dá a partir do cálculo de custo e benefício voltado para a minimização dos meios e maximização dos objetivos. A incorporação de uma teoria ordinária ou

---

[91] Boudon. *Les Sens des Valeurs*, p. 113.
[92] Ibid., p. 114.
[93] Id. *Raison, Bonnes Raisons*, p. 36.

prática pelo sujeito não provém do fato de que estas lhe pareçam comportar conseqüências felizes, mas da simples compreensão de que ele as crê verdadeiras. Na perspectiva do individualismo metodológico, a racionalidade consiste em adotar uma crença que, fundamentada como uma teoria, permite perceber os dados de um determinado contexto social de maneira satisfatória, simplesmente porque a crença expressa razões coerentes.[94] A ação racional implica assumir um conjunto lógico de proposições, quando não se dispõe de uma teoria alternativa mais aceitável. Boudon lembra que, se tomadas de forma literal pela idéia de uma cognição exclusivamente instrumental, a maior parte das ações normais deveria ser entendida como portadora de resultados absurdos e irracionais. A partir das proposições de racionalidade cognitiva e axiológica, o autor[95] propõe acabar com as "caixas pretas" presentes na noção neoclássica de racionalidade, produzindo um exame sociológico que admite a análise de novos dados sociais sem a necessidade de se recorrer a referências conceituais aprioristicas.

Na medida em que os agentes aderem a uma crença ou teoria quando têm a impressão de que ela compõe o conjunto de proposições mais aceitável para um contexto, Boudon[96] sugere que o processo do conhecimento ordinário é composto dos mesmos parâmetros de crenças que criam o conhecimento científico. São essas características que explicam as ações individuais e não as razões baseadas no cálculo instrumental. Ainda que os processos racionais sejam unívocos,

---

[94] Uma concepção social que reitera a existência de valores e normas sociais em sentido similar ao proposto por Boudon é apresentada por John Goldthorpe. Ainda que admita a relevância da teoria da ação racional, Goldthorpe procura demonstrar os problemas que as teorias que pesquisam instituições sociais enfrentam quando incorporam o ponto de vista da escolha racional. O autor sugere uma versão mais fraca do conceito de racionalidade, baseada no que chama racionalidade subjetiva, pela qual os indivíduos agem de acordo com suas crenças se possuem bons motivos para tal. Assim, assevera uma versão de ação racional "intermediária" e situacional. Criticando as posições teóricas fundadas na psicologia e nas limitações cognitivas da mente humana, principalmente as teorias de racionalidade limitada de Simon, Goldthorpe afirma a necessidade de uma análise efetivamente sociológica que perceba a realidade exterior aos indivíduos, principalmente os padrões de conhecimento e as crenças sociais. Ver John Goldthorpe. *On Sociology. Numbers, Narratives, and the Integration of Research and Theory*, p. 115-136.
[95] Boudon. *Les Sens des Valeurs*, p. 131.
[96] Id. *Raison, Bonnes Raisons*, p. 57.

os indivíduos aparecem tendo razões fortes de crer no que crêem, mas como pertencem a contextos diferentes, uns não aceitam as crenças dos outros. Cabe ao sociólogo mostrar por que esses parâmetros contextuais implicam diferenças nas crenças coletivas de uns e de outros.[97]

Por conseguinte, o aspecto efetivamente social da racionalidade está relacionado com o fato de que as razões se tornam fortes a partir do momento em que elas também assim se apresentam para os agentes inscritos nos mesmos ambientes sociais, ou "parâmetros contextuais", pois "uma razão, um sistema de razões, somente são identificados como tais se o ator tem a impressão que esta razão ou que este sistema são compartilhados com outros".[98] Segundo Boudon, esse modelo constitui uma teoria que recupera a tradição da Sociologia clássica, principalmente a distinção proposta por Weber entre a atividade instrumental e a racionalidade axiológica.

A análise de Boudon sobre a teoria da escolha racional indica, sobretudo, a diferença efetiva da epistemologia das Ciências Sociais em relação ao entendimento da Economia. Mesmo sendo uma vertente que parte de um método centrado no indivíduo, o individualismo metodológico não descarta uma dimensão social estruturante. Boudon[99] deixa claro que sua perspectiva não sugere que a socialização, quando entendida como um conjunto de efeitos estruturais sobre o comportamento dos agentes, seja um fator

---

[97] Boudon. *Raison, Bonnes Raisons*, p. 62.
[98] Ibid., p. 160. Cabe notar que a partir da noção de racionalidade cognitiva, Boudon estabelece uma crítica ao relativismo. Ainda que este seja um ponto fundamental para o autor, não seguimos essa direção por ela se colocar distante da preocupação específica sobre o questionamento da teoria da escolha racional. O argumento central de Boudon é que as idéias são governadas, a longo prazo, por um processo de racionalização, de modo que existiria uma dinâmica de seleção das idéias em que somente as mais sólidas sobrevivem. O fato de que não há critérios gerais que permitam afirmar uma teoria como verdadeira, mesmo em se tratando de teorias científicas, não implica que a noção de racionalidade cognitiva seja desprovida de conteúdo, nem que os julgamentos ordinários sejam arbitrários ou convencionais. Boudon postula que não se pode deixar de sublinhar a existência de certas irreversibilidades sociais. Seguindo uma leitura particular de Weber e Tocqueville, o autor acredita que esse processo se qualifica como uma "racionalização difusa" (*durchrationalisierung*), presente não somente no âmbito das crenças científicas, mas nas esferas jurídicas, morais, políticas, filosóficas ou religiosas.
[99] Ibid., p. 11.

desprovido de interesse sociológico. Pelo contrário, a teoria do individualismo metodológico indica a centralidade dos processos de socialização para a investigação, o que expressa a necessidade de descrição dos modos pelos quais os sujeitos incorporam efeitos sociais. Sem entrar no mérito de suas conclusões ou argumentos específicos, o importante é que a teoria procura examinar como os indivíduos interagem com os condicionantes estruturais, se os admitem, os contrariam ou os reivindicam politicamente. Consistindo no fato central de todo projeto sociológico, o fundamental é unificar a subjetividade com determinações estruturais, ainda que daí surjam concepções analíticas as mais diversas. É essa articulação que permanece ausente na teoria social da escolha racional. Nesta, a subjetividade é determinada *a priori* e a estrutura é vista como uma mera agregação de interesses antagônicos. Não há um intercâmbio entre agência e estrutura, o que implica uma objetivação do ambiente circunstancial pautado pelo equilíbrio econômico de mercado.

INDIVIDUALISMO E MODERNIDADE: CONDIÇÕES SOCIAIS DO AGENTE MAXIMIZADOR

Do ponto de vista sociológico das relações entre indivíduo e estrutura social, o elemento mais questionável da teoria da ação da escolha racional é a sua incapacidade de vincular a manifestação da razão instrumental ao ambiente da modernidade. Na medida em que não indica esse relacionamento, a teoria tende a tornar transcendentes certos aspectos que são específicos da sociedade contemporânea. O fato de os agentes atuarem de acordo com as suas decisões não significa que eles controlem as condições e o contexto social em que estão inscritos. Como argumenta Marshall Sahlins a respeito do perigo analítico das teorias que não observam a realidade estrutural e simbólica: "a alienação final é um tipo de des-estruturação".[100] Assim, é somente através da condição estrutural que podemos revelar as técnicas e as ações singulares que estão disponíveis para os indivíduos, pois as suas práticas, econômicas ou não, são dependentes de um sistema cultural propagado por processos difusos ou explícitos. O que é problemático na teoria da escolha

---

[100] Marshall Sahlins. *Culture and Practical Reason*, p. 220.

racional é a incompreensão da interdependência entre os fins pessoais e o meio social, que dá um sentido normativo específico às ações e legitima algumas em detrimento de outras. Se a teoria incorporasse essa perspectiva simbólica, a noção de racionalidade instrumental poderia ser contextualizada, perdendo seu caráter transcendental.

A tese weberiana[101] da articulação entre ética protestante e espírito do capitalismo expressa o tipo de entendimento que está ausente na teoria da escolha racional. Inscrevendo o comportamento racional em um quadro social determinado, Weber procura demonstrar que tanto os valores do protestantismo quanto a sua manifestação na ação econômica calculada e frugal pertencem a um nível macrosocial e histórico[102]. Cabe notar que o ponto relevante da análise weberiana não é a discussão da relação histórica entre o protestantismo e o capitalismo como uma explicação causal real, mas sim a exposição da interdependência entre a atitude instrumental e a orientação por valores, entre a agência e a estrutura social, na medida em que a racionalidade que caracteriza o espírito capitalista reflete, em seu significado particular, os valores singulares de uma ética religiosa. Nesse sentido, as ações aparecem estruturadas por uma forma simbólica irredutível ao controle direto dos indivíduos, como demonstra a tese da criação de um arranjo econômico legitimado por uma religião que é o seu contrário. A ação não é definida por suas conseqüências pessoais, mas por resultados sociais abrangentes e circunstanciais formados por processos históricos.

Parece não haver sentido, ao contrário do que propõe a filosofia moral utilitarista em geral, considerar os fins ou "prazeres" individuais a não ser procurando a lógica social que eles adquirem. Toda prática, incluída a do comportamento racional de maximização, está relacionada com uma realidade que escapa ao próprio indivíduo. Torna-se necessário examinar os interesses pessoais em uma perspectiva que não os defina *a priori*, ressaltando os processos interativos e simbólicos criados historicamente que fixam certas "disposições", ou seja, inclinações específicas para a ação ancoradas

---

[101] Weber. *A Ética Protestante e o Espírito do Capitalismo*.
[102] Sobre um debate entre interpretações diferentes de Weber e uma crítica à apropriação efetuada por Coleman, ver Mohamed Cherkaoui. (2003), "Les Transitions Micro-Macro. Limites de la Théorie du Choix Rationnel dans le *Foundations of Social Theory*". Revue Française de Sociologie, nº. 44-2.

em normas ou rotinas coletivas provenientes das propriedades de um sistema social[103]. Tal configuração social não é observada na teoria da escolha racional, que explica a emergência das normas e das atitudes como entes independentes, de modo que não chegam nem mesmo a formar uma estrutura[104]. Todavia, as normas ou crenças estão articuladas umas às outras, pois somente assim podem se manifestar um conjunto coerente de instituições e o funcionamento das sociedades. Como lembra Gellner a respeito dos objetivos individuais,

> se nós pensamos o estado de coisas que poderiam satisfazer esses fins *em um isolamento completo*, como se nada mais existisse no mundo, chegaremos a qualquer coisa de absurdo em si, e ainda mais como objeto de desejo. Ocupar o ponto cardinal de um universo que não contém nada além é qualquer coisa de surrealista, tanto quanto possuir barras de ouro em um mundo, para além disso, vazio.[105]

Uma sugestão exemplar da dimensão social que chamamos atenção é apresentada por Bourdieu.[106] O autor propõe a apreensão das disposições temporais da racionalidade moderna, de forma a examinar a inscrição dos agentes em um sistema que estimula estruturalmente um tipo específico de comportamento. Bourdieu afirma que o ponto central da disposição do chamado *homo oeconomicus* está em sua percepção do tempo, pólo que determina saberes originais de previsibilidade e cálculo de um futuro imaginário. Logo, a ação instrumental aparece determinada por uma rede simbólica singular, pautada por uma acumulação manipulada de bens indiretos que contraria a noção econômica de troca direta de objetos das sociedades pré-capitalistas. A representação social do sistema de bens indiretos está fundamentada no dinheiro, que, sendo apenas um signo, não é fonte, em si mesmo, de nenhuma satisfação. Seu uso está ligado a um futuro calculado,

---

[103] José Mauricio Domingues. *Sociological Theory and Collective Subjectivity*, p. 141.
[104] Cherkaoui. (2003), "Les Transitions Micro-Macro. Limites de la Théorie du Choix Rationnel dans le *Foundations of Social Theory*". *Revue Française de Sociologie*, nº 44-2, p. 250-251.
[105] Gellner. "L'Animal qui Évite les Gaffes, ou un Faisceau d'Hypothèses". In: Pierre Birnbaum et Jean Leca, dir. *Sur L'Individualisme*, p. 34.
[106] Bourdieu. *Algérie 60: Structures Économiques et Structures Temporelles*.

definido pela disponibilidade de compra de bens propostos pela hierarquia de fins pessoais. Funcionando como mediador universal, o dinheiro condiz com uma nova disposição das relações entre indivíduo e sociedade, satisfazendo uma compreensão temporal desencantada que não considera o futuro controlado por forças externas às ações individuais.

Bourdieu exemplifica sua tese expondo as diferenças das práticas da racionalidade capitalista frente as condutas tradicionais presentes na sociedade argelina. Assim, o espírito moderno do cálculo se contrapõe ao sistema cultural baseado na honra, adquirindo um viés negativo de avareza quando é transferido para as trocas efetuadas fora do ambiente familiar. As transações que pressupõem a avaliação voltada para o lucro abstrato passam a ser vistas como expressões de singularidade subjetiva que desafiam os valores tradicionais da comunidade. Para expressar a particularidade do arranjo social baseado na racionalidade instrumental, Bourdieu demonstra que o trabalho possui nas comunidades argelinas uma função social que é em grande parte desvinculada de fins econômicos. A atividade laboriosa é valorizada em si mesma, tendo as ocupações um caráter que limita as distinções entre trabalho rentável ou não, trabalho produtivo ou improdutivo. O ponto fundamental é a tese de que a condição racional moderna não é uma "escolha" objetiva, mas um fenômeno histórico complexo. Por outro lado, a constituição dos agentes modernos também não é produzida por uma simples acomodação passiva e forçada a mecanismos econômicos "reais". O movimento histórico apresenta vários processos pelos quais hábitos tradicionais são mantidos paralelamente às disposições capitalistas, o que manifesta uma "transformação criativa" e a interdependência entre os indivíduos e as estruturas socioeconômicas.[107]

No mesmo sentido crítico, Godelier[108] questiona o formalismo vazio dos trabalhos que não relevam as circunstâncias históricas específicas da orientação instrumental. O autor indica a insuficiência das teorias que partem do paradigma economicista, que tratam apenas de aspectos restritos das ações e limitam o campo de análise a uma parte da vida ordinária. O problema de um entendimento tal qual o da escolha racional não é tanto a premissa do comportamento voltado para a satisfação pessoal – pois dependendo da

---

[107] Bourdieu. *Algérie 60: Structures Économiques et Structures Temporelles*, p. 11-18.
[108] Godelier. *Rationalité et Irrationalité en Économie – I*, p. 19.

terminologia de um aparato conceitual, isto pode ser postulado em diversas sociedades –, mas sobretudo a falta de observação das relações dos fins individuais com uma conjuntura social determinada. Assim, por exemplo, "nas sociedades primitivas a competição pelo controle das mulheres não se explica pelas necessidades ou preferências, sexuais ou não, dos homens, mas pelo papel central que o parentesco ocupa nestas sociedades".[109] O fundamental é notar que a ação econômica não comporta, em si mesma, a totalidade de seu sentido, mas somente um componente do todo social.[110] Na medida em que a esfera econômica é definida como o conjunto complexo de operações pelas quais os membros de uma sociedade produzem, repartem e consomem bens materiais, a escolha desses bens deve ser, necessariamente, relacionada com outras atividades, sejam elas políticas, religiosas ou culturais.[111] A análise das relações entre os objetivos pessoais e um contexto particular ressalta a razão social que estrutura o imaginário dos sujeitos, não somente limitando, mas constituindo seus próprios comportamentos. É por isso que as dimensões da troca, do investimento, da moeda e do consumo não portam um significado unívoco, e manifestam estruturas diferentes.

O caráter delimitado das práticas instrumentais modernas pode ser verificado, por exemplo, pela sua contraposição às características das reuniões políticas mais importantes da comunidade africana Douala, que transcorrem com o consumo de champanhe, ou ao fato de que trabalhadores da comunidade Kigali juntam suas rendas somente para gastá-las em festas da cerveja.[112] Em sentido similar, na maior parte das tribos indígenas o trabalho é realizado não apenas como mecanismo racional de garantia de alimentação, mas sobretudo como tempo de atividade religiosa, de festa ou de dança.[113]

---

[109] Godelier. *Rationalité et Irrationalité en Économie – I*, p. 29.
[110] Ibid., p. 31; Id. *Rationalité et Irrationalité en Économie – II*, p. 139-140.
[111] Godelier lembra que a manutenção dos chefes, dos deuses, dos mortos, das estruturas religiosas e das expedições guerreiras supõem o uso de meios materiais e uma parte do tempo disponível de uma sociedade, o que caracteriza uma relação singular com a dimensão econômica. Logo, existe uma distribuição de meios materiais para atividades não econômicas da vida social, política e cultural. O importante é a conotação da atividade econômica em relação a propriedades externas à sua esfera, que não estão vinculadas a orientações instrumentais de maximização. Godelier. *Rationalité et Irrationalité en Économie – II*, p. 147-157.
[112] Latouche. *La Déraison de la Raison Économique*, p. 28-29.
[113] Cornelius Castoriadis. *A Instituição Imaginária da Sociedade*, p. 40.

O trabalho nesses contextos aparece subordinado a bens simbólicos que não são passíveis de serem quantificados ou calculados. Esses bens estão relacionados com aspectos da memória e do contato pessoal que são descartados na idéia de racionalidade instrumental. Assim, não há "troca" sem identificação e reconhecimento prévio dos participantes das interações, freqüentemente fundamentadas em laços de parentesco. Longe de serem "irracionais", esses comportamentos refletem dimensões culturais que reforçam a solidariedade, enquanto a acumulação de bens materiais é tida como inócua, implicando incômodos aos indivíduos.[114]

Essas orientações não representam algum tipo de ilusão ou mistificação. Um teórico que faz tal afirmação submete erroneamente todo o resto da humanidade a categorias específicas da sociedade capitalista. Na esfera alimentar, por exemplo, bastaria fazer um inventário do que os homens comem em diferentes épocas e espaços para perceber que a ação não é dirigida pelas disponibilidades naturais ou técnicas, mas por um sistema de significações que valoriza e hierarquiza um conjunto de objetos.[115] A explicação dos comportamentos não instrumentais repousa sobre a razoabilidade que possuem em um contexto. Antes de refletirem um indício de pobreza em relação aos valores da racionalidade econômica, eles explicitam um sistema de necessidades diferente das sociedades do capitalismo desenvolvido. A realidade desses espaços sociais é essencial para desconstruir o pressuposto de escassez presente na concepção do homem instrumental e em seu modelo político, já que várias sociedades não manifestam a "luta de todos contra todos"

---

[114] Latouche. *La Déraison de la Raison Économique*, p. 19-21. Algumas políticas públicas fundamentadas em concepções instrumentais ilustram a impossibilidade de a racionalidade econômica ser definida como um fenômeno natural. Latouche cita a dificuldade da FAO em Madagascar para minorar o problema do déficit na produção de leite de várias cidades. Tratava-se de subsidiar os produtores para estes terem uma segunda vaca, de modo a entrarem no mercado e gerarem um ciclo de aumento de rebanho e riqueza. O pressuposto era que o rebanho não aumentava devido à falta de poupança e à pobreza monetária dos agricultores, o que impedia o investimento e o progresso econômico. Um relato de campo exemplifica o espanto dos implantadores dessas políticas quando encaravam a realidade social. Perguntado sobre seu desinteresse em relação aos subsídios propostos pela agência, um camponês local responde sobre a necessidade imperativa de ver o pôr do sol após o trabalho, não demonstrando vontade alguma em aumentar sua produção.

[115] Castoriadis. *A Instituição Imaginária da Sociedade*, p. 40.

por bens materiais. Impõem-se aos indivíduos fatores imaginários diversos que contrariam a idéia de uma constituição natural do mercado e das transações baseadas no interesse próprio.

Portanto, um olhar sociológico que parece mais promissor é entender os interesses dos agentes por meio de rotinas, hábitos e rituais coletivos. A formação das instituições sociais passa a ser vista como um processo complexo, desvinculado dos pressupostos que as tomam como resultados de objetivos individuais. A teoria deve perceber, sobretudo, os condicionamentos que a sociedade impõe aos seus membros.[116] Desse modo, as normas sociais refletem um âmbito estruturante, influenciando a identidade e o significado dos indivíduos, assim como suas respectivas atividades. A conseqüência dessa influência é que as instituições por vezes adquirem tal força que passam a ser compreendidas como leis, sejam definidas por regras formais ou por costumes e crenças. Logo, torna-se evidente que a força cultural do comportamental instrumental provém de uma dimensão social que induz e legitima o discurso de um agente naturalmente detentor de direitos fundamentais e competência para efetuar escolhas autônomas.

Tendo em vista a inserção da noção de racionalidade em um contexto social que lhe dá significação, podemos questionar os argumentos que objetificam os comportamentos instrumentais. Geralmente, as análises de cunho economicista tendem a destacar a "irracionalidade" das ações que não se conformam ao paradigma instrumental. Entretanto, o funcionamento da estrutura social e a racionalidade humana não requerem, necessariamente, o uso máximo dos fatores de produção e das disposições individuais. Por outro lado, o tipo de configuração social instrumental explicita as relações nas quais estão fundamentadas as práticas dos agentes modernos, assim como sua própria razão. O contexto da produção, essencial ao campo econômico, assume na modernidade um significado que conduz a experiências singulares, dentre as quais o comportamento maximizador é sua característica medular. É fundamental notar que a ação instrumental e a economia moderna dependem de certas instituições, principalmente da generalização de

---

[116] John Meyer, John Boli, George Thomas. "Ontology and Rationalization in the Western Cultural Account". In: John Meyer, J. Boli, F. Ramirez, G. Thomas, ed. *Institutional Structure: Constituting State, Society, and the Individual*.

mercados em que os bens e serviços, incluindo o trabalho e o capital, sejam definidos por preços e pela livre oferta e demanda[117]. Somente neste ambiente adquire relevância a idéia de escassez de meios, no caso representada pelo mecanismo universal e quantificável do dinheiro, que sintetiza todos os fins pessoais.

Esse tipo de análise desloca a racionalidade da esfera individual em direção às regras abrangentes que estruturam e legitimam um paradigma de agente, demonstrando que o individualismo moderno possui uma história institucional produzida por teorias que pressupõem a democracia liberal no plano político, o livre mercado no plano econômico e um modelo de *self* nos campos cultural e religioso.[118] Percebe-se, então, que os sistemas sociais modernos prescrevem, através de elementos econômicos, religiosos e políticos, um suporte para que os seres humanos trabalhem sua subjetividade de forma aparentemente independente. Nesse modelo de análise, o indivíduo não aparece só como sujeito, mas também como objeto do projeto de racionalização que ordena uma subjetividade compulsória composta de uma seqüência educacional e ocupacional e de um tipo legítimo de vida privada, articulados à celebração de uma forma coletiva definida como eficiente e progressista. São esses elementos que dão significado à racionalidade instrumental, enfatizando razões e aspirações particulares, dentre as quais se destacam: que o ator deve encontrar auto-estima, se desvinculando de padrões morais; que deve possuir um senso de eficiência e iniciativa; que deve se relacionar com seu ambiente de forma que sua liberdade e independência sejam preservadas[119]. Não há nessas regras nenhuma indicação de comprometimento com paradigmas coletivos abrangentes, e o engajamento em relações sociais mais substantivas, como a defesa de uma causa ou religião, é sempre visto com suspeita.

---

[117] Karl Polanyi. "The Economy as Instituted Process". In: Karl Polanyi, Conrad M. Arenserg, Harry W. Pearson, ed. *Trade and Market in the Early Empires. Economies in History and Theory*, p. 247. Dentre as formas ou padrões de integração econômica que se diferenciam da dimensão da "troca" e da ação formal instrumental, Polanyi define a "reciprocidade" e a "redistribuição".

[118] John Meyer. "Self and Life Course: Institutionalization and Its Effects". In: John Meyer, J. Boli, F. Ramirez, G. Thomas, ed. *Institutional Structure: Constituting State, Society, and the Individual*.

[119] Meyer. Ibid., p. 253.

Logo, as ações humanas exprimem uma subordinação à dimensão social, de modo que a concepção da ação econômica como esfera independente se torna destituída de sentido. Uma maneira de perceber isto é chamar atenção para o "processo de institucionalização do processo econômico",[120] que encaixa a economia em formas sociais e simbólicas as mais diversas, dependentes do contexto histórico. A questão torna-se mais complexa quando na modernidade a prática instrumental passa a adquirir relativa liberdade em relação a outros fenômenos sociais, fato refletido na institucionalização da propriedade privada como mecanismo central de regulação social. Enquanto nas economias pré-modernas as trocas e a circulação de bens materiais são fundamentadas mediante uma complexa classificação, na economia moderna o funcionamento do mercado define modos singulares e descentralizados de comportamento.[121] Como mostram os trabalhos clássicos da Sociologia, quanto mais a divisão social do trabalho se desenvolve, mais as funções econômicas tendem a assumir preponderância, o que se reflete no paroxismo de uma produção que não é controlada por seus produtores diretos. É somente neste contexto histórico particular, no qual as mercadorias são apropriadas individualmente, que passa a fazer sentido a conduta cultural de maximização e lucro produtivo. Contudo, esse fato deve ser explicado e não reificado em categorias que sugerem uma concepção de natureza humana. Tomar a atividade econômica como um espaço independente e universal implica substituir a ênfase analítica nas relações sociais por uma objetivação da troca material do homem com a natureza.[122]

Deve-se notar que, mesmo com o estímulo da individualização e a relativa independência da ação econômica ocasionados pela condição

---

[120] Polanyi. "The Economy as Instituted Process". In: Karl Polanyi, Conrad M. Arensberg, Harry W. Pearson, ed. *Trade and Market in the Early Empires. Economies in History and Theory*, p. 249-250.
[121] Godelier. *Rationalité et Irrationalité en Économie – II*, p. 174.
[122] Cabe notar que esse tipo de reflexão, em que a categoria "trabalho" surge como fundamento essencial de todas as relações humanas, parece ser indicado mesmo em certas passagens de Godelier e Polanyi. Todavia, o que parece fundamental para os propósitos aqui definidos é a percepção, presente nos trabalhos de ambos os autores, de que o comportamento individual é sempre estruturado por uma esfera simbólica que se encontra acima dos interesses pessoais. Sobre um exame mais detido dessas questões, ver Latouche. *La Déraison de la Raison Économique*, p. 175-176.

moderna, não há como determinar as fronteiras da dimensão simbólica, como se fosse possível estabelecer, como na utopia paretiana, uma diferenciação nítida entre instâncias essenciais e secundárias. Ou seja, uma separação entre a orientação instrumental, verdadeira substância da sociedade, e fenômenos irracionais e dispensáveis. A "utilidade" que os indivíduos procuram satisfazer em suas ações é relacionada com um código cultural de propriedades concretas que governa tanto a produção quanto a dinâmica dos bens expostos no mercado[123]. Esse código cultural desmistifica a idéia da escolha racional de que a realidade é o resultado agregado de trocas efetuadas por interesses constituídos de forma autônoma, em que os preços e a oferta e a demanda são os únicos elementos a estruturar as transações. Ainda que nenhuma sociedade possa viver sem a produção da vida material e a sua própria reprodução, estas não são ditadas por uma lei natural ou racional. Há sempre uma margem de indeterminação em que se situa exatamente o campo da história. O movimento social é produzido a partir de sentidos que manifestam "distinções correlativas ao que vale e ao que não vale (em todos os sentidos da palavra valer, do mais econômico ao mais especulativo), entre o que deve e o que não deve ser feito"[124]. O importante é perceber a emergência de um sistema de necessidades que justifica não só os objetivos individuais, mas também a adoção circunstancial do comportamento instrumental. Assim, "os custos de oportunidade de nossa racionalidade econômica são uma formação secundária, uma expressão de relações predeterminadas por outro tipo de pensamento, figurados *a posteriori* dentro dos limites de uma lógica ordenada de significação"[125].

Ainda que de forma diferenciada e original, as decisões individuais e a construção de funções de utilidade no contexto social moderno dependem da significação social do consumo e dos bens expostos no mercado. Na modernidade, essa significação fixa contrastes que representam e legitimam as desigualdades de poder presentes na sociedade. Não existe, portanto, um comportamento instrumental livre, pois mesmo a esfera do consumo, que a

---

[123] Sahlins. *Culture and Practical Reason*, p. 166.
[124] Castoriadis. *A Instituição Imaginária da Sociedade*, p. 176.
[125] Sahlins. *Op. cit.*, p. 171.

teoria da escolha racional procura sistematizar a fim de prever as ações, não aparece como uma opção subjetiva, pois é um processo estruturado por valores sociais que determinam atitudes e proíbem certos objetos. Pode-se dizer que a modernidade caracteriza-se por uma nova espécie de totemismo,[126] composta por um sistema predeterminado de objetos que expressa um discurso de diferenças. A ordem cultural é definida a partir das características diferenciais dos bens ofertados, codificados significativamente de forma a determinar o tipo de consumo de cada grupo ou classe. Ao contrário das proposições da escolha racional, não há fins construídos exclusivamente pela cognição individual, pois se impõe um sistema simbólico que classifica os elementos a serem apropriados e as clivagens a serem efetivadas. As escolhas tornam-se em grande parte reféns desse sistema e o resultado da ação reflete a inconsistência da idéia de a racionalidade ser um domínio autônomo de avaliação pessoal.

Desse modo, questiona-se a base do raciocínio da teoria social da escolha racional que indica uma concepção mínima de agência, fundamentada na idéia de uma capacidade independente de produzir decisões. Esse entendimento afirma uma separação entre indivíduo e estrutura que torna limitada a percepção de algo externo à cognição pessoal, o que subverte a possibilidade de outros fatores estabelecerem influências sobre as ações. Todavia, a teoria deve explicar a existência de organizações que não são redutíveis às práticas individuais e que refletem uma subjetividade composta de vários atores.Em várias instâncias sociais, como uma corporação produtiva ou o aparelho estatal, por exemplo, não há possibilidade de se entender as decisões por meio de avaliação de objetivos definidos individualmente.[127] Nesses casos, as escolhas são produtos de deliberações tomadas em uma variedade de pontos das organizações e os resultados subsistem por si próprios. As escolhas tendem a expressar formas institucionalizadas de avaliação e levantamento de informação, acarretando orientações rotineiras e habituais distanciadas da norma instrumental.

Portanto, o que se demonstra mais problemático na sociologia da escolha racional é a suposição de que a ação segue um caminho transparente

---

[126] Sahlins. *Culture and Practical Reason*, p. 178.
[127] Barry Hindess. *Choice, Rationality, and Social Theory*, p. 103-104.

traçado pelos objetivos individuais. Em contraposição a esse ideal, sugerimos que os agentes se baseiam normalmente em crenças, hábitos ou técnicas especializadas que se conjugam, de uma maneira específica, com os desejos pessoais e a estrutura social. Assim, os meios de se alcançar uma decisão não devem ser prejulgados, como sugerem os modelos de racionalidade econômica. Além disso, deve-se notar que não existe um padrão geral de ação racional, pois as práticas de decisão utilizadas pelos indivíduos são vinculadas, na maior parte das vezes, a esferas restritas da vida que exigem e legitimam raciocínios sociais diferenciados, baseados nas circunstâncias específicas das situações.[128] Não há motivo para supor, como indica a teoria da escolha racional, que cálculos estritamente individuais possam ser coerentes com a diversidade e complexidade do cotidiano. Mesmo os tipos de questões que um indivíduo se coloca, e as conseqüentes conclusões que são alcançadas, manifestam mecanismos ou formas de pensamento particulares que estão presentes na comunidade da qual faz parte. O essencial é identificar a existência de algo externo ao âmbito individual, que fundamenta relações singulares entre a agência e a estrutura. É exatamente o entendimento dessas relações que pode revelar os modos de pensamento e os meios disponíveis, legítimos e justificados para a ação dos homens.

---

[126] Hindess. *Choice, Rationality, and Social Theory*. Hindess sugere que o interesse da pesquisa da intenção individual deve estar voltado para as técnicas sociais que os agentes empregam, em vez das imputações de racionalidade ou irracionalidade das ações. Isto define uma postura analítica que não procura julgar as ações, nem avaliar se os meios utilizados para a satisfação dos objetivos são coerentes. Segundo o autor, os fins pessoais podem ser obtidos, com o mesmo grau de razoabilidade, pela via do *I Ching*, pela física aristotélica, por um oráculo, pelos ditames da concepção econômica marxista, ou mesmo por cálculos de custo e benefício da análise neoclássica (p. 88; 98).

IV
MARXISMO ANALÍTICO E IDENTIDADE POLÍTICA

MARXISMO ANALÍTICO E A CRÍTICA À FILOSOFIA DA HISTÓRIA

O movimento denominado "marxismo analítico", ou "marxismo da escolha racional", une a ênfase na identidade de classe com postulados provenientes da teoria da escolha racional. Ainda que o movimento tenha perdido grande parte de sua influência científica, e desde a sua fundação tenha abarcado autores com orientações por vezes divergentes, o exame de seus trabalhos é importante por evidenciar as relações singulares da noção de ação instrumental com a questão da imaginação política. Por outro lado, a investigação do marxismo da escolha racional é válida para a apreensão da abrangência que a escolha racional pode alcançar. O fato de a concepção de racionalidade econômica ser relacionada com uma teoria tradicionalmente estruturalista revela a amplitude que a metodologia positiva acredita possuir.

Um fato com o qual todos os autores que participam do marxismo analítico concordam diz respeito à incapacidade de a teoria marxista formar um conjunto coerente de pressupostos[1]. Assim, eles assumem seus trabalhos como redefinições da teoria marxista tradicional e nunca como exposições canônicas que buscam algo como a essência das posições de Marx. O marxismo da escolha racional propõe uma interpretação políti-

---

[1] Ver, por exemplo, John Roemer. "'Rational Choice' Marxism: Some Issues of Method and Substance". In: John Roemer, ed. *Analytical Marxism*, p. 191.

ca original que procura unir a ação socialista com os "microfundamentos" sociais constituídos pela racionalidade dos agentes, incorporando modelos dedutivos da Economia. Além disso, de forma a proporcionar um argumento tido como mais realista, os autores questionam a dialética de um conflito de classes predeterminado que implica certa filosofia da história.

Diferentemente da idéia de uma infra-estrutura dotada de poder sobre as outras esferas sociais, o marxismo analítico propõe o indivíduo como a unidade vital de exame, pois "nós, como cientistas sociais, devemos assumir que as pessoas são, no curto prazo, o que elas são".[2] Postula-se um ser singular, baseado na racionalidade egoísta, de modo que a classe é vista como uma organização voltada exclusivamente para a maximização de seus interesses materiais.[3] A teoria marxista é vinculada, portanto, a um comportamento estritamente utilitário, dado que a noção de ideologia já pressupõe preferências materiais objetivas que são encobertas no sistema capitalista por uma ilusão. A conseqüência desse entendimento é a necessidade normativa de que as classes devem ser conscientizadas de seus interesses verdadeiros. Tal tarefa exige a análise dos chamados microfundamentos sociais e dos mecanismos efetivos que fundam a hegemonia de classe, descartando-se, ao mesmo tempo, as concepções macroestruturais baseadas em uma dinâmica histórica desenvolvida por forças autônomas. O objetivo dos autores é criar uma teoria social verdadeiramente científica, sem a qual acreditam ser impossível a emancipação dos homens e a viabilidade do que entendem por socialismo.

A meta da escolha racional marxista é unificar a concepção de classe com a metodologia tida como exitosa usada por outros cientistas sociais, assim terminando o isolamento do marxismo que perdurava por décadas[4]. Isto pressupõe uma revisão da teoria do valor tradicionalmente usada pelo marxismo, redefinindo a concepção de exploração e as idéias de um declínio irreversível da taxa de lucros e de ciclos de crise da economia capitalista.

---

[2] Roemer. *A Future for Socialism*, p. 46.
[3] Cabe notar, nesse sentido, a apropriação por Olson da crítica de Marx às idéias de uma natureza humana benevolente propostas pelo socialismo utópico. Olson. *The Logic of Collective Action*, p. 103.
[4] Tom Mayer. *Analytical Marxism*, p. 2.

Segundo Elster,[5] a teoria marxista teria se caracterizado ao longo do tempo pela assimilação de princípios funcionalistas que, reforçados pela sua tradição hegeliana, impedem a incorporação de ferramentas analíticas bem-sucedidas, como as provenientes da teoria da escolha racional e da teoria dos jogos. Desse modo, uma metodologia fecunda pode ser exemplificada pelo uso da concepção de equilíbrio originária da Economia, que representa a coerência das ações racionais em relação às propriedades das estratégias do contexto social.[6]

O marxismo da escolha racional destaca, sobretudo, o fato de que a evolução da economia e das relações sociais não ocorre de forma autônoma, mas a partir das decisões racionais que são efetuadas pelos indivíduos que participam do processo de produção. Assim, o sistema econômico e social não pode possuir uma função predeterminada e que não é explicada de forma satisfatória, como se houvesse um propósito social sem um agente ou um predicado sem sujeito[7]. A idéia de que todas as ações do Estado e as conseqüências advindas das relações de produção no capitalismo agem autonomamente para beneficiar uma classe determinada seria destituída de sentido. O marxismo analítico critica as investigações que se baseiam na simples postulação de conseqüências funcionais a uma parte da população e não fazem qualquer referência à racionalidade dos agentes. Como afirma Elster,[8] uma das formas comuns do procedimento funcionalista é invocar objetivos sutis denominados de interesses do "Capital", o que torna as análises invulneráveis a uma confirmação empírica e acaba desconsiderando uma atenção científica por suas proposições. Desse modo, questiona-se a teoria da história em que os comportamentos e os eventos contribuem, a longo prazo, para o mesmo objetivo, ou seja, para o fim da divisão de classes e para o advento de um novo modo de produção benéfico para a totalidade dos homens.

---

[5] Elster. (1982), "Marxism, Functionalism, and Game Theory: The Case for Methodological Individualism". *Theory and Society*, v. 11, nº 4, p. 453.
[6] Mayer. *Analytical Marxism*, p. 17.
[7] Elster. *Op. cit.*, p. 454.
[8] Ibid., p. 463.

Segundo John Roemer,[9] tanto a teoria neoclássica quanto a marxista possuem o mesmo vício de afirmarem um argumento teleológico. Enquanto a concepção neoclássica indica um arranjo social de competição descoordenada em que há uma alocação eficiente de recursos e bem-estar geral, a marxista pressupõe um contexto de alienação e exploração que deve ser necessariamente superado. Ambas as concepções estariam erradas do ponto de vista normativo, o que não impede que delas se retire um conjunto de argumentos positivos para a construção de uma teoria consistente. Roemer propõe que o marxismo analítico incorpore do programa neoclássico sua ferramenta de estudo mais segura, ou seja, sua concepção de ação instrumental. Por outro lado, o autor sugere que algumas diferenças entre os modelos neoclássico e marxista subsistem, indicando a maior consistência do marxismo da escolha racional para a explicação dos fenômenos sociais. Ao contrário das análises neoclássicas, não se deve tomar as preferências pessoais como dadas, mas como constituídas por condicionantes sociais específicos. A relevância do marxismo analítico seria a separação do conceito de preferência da noção de escolha, pois os agentes, devido às desigualdades de oportunidades, muitas vezes não escolhem o que preferem.[10] Diferentemente do destaque do equilíbrio proveniente da livre competição de interesses, ressalta-se a dimensão de um jogo de transações estruturado de acordo com as posições sociais dos atores. A tese verdadeiramente materialista seria que os agentes reagem racionalmente às condições que lhes são impostas e procuram produzir um novo equilíbrio de acordo com seus interesses particulares. A luta de classes deve ser inscrita na dinâmica indicada pelo paradigma estratégico da teoria econômica, de modo que a questão central consiste em saber como os indivíduos ultrapassam os problemas de ação coletiva, gerando conseqüências para o ambiente em que vivem.

No mesmo sentido da análise intencional da teoria dos jogos, o marxismo da escolha racional vê o conflito das classes como um tipo de transação que se apresenta no mercado, dado que "a luta de classes é um método

---

[9] Roemer. "Rational Choice' Marxism: Some Issues of Method and Substance". In: John Roemer, ed. *Analytical Marxism*, p. 192.
[10] Ibid., p. 194.

para executar a barganha"[11]. A luta torna-se um meio e não um fim, condizendo com uma postura analítica em que os microfundamentos representados pela atitude instrumental nunca são questionados. O conteúdo do conflito de classes é o mesmo de um jogo de interesses de compra e venda de mercadorias. Somente a forma é nova, definida por meio da organização política de certos indivíduos com preferências semelhantes. Segundo a escolha racional marxista, a crítica da Economia Política proposta tradicionalmente por Marx deve ser abandonada e transformada em uma "teoria política da economia"[12], em que tanto a classe trabalhadora quanto a classe capitalista, como atores coletivos organizados, determinam livremente, através de suas transações, a taxa de exploração, a taxa de acumulação, a distribuição de renda, a taxa de desemprego ou o nível de preços das mercadorias.

A luta política torna-se restrita à concepção de maximização material[13]. O modelo social do marxismo analítico reflete um ambiente de escassez e de necessidades insaciáveis, onde os indivíduos almejam não a subversão das estruturas sociais e o advento revolucionário de um novo sistema sociopolítico, mas uma quantidade cada vez maior de objetos a serem consumidos, fato que revelaria os interesses "reais" dos agentes. Cabe notar a concepção de liberdade especificada, na medida em que os trabalhos incorporam a idéia normativa utilitarista de que o desenvolvimento das atividades sociais e econômicas pressupõe a necessidade de independência das capacidades da racionalidade instrumental. A história é vista, então, como um movimento irreversível de controle maior dos homens sobre a natureza, com a conseqüente melhora dos bens materiais socialmente ofertados[14].

---

[11] Roemer. "'Rational Choice' Marxism: Some Issues of Method and Substance". In: John Roemer, ed. *Analytical Marxism*, p. 198.
[12] Adam Przeworski. *Capitalism and Social Democracy*, p. 234.
[13] Id. "Material Interests, Class Compromise, and the Transition to Socialism". In: John Roemer, ed. *Analytical Marxism*, p. 162.
[14] Mayer. *Analytical Marxism*, p. 26.

CONFLITO E CONSCIÊNCIA DE CLASSE

Recepcionando a noção dos problemas de ação coletiva desenvolvida por Olson, uma das proposições essenciais do marxismo analítico é apresentar os denominados microfundamentos para a explicação tanto do surgimento de uma consciência de classe quanto, principalmente, da relativa apatia política dos trabalhadores em situações em que uma ação radical ocasionaria benefícios. Nesse sentido, a identidade de classe dos trabalhadores e dos capitalistas é definida como a capacidade de indivíduos com interesses comuns superarem a atitude oportunista e se comportarem como atores coletivos.[15] A luta política não pode ser travada espontaneamente, uma vez que o cálculo de perdas e ganhos de utilidade pessoal sugere que os agentes obtêm um prêmio maior se abstendo da ação coletiva, colhendo benefícios privados sem incorrer em riscos. De forma geral, as vitórias alcançadas pela classe são sempre bens públicos e seus frutos não podem ser alocados somente aos membros que participam da ação. Desse modo, os autores salientam o problema de argumentos funcionalistas em que as conseqüências úteis de uma ação grupal podem ser transformadas, de forma direta, em motivos pessoais. Segundo Elster,[16] os indivíduos, quando pensam sobre a sua atividade na classe, elaboram um cálculo que incorpora três variáveis principais. A primeira é o "ganho da cooperação", definido como a diferença entre os benefícios pessoais se todos se engajam na prática grupal e as perdas se a ação coletiva falha. A segunda variável é o "ganho do *free-rider*", que resulta do que o agente retém se todos, menos ele, tomam parte na ação. A terceira, finalmente, é a "perda do unilateralismo", constituída pelos custos se o indivíduo é o único, ou um dos únicos, a se engajar na ação de sua classe.

Essas variáveis geram um conflito entre as metas individuais e o interesse geral da classe. O objetivo da classe não coincide com as vantagens pessoais de cada agente, pois a "similaridade da posição de classe não resulta, necessariamente, em solidariedade, na medida em que os interesses compartilhados pelos trabalhadores são precisamente aqueles que os colocam em competi-

---

[15] Elster. (1982), "Marxism, Functionalism, and Game Theory: The Case for Methodological Individualism". *Theory and Society*, v. 11, nº 4, p. 467; Id. *Making Sense of Marx*, p. 347.
[16] Id. *Making Sense of Marx*, p. 351-352.

ção uns com os outros".[17] A teoria contrapõe-se às análises que imputam, automaticamente, um bem a uma coletividade política sem perceber que esta é, antes de tudo, um produto complexo da agregação de indivíduos com preferências pessoais divergentes. Nesse sentido,

> devemos analisar toda a estrutura de escolha em relação aos indivíduos, e não aos trabalhadores. Podem existir condições sob as quais as suas escolhas são de se tornarem trabalhadores, mas cooperarem com os capitalistas contra os outros, e o caráter ótimo dessa estratégia pode ser incompreensível se truncarmos o conjunto de escolhas vendo os indivíduos como trabalhadores prontos.[18]

Segundo Przeworski,[19] a proposição de Marx sobre a diferenciação dos conceitos de "classe em si", definida objetivamente pela sua posição econômica, e "classe para si", representação da tomada de consciência e da organização solidária, demonstra exatamente os problemas de ação coletiva e as dificuldades de uma passagem das condições sociais objetivas para uma atividade política. Contudo, de acordo com o autor, a indefinição de Marx a respeito dessa diferenciação traz problemas para sua teoria política, refletidos no determinismo do exame sobre as relações subjetivas e objetivas da ação. Esse determinismo seria o fundamento do entendimento que afirma de forma funcional a constituição da luta de classes e analisa as práticas de contestação do capitalismo sem fazer referência às orientações racionais dos agentes. Contra tal modelo de argumentação, Przeworski ressalta que, assim como os interesses da classe capitalista não podem ser representados em bloco no governo devido ao comportamento *free-rider* – o que, por sua vez, torna questionável a proposição de uma correspondência direta entre infra-estrutura e superestrutura –, a classe trabalhadora não pode se organizar de forma automática.

Os problemas de ação coletiva advindos da racionalidade individual apontam para a apatia não somente da classe trabalhadora, mas também da empresarial, pois, como sustenta Olson, "em ambos os casos o indivíduo

---

[17] Przeworski. *Capitalism and Social Democracy*, p. 20.
[18] Ibid., p. 97.
[19] Ibid., p. 50-55.

acha que pode obter os benefícios da ação de classe se participa desta ou não".[20] Assim, "o trabalhador tem a mesma relação com a massa do proletariado, e o empresário tem a mesma relação com a massa da burguesia, assim como o contribuinte de impostos tem com o Estado, e a firma competitiva com a indústria".[21] A motivação para a atividade coletiva exposta por Elster é condicionada por variáveis similares às definidas por Olson: tamanho dos grupos, a "distância comunicativa" entre os membros da classe, a taxa de mobilidade no grupo e o grau de homogeneidade cultural e social.[22] Todavia, deve ser notada a sutileza do argumento proposto pelos autores do marxismo da escolha racional, pois se, por um lado, indicam a relevância do problema da ação coletiva, por outro assumem, talvez como forma de reter uma substância marxista em seus trabalhos, um argumento normativo que toma a classe e os interesses dos agentes de uma forma predeterminada pelo domínio econômico. Essa conjunção de pressupostos gera imprecisão analítica, que pode ser verificada nas soluções apresentadas pelos autores para explicar a organização coletiva de classe e a retenção do comportamento oportunista.

Uma das alternativas do marxismo da escolha racional para as explicações funcionalistas da ação coletiva é a definição de um argumento de cunho voluntarista que pressupõe que as classes sociais só podem ser constituídas a partir da intervenção e persuasão geradas por uma liderança. Afirma-se que, no caso dos trabalhadores, o partido é o ambiente padrão para criar a liderança necessária, como já observava Lênin. Se cada indivíduo só empreende esforços na ação coletiva se tem a certeza da participação dos outros, a autoridade do líder surge como forma de assegurar a disponibilidade de informações que minora as incertezas. Assim, as classes podem ser formadas a partir da manipulação de discursos ocorrida na esfera pública. Nessa concepção, as classes não são instâncias definidas *a priori* por meio de alguma dimensão material ou objetiva, mas idéias que são continuamente organizadas e desorganizadas, dependentes do contexto socioeconômico em que as lutas políticas estão inscritas.

---

[20] Olson. *The Logic of Collective Action*, p. 106.
[21] Ibid., p. 107.
[22] Elster. *Making Sense of Marx*, p. 354.

Elster[23] destaca outras três soluções para explicar a ação coletiva de classe. A primeira enfatiza que a formação da classe se caracteriza como um "jogo repetido", de modo que os agentes passam a ter, após várias interações com os mesmos indivíduos, confiança uns nos outros, devido à ampla circulação de informações. A repetição configura a emergência de um "jogo de segurança" (*assurance game*), baseado na vontade racional do indivíduo em participar na ação coletiva ao perceber que os outros também assim farão[24]. A segunda sugestão indica a prevalência de incentivos seletivos distribuídos por uma liderança, principalmente as vantagens individuais que podem ser adquiridas pela participação no movimento classista. A última explicação definida por Elster chama atenção para o fato de que atores não agem racionalmente em certas situações, incorporando aspectos emotivos ou irracionais em suas atividades. Nessa perspectiva, recorre-se a argumentos *ad hoc* expostos pela teoria da escolha racional tradicional, como a suposição de que as pessoas podem retirar prazer da cooperação com outras que são igualmente exploradas[25]. Em virtude da complexidade do assunto e da diversidade de respostas, Elster indica o caminho geral que as análises devem seguir para examinar os movimentos de classe. Assim,

> tentando construir uma explicação, deve ser assumido, primeiramente, nada além de uma motivação egoísta e um comportamento racional. O primeiro retrocesso é abandonar o pressuposto de egoísmo, retendo ainda o de racionalidade. Somente como último recurso alguém gostaria de questionar a racionalidade dos atores.[26]

---

[23] Elster. "Further Thoughts on Marxism, Functionalism and Game Theory". In: John Roemer, ed. *Analytical Marxism*, p. 212.
[24] Roemer. "Rational Choice' Marxism: Some Issues of Method and Substance". In: John Roemer, ed. *Analytical Marxism*, p. 198.
[25] Esta explicação é articulada por Olson, por exemplo, que propõe incorporar uma dimensão irracional e emotiva (ou "fatos sociológicos") para explicar a ação classista em alguns casos. Olson. *The Logic of Collective Action*, p. 108.
[26] Elster. *Op. cit.*, p. 214. O autor sugere que o fenômeno da ação coletiva é muito complexo para um pesquisador se limitar a uma explicação exclusiva. Ver tb, Elster. *Making Sense of Marx*, p. 359.

Para se desvencilhar de argumentos voltados para propriedades irracionais e assegurar coerência com os pressupostos da escolha racional, Elster[27] afirma que a emergência da ação coletiva dos trabalhadores é definida por situações em que um desencadeamento de informações e comprometimentos mútuos passa a fazer parte do ambiente social. O autor desenvolve, então, a idéia de uma coordenação tácita potencializada por uma liderança política que procura prover informações ao invés de ter um comportamento de comando baseado no controle coercitivo[28]. Para a solidariedade dos trabalhadores emergir seria essencial, por um lado, que os mesmos indivíduos interagissem repetidamente durante algum tempo, pois a escolha de um agente é determinante para as decisões de outros atores em momentos posteriores. Por outro lado, esse tipo de estratégia nunca seria dominante, ou seja, a melhor resposta do ponto de vista do indivíduo, de modo que o agente deve obter informações mais confiáveis a respeito do comportamento dos outros, que só podem ser disponibilizadas por uma liderança. Esse fato explica, por exemplo, por que as revoluções são constituídas a partir de pequenas elites conspiratórias durante períodos de desorganização social. A ação coletiva pressupõe a necessidade de uma autoridade que possua mecanismos tanto para a mobilização popular quanto para a geração de disciplina e diminuição da competição entre os indivíduos.

Cabe notar, entretanto, que essas explicações apresentam problemas similares às explicações sociológicas da escolha racional discutidas no capítulo anterior. Por um lado, uma vez admitida a perspectiva de que a organização da classe depende da mobilização efetuada pelas lideranças, a questão da persuasão simbólica deve ser aberta à análise, de modo que o papel dos interesses econômicos que os autores do marxismo analítico tomam como referência heurística deve ficar em segundo plano. Por outro lado, se incorporado o entendimento dos jogos repetidos, não se explica como composições políticas abrangentes e impessoais podem tomar forma. As tentativas de incorporar argumentos diferenciados, como Elster[29] propõe, geralmente implicam teorias

---

[27] Elster. (1982), "Marxism, Functionalism, and Game Theory: The Case for Methodological Individualism". *Theory and Society*, v. 11, nº 4.
[28] Ibid., p. 470.
[29] Id. *Making Sense of Marx*, p. 362-364. Elster assume que não possui recursos teóricos para definir os casos que portam ações tidas como "irracionais". Assim, sugere que um plu-

tautológicas que chamam atenção para aspectos como a culpa ou vergonha de se abster da ação coletiva. Essas atitudes passam, então, a ser indicadas como racionais, ainda que se apresentem em viés psicologista.

Os problemas indicados se produzem através do impasse do marxismo da escolha racional quando a teoria, a princípio positiva, passa a ressaltar um ideal normativo fundamentado na valorização da esfera estrutural e material. Ainda que os autores assumam a relevância da ação coletiva de classe, eles não conseguem expor uma resolução coerente para o problema da organização política, representado como um "dilema do prisioneiro". Devido à incorporação do axioma da racionalidade instrumental, a teoria pressupõe que a estratégia de não participar nos atos classistas sempre deve ser vista como a melhor resposta pessoal, já que o agente pode receber benefícios sem correr os riscos acarretados pela cooperação política em um regime capitalista. A imprecisão exposta nas análises revela um posicionamento científico que mal esconde a sua dimensão normativa. Ao contrário do propósito dos autores de exporem um argumento baseado somente em variáveis econômicas verdadeiras e objetivas, não há como pressupor – principalmente no ambiente contemporâneo do qual a teoria participa, em que as mais diversas organizações coletivas proliferam – que o fenômeno de classe seja desprovido de qualidades normativas ou simbólicas. A tentativa de postulação das classes de forma objetivada resulta em um economicismo e em contradições que deixam de observar os fundamentos da identidade política, e isto se reflete no caráter ambíguo e diversificado das explicações.

Tal economicismo revela-se nas dificuldades de certos autores do marxismo analítico para examinar a ação política que não pode ser definida de forma satisfatória pela simples diferenciação entre explorados e exploradores. Assim, para entender a formação das classes médias, por exemplo, Erik Olin Wright afirma que existem determinados estratos da sociedade que caracterizam "posições contraditórias",[30] pois são, ao mesmo tempo, explorados

---

ralismo de interpretações não deve ser descartado para a explicação da ação coletiva das classes. O interessante é que tal afirmativa destrói a capacidade de previsão reivindicada pelo marxismo analítico.

[30] Erik Olin Wright. "What is Middle about the Middle Class?". In: John Roemer, ed. *Analytical Marxism*, p. 126. De um lado, estes estratos médios estariam, assim como a clas-

e exploradores. Para o autor, não importa se as categorias sociais utilizam ou não essas concepções em sua atividade ordinária ou política, mas sim que as ações estariam necessariamente baseadas em certos fatos econômicos concretos. O pressuposto central é de que "a razão fundamental para examinar as atitudes de classe é que tais atitudes devem, pelo menos, refletir os reais interesses dos portadores das posições classe"[31]. Contudo, definindo de forma predeterminada as preferências de diferentes agrupamentos sociais, a teoria ingressa em um impasse a respeito da direção política que seria tomada pelas classes médias. Ela não consegue responder se estas fariam alianças com a classe dos exploradores ou com os explorados, ou mesmo se os indivíduos tentariam autonomamente se tornar exploradores. Essa imprecisão demonstra a falta de argumentos que expliquem a formação da "classe para si". O pressuposto essencial é que a estrutura econômica reflete a luta política, de modo que a teoria se aproxima do funcionalismo que tanto procura criticar. Obviamente, se os problemas de ação coletiva fossem plenamente admitidos, os agentes procurariam entrar individualmente na classe capitalista. O processo seria facilitado pela possibilidade de a classe dominante, a fim de gerar uma aliança política, oferecer ganhos exclusivos a esses estratos[32]. Todavia, mesmo que a empiria contrarie seu exame, o autor não abandona a direção normativa de tomar as classes médias como produtos objetivos. Ainda que Wright assinale a relativa importância das práticas de imaginação política circunstanciais presentes na ação, seu argumento tende a estabelecer um relacionamento direto entre os "reais" interesses econômicos e uma dada consciência[33].

---

se trabalhadora, excluídos do controle direito dos meios de produção. Por outro lado, eles possuiriam um controle efetivo sobre a organização do processo produtivo e sobre os bens de qualificação profissional.

[31] Erik Olin Wright. "What is Middle about the Middle Class?". In: John Roemer, ed. *Analytical Marxism*, p. 132. O argumento materialista de Wright é tão forte que o autor desqualifica as respostas dos entrevistados no *survey* que ele mesmo utiliza. Segundo Wright, as respostas, contrárias a seu postulado objetivo, não correspoderiam aos estados mentais verdadeiros que os indivíduos possuem na realidade concreta, na medida em que adicionam "barulho" aos efeitos reais da posição de classe.

[32] Ibid., p. 130.

[33] Ibid., p. 138-139.

Esses problemas parecem surgir do incômodo da teoria da escolha racional marxista em explicitar seu argumento normativo, uma vez que isto contraria sua pretensão metodológica. O caráter controverso da relação entre os aspectos normativos e positivos da teoria transparece na discussão sobre o socialismo, que contrapõe projetos de sociedade advindos de duas tradições teóricas muito diferentes: uma pautada pelo ideal da competição instrumental e outra pela imaginação revolucionária. O debate sobre o regime socialista, exposto a seguir, torna-se essencial na medida em que exige a tomada de um posicionamento político original.

SOCIALISMO, IMAGINAÇÃO POLÍTICA E COMPROMISSO DE CLASSES

Quando a teoria do marxismo analítico pressupõe o comportamento instrumental, a questão da imaginação revolucionária fica destituída de sentido. Isto é exemplificado pelo argumento de que, devido à capacidade de produção mais eficiente, é do interesse da classe trabalhadora a manutenção das instituições capitalistas. A tese do socialismo como constituição de um novo modelo produtivo e político é subordinada à questão do aumento de bem-estar material dos indivíduos. A conseqüência é a delimitação da ação política racional aos moldes das reivindicações reformistas da socialdemocracia. Certos autores enfatizam que a meta do socialismo nunca seria atingida pelo fato de que a revolução, devido à desorganização momentânea do processo produtivo, é um projeto incerto e custoso com perdas imediatas para a maior parte dos agentes[34]. Portanto, a orientação instrumental acarreta conseqüências quanto à ação revolucionária, na medida em que determinados cursos de ação se tornam incoerentes quando questionam preferências pessoais. A idéia de equilíbrio passa a adquirir relevância política, pois não há justificativa moral ou racional de se questionar as condições presentes, em grande parte resultantes de transações livres entre trabalhadores e capitalistas, para o alcance de benefícios futuros incertos[35].

---

[34] Przeworski."Material Interests, Class Compromise, and the Transition to Socialism". In: John Roemer, ed. *Analytical Marxism*, p. 167.
[35] Mayer. *Analytical Marxism*, p. 4.

O comportamento racional no plano socioeconômico seria acompanhado de uma atitude instrumental da classe trabalhadora na esfera eleitoral. Nesta dimensão, os trabalhadores procuram, independentemente das conseqüências para seu ideário, alcançar a vitória e aumentar a qualquer custo a base de apoio. Segundo a perspectiva do marxismo da escolha racional, sem esse tipo de orientação a formação partidária é incoerente, pois "os partidos social-democratas devem se apresentar para diferentes grupos como um instrumento de realização de seus interesses econômicos imediatos"[36]. O fato de os trabalhadores terem o estatuto de minoria, ao mesmo tempo em que jogam por meio de regras impostas politicamente, impõe um dilema à sua organização: ou escolher um discurso homogêneo, mas fadado a ser derrotado eleitoralmente, ou constituir um partido que luta, sobretudo, pelo alcance do poder, mas que questiona seu fundamento e identidade de classe[37]. No entender do marxismo analítico, para seguir uma conduta lógica e racional, não há outra saída para os trabalhadores a não ser a resolução desse dilema pela descaracterização de um discurso exclusivo de classe. Assim, os projetos passam a ser voltados para a defesa de interesses comuns a todos os grupos sociais e para a manipulação de categorias de grande alcance eleitoral, como a representação das "massas", do "povo" ou da "nação". Cabe notar que essa perspectiva se assemelha à concepção de Downs sobre o papel das ideologias nas democracias modernas, compostas de noções controladas por uma elite partidária que procura maximizar a maior quantidade possível de apoio popular.

A estruturação do "jogo" político como uma competição por votos restringe as práticas partidárias e acaba por questionar a própria concepção de conflito de classe. O resultado é a organização de uma orientação política não classista, baseada em identidades abrangentes e fluidas. Segundo Przeworski[38], a teoria keynesiana é a representação maior dessas práticas e da

---

[36] Przeworski. *Capitalism and Social Democracy*, p. 27.
[37] Ibid., p. 24.
[38] Ibid., p. 36. Cabe notar, entretanto, que há uma divergência de alguns trabalhos do marxismo analítico a respeito da questão de um compromisso com as classes capitalistas. Przeworski, por exemplo, critica as posições dos primeiros trabalhos de Roemer que insistem que uma melhora das condições materiais dos trabalhadores requer uma transformação para o socialismo, dado o pressuposto da impossibilidade de distribuir riqueza em um sis-

possibilidade de formação de uma plataforma eleitoral exitosa, pois ela dá um suporte legitimador às ações não radicais que procuram beneficiar não somente as classes trabalhadoras, mas o conjunto da população. Além disso, o keynesianismo justifica, para o olhar liberal, a própria participação dos socialistas no governo, pois a redistribuição reivindicada tende a acabar com os ciclos de depressão econômica e a ser funcional ao mercado.

A luta entre trabalhadores e capitalistas é configurada como um jogo repetido baseado na barganha entre salários e lucros. Se as partes da barganha sabem que se encontrarão novamente, e se os resultados presentes afetam o bem-estar futuro de todos os participantes, o jogo se torna mais complexo e maiores são as possibilidades de um compromisso. De acordo com a teoria do marxismo analítico, os trabalhadores racionais percebem que os seus salários dependem estrategicamente das taxas de lucro permitidas no sistema, pois quanto menos a classe capitalista retém lucros, menores são as possibilidades de investimento, de crescimento econômico e aumento de consumo individual[39]. Cabe notar que isto ocasiona a necessidade de reavaliação dos conceitos marxistas tradicionais de exploração, de poder e do próprio sistema capitalista, que passam a ser articulados com reivindicações restritas por aumento de ganhos materiais. Mais precisamente, a revisão elaborada abre espaço para a restrição dos ideais do socialismo aos valores da socialdemocracia. De forma um tanto contraditória, a racionalidade implica a limitação da ação política dos agentes, pois

> quando as condições institucionais para um compromisso relativamente certo são desenvolvidas, trabalhadores estão em situação melhor escolhendo um nível baixo de militância e os capitalistas escolhendo um alto nível de poupança.[40]

---

tema concentrador. Segundo Przeworski (p. 230-235), além da possibilidade de o capitalismo gerar um resultado otimizado para todas as partes, Roemer não teria percebido os custos materiais que a classe trabalhadora incorreria se sustentasse uma passagem radical para o modo de produção socialista.
[39] Elster. (1982), "Marxism, Functionalism, and Game Theory: The Case for Methodological Individualism". *Theory and Society*, v. 11, nº. 4, p. 474.
[40] Przeworski. "Material Interests, Class Compromise, and the Transition to Socialism". In: John Roemer, ed. *Analytical Marxism*, p. 175. O autor adverte para a superioridade de um

A concepção geral de exploração de Roemer torna-se mais complexa quando o autor passa da imaginação "estática" das situações sociais, em que são comparados dois equilíbrios da realidade material, para uma imagem "dinâmica", que leva em conta as modificações socioeconômicas ocasionadas pelas interações estratégicas de todas as classes ao longo do tempo. O ponto fundamental é que a reflexão dinâmica indica os incentivos de inovação que existem no capitalismo e que não fariam parte do sistema econômico socialista. Trabalhadores que a princípio podem identificar, de um ponto de vista estático, uma situação material superior ocasionada pela revolução imediata dos meios de produção, talvez encontrem futuramente, pela evolução produtiva e comportamental do socialismo, condições inferiores a que estão expostos como proletários no capitalismo. Aponta-se para o fato de que a economia capitalista possui uma esfera estrutural superior e um conjunto de incentivos mais eficientes do que um arranjo socialista, de modo que a exploração se torna "socialmente necessária no sentido dinâmico"[49]. Uma exploração justificada, portanto, vinculada à perspectiva de que qualquer reivindicação de mudança econômica e social deve incorporar a reflexão sobre os incentivos racionais.

Cabe notar que o entendimento da exploração proposto por Roemer é coerente com a noção de socialismo definida pelo marxismo analítico, baseada em um modelo socioeconômico que busca exclusivamente a satisfação cada vez maior de bens materiais. De acordo com essa perspectiva, se a abolição da escassez material fosse efetuada pela produção em escala infinita dos bens desejados pelos indivíduos, todas as outras dimensões sociais, políticas ou culturais, inclusive a liberdade humana, se tornariam destituídas de problemas, independentemente da forma econômica específica assumida[50]. Segundo Roemer[51], o materialismo histórico deve ser relacionado com as tentativas que procuram estimular as forças produtivas, o que significa aceitar as explorações "necessárias" no sentido dinâmico. Assim, o resultado almejado pode ser a defesa de um "socialismo de mercado"[52], que combina a

---

[49] Roemer. *A General Theory of Exploitation and Class*, p. 267.
[50] Przeworski. "Material Interests, Class Compromise, and the Transition to Socialism". In: John Roemer, ed. *Analytical Marxism*, p. 185.
[51] Roemer. *Op. cit.*, p. 266.
[52] Id. *A Future for Socialism*.

força do liberalismo econômico com uma moralidade socialista que se limita a reivindicar distribuições controladas da produção. Mais especificamente, afirma-se que o socialismo supõe certos arranjos materiais que somente podem se desenvolver de forma plena no capitalismo. Desse modo,

> a questão para os socialistas torna-se, então, saber se pode ser projetado um mecanismo econômico sob o qual a inovação tecnológica se realize, mas no qual uma típica distribuição de renda capitalista não evolua.[53]

Na medida em que desconstrói a dimensão revolucionária do marxismo, é interessante observar as afinidades da escolha racional marxista com certos modelos políticos elaborados pela teoria liberal. As idéias de justiça e auto-realização humana passam a ser vinculadas ao desenvolvimento das forças produtivas e os valores políticos apresentados revelam uma concepção economicista de maximização que torna a competição social a instituição de maior relevância normativa[54]. Assim, o questionamento das experiências comunistas que ruíram no século XX ressalta, sobretudo, a incapacidade de inovação dos países para desenvolverem seus sistemas de produção[55]. As intervenções públicas são subordinadas ao objetivo de geração de um mercado eficiente e do respectivo ideal de bem-estar geral baseado no equilíbrio econômico. Nesse sentido,

> a intervenção do Estado na economia deve ser guiada pelo critério da eficiência, que é fortemente distinto de um interesse por justiça. A noção de eficiência é independente de quaisquer considerações distributivas. Uma alocação eficaz de recursos – à luz do critério compartilhado pelas linhas políticas e visto como técnico – é aquela na qual ninguém pode melhorar a sua situação sem piorar a de alguém. [...] A política social dos social-democratas consiste, em grande parte, em mitigar os efeitos distributivos das alocações de recursos guiadas por critérios de eficiência. Essa política

---

[53] Roemer. *A Future for Socialism*, p. 45.
[54] Id. *A General Theory of Exploitation and Class*, p. 271-273. É interessante observar que Roemer propõe um argumento quase metafísico em sua exposição do desenvolvimento material, relacionando as capacidades cognitivas do homem com uma necessidade natural e transcendente de aumento constante do provimento de bens úteis.
[55] Id., *A Future for Socialism*, p. 44.

notar que a dicotomia entre fenômenos objetivos e fatos artificiais possibilita uma definição predeterminada e normativa do que pode ser configurado como uma ação ou estrutura social "real".

A conseqüência desse ideal epistemológico para o exame social e político é a definição *a priori* da identificação dos trabalhadores e capitalistas nos padrões instrumentais, predeterminando o movimento político e as estratégias a serem elaboradas pelos agentes. Contudo, tal predefinição acarreta problemas de investigação, na medida em que a teoria do marxismo analítico procura unir o pressuposto de racionalidade individual a uma argumentação que chama atenção para instâncias sociais e históricas instituídas acima dos interesses pessoais, como a desigualdade, a exploração e a formação de entes coletivos. Por conseguinte, passam a ser incorporadas posições questionáveis tanto de um estruturalismo marxista em sua versão mais forte quanto do atomismo das teorias liberais. Fundamentalmente, a teoria deixa de observar a tensão existente nos processos de identificação política e passa a estabelecer uma função direta entre os agentes e os meios econômicos de produção.

Impõe-se uma ambigüidade que decorre da indefinição entre postulados de classe e asserções instrumentais, entre atomismo e condicionamentos estruturais. Uma imprecisão que reproduz, por sua vez, o caráter problemático do relacionamento entre argumentos positivos e normativos. Ainda que os autores[62] vinculados ao marxismo analítico reiterem a tese da escolha racional de que as restrições estruturais não determinam as ações, eles não deixam de pressupor de forma apriorística a potência da atividade política baseada na identidade de classe. Assim, a teoria afirma que no processo de organização da classe os problemas de ação coletiva sempre são resolvidos, o que possibilita modelar as relações sociais como um jogo estratégico composto de dois participantes essenciais, as classes capitalista e trabalhadora[63]. Contudo, os trabalhos não conseguem sustentar uma teoria consistente a

---

[62] Ver, por exemplo, Elster. (1982), "Marxism, Functionalism, and Game Theory: The Case for Methodological Individualism". *Theory and Society*, v. 11, nº 4, p. 463.

[63] Cabe notar, entretanto, a crítica particular de Elster ao posicionamento estruturalista a respeito das classes. O autor admite a existência de formas de conflito social que podem gerar mais lealdade ou hostilidade do que a distinção identitária de classe, como os movimentos nacionais, étnicos, regionais e linguísticos. Elster. *Making Sense of Marx*, p. 392.

respeito da relação entre a ação instrumental e a constituição da classe social. De modo similar à sociologia da escolha racional, os autores preferem argumentar que a estrutura social é apenas uma restrição ao comportamento racional dos agentes, o que resulta em uma separação problemática entre as dimensões individual e social, como se uma não estivesse condicionada de modo interdependente pela existência da outra. Racionalidade individual e identidade de classe aparecem como esferas autônomas, desvinculadas de aspectos relacionais e recíprocos.

Nesse sentido, o modelo teórico composto pelo marxismo da escolha racional possui o defeito de não observar a inscrição temporal e espacial de seus próprios pressupostos. Certamente, sua teoria política seria problematizada se percebesse o fato de que mesmo a intenção dos capitalistas em maximizar lucros ou dos trabalhadores em aumentar sua participação na produção podem existir somente em uma sociedade que institucionalize concepções tais como "propriedade", "lucros" e "salários"[64]. A predeterminação da agência e da estrutura em parâmetros restritivos desconsidera os limites históricos e sociais que condicionam as orientações individuais. O modelo analítico não faz referência ao contexto social do agente maximizador, não examinando a lógica social do sistema capitalista que, a partir de um mercado competitivo, impõe uma compulsão específica para acumular. Como indica uma crítica do movimento, "é difícil ver como o modelo do marxismo da escolha racional pode escapar de uma completa circularidade, segundo a qual os indivíduos acumulam capital porque eles são acumuladores de capital"[65]. Tende a ser esquecida a proposição central da teoria marxista tradicional da dependência da vida social e das ações individuais de um arranjo socioeconômico que fundamenta formas específicas de trabalho e produção. A desconsideração de condicionamentos estruturais pode ser examinada na asserção atomista de que os agentes entram voluntariamente nas relações de produção, como se afirmassem uma escolha pessoal independente do espaço social.

A ausência de perspectiva histórica do marxismo analítico implica a inconsistência do argumento de um fundamento teórico exclusivamente me-

---

[64] Weldes. (1989), "Marxism and Methodological Individualism: A Critique", *Theory and Society*, v. 18, nº 3, p. 362.
[65] Ellen Wood. (1989), "Marxism and Rational Choice: Is the Game Worth the Candle?". *New Left Review*, nº 177, September/October, p. 49.

nada condição estrutural a fim de se gerar uma dinâmica de transformação substantiva. As dimensões da prática política são delimitadas por uma série de argumentos normativos, dentre os quais se destacam a necessidade irremediável de um compromisso de classes e a desqualificação da atividade revolucionária.

A fonte da imprecisão da teoria política do marxismo analítico é a tese de que o conflito social se limita a uma tentativa de aumento de bem-estar material. O caráter inconsistente de tal concepção é demonstrável pelas noções diversificadas de justiça e liberdade apoiadas por movimentos que questionam, de forma mais ou menos intensa, um regime liberal pautado pela racionalidade econômica. As propostas de se acabar com as divisões de classe, minimizar as desigualdades sociais e econômicas, fundar uma nova cooperação produtiva, criar uma satisfação controlada das necessidades, ou conceber o desenvolvimento de uma nova personalidade individual, são exemplos de ideais que não são regidos pela ação instrumental. A própria reivindicação de uma prática política revolucionária, presente no marxismo tradicional e de grandes conseqüências para as ações políticas da modernidade, não pode ser resumida ao cálculo de maximização material. Ainda que o marxismo analítico, por vezes,[71] afirme a idéia do socialismo como um sistema aberto de escolha democrática, a tendência da teoria é rejeitar a dimensão de imaginação criativa por meio dos axiomas baseados no comportamento instrumental.[72] A contestação dos fatores simbólicos da política é resultado da distorção do aspecto relacional entre agência e estrutura social, baseada em uma ontologia que valoriza apenas a quantificação de vantagens pessoais.[73]

A respeito da tradição marxista em particular, a asserção de que o proletariado é um agente capaz de revolucionar a sociedade dividida em classes possui uma instância expressiva que não é compatível com esferas estrita-

---

[71] Przeworski. *Capitalism and Social Democracy*, p. 238.
[72] Ver, por exemplo, Ibid., p. 134.
[73] Wood. (1989), "Marxism and Rational Choice: Is the Game Worth the Candle?". *New Left Review*, nº 177, September/October, p. 48. Como crítica ao marxismo analítico, Wood salienta que a questão essencial da teoria marxista não se refere à dimensão da circulação de bens materiais, em que o trabalhador pode "escolher" o que consumir ou maximizar, mas sim ao caráter relacional e social da esfera da produção.

mente econômicas.⁷⁴ Esse entendimento é exemplificado pelas críticas de Marx ao comportamento sindical baseado nas reivindicações limitadas ao aumento do nível de renda e à diminuição das horas de trabalho, o que impedia a emergência de um conflito efetivo contra o conjunto do sistema capitalista. Mesmo Elster⁷⁵ reconhece que a justificação política da teoria marxista não é instrumental, principalmente a ênfase no caráter desumano do capitalismo, que seria pautado pela alienação e restrição geral das capacidades e habilidades dos agentes. Nesse sentido, o tipo de crítica desenvolvido pelo marxismo possui uma marca aristotélica, direcionada para o ideal de que os homens devem realizar plenamente sua essência. O fato de o objetivo final ser um projeto de emancipação política radical sugere que seu traço normativo dificilmente pode ser limitado pelos parâmetros materiais definidos pela escolha racional marxista. Contudo, no próprio marxismo tradicional essa dimensão de imaginação criativa não aparece livre de tensões em relação à ação econômica, o que parece ter gerado fundamentos para que teorias pautadas pelo ideal instrumental também nele se baseassem.

MARXISMO, AÇÃO INSTRUMENTAL E CONFLITO POLÍTICO

Pode-se perceber em parte da teoria marxista algumas tensões produzidas por postulados instrumentais voltados para um determinismo tecnológico. No limite, geram-se ambigüidades que abrem espaço para o entendimento da dinâmica econômica como um movimento independente de fatores subjetivos, como sugerem os trabalhos do marxismo analítico⁷⁶. Ainda que

---

⁷⁴ Hans Joas. *The Creativity of Action*, p. 89. Joas lembra as análises que encontram diferenças entre um Marx "jovem" e "maduro" e sugere que Marx tentou formar uma síntese entre tradições teóricas heterogêneas. Uma das maneiras de perceber isto é demonstrar como Marx procurou unir a concepção materialista desenvolvida pela Economia Política inglesa com o conceito de "mente" da Filosofia alemã clássica. Segundo Joas, a conseqüência foi o advento de tensões e contradições não só nos trabalhos de Marx, mas na própria tradição marxista que se formou posteriormente.
⁷⁵ Elster. *Making Sense of Marx*, p. 515.
⁷⁶ Cabe notar que estamos distantes de querer instituir um debate exaustivo a respeito do caráter utilitarista ou não da obra de Marx. Tal questão, discutida por outros autores, ul-

ação bastante diferentes, uma baseada na produção de objetos materiais e outra na atividade política e revolucionária.[82] Portanto, um paradigma determinista voltado para a produção material e uma concepção baseada no conflito político radical. Como indica Joas,[83] se a doutrina de ação política proposta pela idéia de luta de classes deve ser isenta de determinismos aprioristicos, as proposições sobre a economia somente devem portar um significado pleno por meio do antagonismo entre capitalistas e trabalhadores. A escolha epistemológica deve direcionar-se para a política e não para a sistematização de leis científicas objetivadas. Dessa forma, a percepção das condições socioeconômicas se torna diretamente articulada com as lutas presentes na prática concreta, o que reflete o estatuto eminentemente crítico da teoria.

Essa escolha epistemológica pode ser relacionada com o argumento de E. P. Thompson[84] de que a atividade política de classe é um fazer, um processo, que deve tanto à ação autônoma quanto a condicionantes estruturais. Desta maneira, a classe é concebida como um fenômeno antes histórico do que econômico, surgindo como o resultado de uma multiplicidade de eventos desconectados. A criação da identidade de classe reflete, então, uma conexão entre agência e estrutura, em que certa experiência localizada no plano produtivo é tratada em termos culturais. Ainda que a experiência seja determinada, os caminhos que serão trilhados na ação política não podem ser predefinidos. Segundo Thompson, a classe não pode ser tomada como uma "coisa" ou como um conjunto predefinido de "interesses", como várias abordagens marxistas parecem supor, mas sim como o produto indeterminado de uma relação social específica, em que certos agentes contribuem para o fazer da história a partir da construção de certos ideais. No caso da formação da classe operária inglesa, por exemplo, foram elementos difusos como os processos de educação e a cultura racionalista do movimento radicalista, em suas variadas vertentes, que especificaram um tipo de agência e o imaginário

---

em críticos do marxismo análico. Ver, por exemplo, Kieve. (1986), "From Necessary Illusion to Rational Choice?". *Theory and Society*, v. 15, nº 4.
[82] Joas. *The Creativity of Action*, p. 106.
[83] Ibid., p. 107.
[84] E. P. Thompson. *The Making of the English Working Class*, p. 9-10.

de um espaço definido pelo conflito entre grandes classes – uma luta que a princípio não foi fundada na divisão entre burguesia e proletariado, mas na cisão entre as classes "laboriosas" e a aristocracia. O ponto central é que essa imagem do mundo não ocorreu de forma automática, refletindo condições econômicas existentes, mas resultou de um longo processo de aprendizado e amadurecimento político, constituído de derrotas e vitórias restritas, de alianças e conflitos de setores diversos da sociedade.[85] Além disso, o processo não possui um fim, mas está imerso temporalmente na interdependência entre a agência e a estrutura, que é aberta a objetivos e valores variados.

Dado que as ações coletivas dependem, portanto, da agência individual, é necessário explicar os mecanismos pelos quais as ações se entrecruzam para formar uma identidade comum. O problema do marxismo analítico é que essas ações já são pressupostas de modo anterior à própria mobilização política. Mesmo querendo instituir uma explicação a partir de micromecanismos, os trabalhos tendem a propor um quadro estrutural que define *a priori* os caminhos a serem trilhados pelos agentes. Isto se reflete na própria conceituação de classe, dada como se fosse a única identidade a satisfazer os interesses dos sujeitos. O que parece válido para a explicação dos fundamentos da atividade política é demonstrar como o conceito de classe, por exemplo, incorpora uma potência retórica que passa, a partir de um relacionamento específico com as condições socioeconômicas, a mobilizar os agentes de um contexto. Ou mesmo, como o conceito perde sua capacidade de mobilização, a exemplo de situações de apatia dos trabalhadores, mesmo que estes possuam condições materiais insuficientes.

---

[85] A influência do radicalismo inglês, e, por conseguinte, dos valores do individualismo burguês, é refletida nas reivindicações iniciais do movimento operário, que enfatizam os direitos de liberdade de imprensa e opinião, de reunião e liberdade pessoal. A desvinculação clara entre as classes burguesa e trabalhadora e a ênfase na necessidade de controle do sistema produtivo só ocorreram por meio da hegemonia de um novo imaginário, que, contra as vertentes radicais, metodistas, milenares, filantrópicas, contestava a visão e as "leis" da Economia Política que propunham a naturalidade de um compartilhamento de interesses entre capital e trabalho. Neste processo, em si mesmo carente de uma forma predeterminada, pode ser percebida a importância do aprendizado e das instituições educacionais do operariado, nos quais se destacou o grupo dos artesãos, que formava a elite intelectual dos trabalhadores. A complexidade da constituição do imaginário de classes é descrito por Thompson. *The Making of the English Working Class*, p. 711-832.

Visto dessa perspectiva analítica, o tipo de exame apresentado nos trabalhos do marxismo da escolha racional torna-se limitado. Neles, a mobilização coletiva aparece como um processo meramente cumulativo e mecanicista, em que sujeitos dotados de certos interesses materiais se juntam, como em uma situação "epidemiológica", a outros atores com preferências semelhantes, acarretando automaticamente uma consciência comum. Como propõe Tilly,[86] esse tipo de entendimento suscita dois problemas imediatos. Primeiramente, não observa os processos sociais que fundamentam uma determinada ação conjunta. Em segundo lugar, a análise é contraditória em si mesma, pois não consegue resolver de forma satisfatória os problemas de ação coletiva que pressupõe. Nesse sentido, torna-se necessário perceber que a organização coletiva possui uma dinâmica própria, pois as estratégias empreendidas e suas conseqüências dependem do movimento do embate e das relações sociais que múltiplos grupos estabelecem entre si, que inscrevem padrões singulares de reações recíprocas.[87] O problema central do marxismo analítico é seu caráter estático, que pressupõe um tipo determinado de ator e de estratégia, não dando conta dos processos sociais circunstanciais que permitem explicar a formação da identidade coletiva em diferentes contextos políticos.

Fundamentalmente, o plano político absorve uma série de demandas que somente podem ser compreendidas a partir de um ponto de vista simbólico, articulado ao ambiente social em que foram desenvolvidas. Além disso, há uma série de reivindicações que, apesar de terem cunho universal, estão em grande parte desvinculadas de questões materiais e não podem ser tratadas como ilusórias. Os movimentos de gênero, nacionalistas, ecológicos, étnicos e de demandas diversas de minorias, são exemplos de mobilizações que estão longe de serem explicados de maneira satisfatória por uma atitude exclusivamente econômica, pois remetem a idéias e crenças formadas por

---

[86] Charles Tilly."Action Collective et Mobilisation Individuelle". In: Pierre Birnbaum et Jean Leca, dir. *Sur L'Individualisme*, p. 223.

[87] Ibid., p. 214; 234-237. Cabe notar, entretanto, que mesmo fazendo referência à necessidade de modelos teóricos da ação coletiva dinâmicos e contextuais, que ultrapassam os obstáculos de uma análise baseada exclusivamente nos interesses individuais, o próprio Tilly acaba, sem explicações suficientes, por valorizar a generalidade e a capacidade de abstração dos modelos provenientes da teoria da escolha racional.

mecanismos sociais complexos. Na medida em que se limita a um discurso instrumental, o marxismo da escolha racional se direciona para uma proposta que reitera axiomas políticos medulares do liberalismo. Legitima, sobretudo, a idéia de um bem-comum pautado pela igual dignidade de todos os interesses inscritos nas barganhas sociais e uma ordem econômica baseada na competição. Além disso, transforma a atividade teórica em um sistema normativo fechado, alienando-se nas condições existentes e negando o conteúdo de um projeto de transformação social. Devido à predeterminação dos fins dos movimentos sociais em torno dos bens econômicos e materiais, a ação política torna-se técnica e subverte um relacionamento crítico da teoria com a prática, tornando absolutos valores que são exclusivos da sociedade capitalista.

Na medida em que assume *a priori* certos parâmetros comportamentais, o marxismo da escolha racional anula sua potencialidade libertária e, por conseguinte, limita sua própria qualificação marxista ou crítica[88]. A tese do compromisso de classes nas condições econômicas do capitalismo moderno constitui, de outra forma, o que os autores procuram criticar no marxismo tradicional, ou seja, um argumento normativo e funcional. O funcionalismo é produzido pelo pressuposto de que o equilíbrio cooperativo entre as classes trabalhadora e capitalista irá ocorrer simplesmente porque é benéfico ao interesse abstrato de satisfação cada vez maior de bens materiais. Por sua vez, o argumento normativo é explicitado na valorização de um espaço eficiente de produção econômica. Ao pressupor uma metodologia de caráter naturalista, a teoria desconsidera tanto o entendimento de que as relações sociais são produtos de práticas humanas circunstanciais quanto a possibilidade de que as suas análises possam gerar um potencial de transformação social. Assim, a idéia do marxismo analítico de que sua metodologia observa os fenômenos mais substantivos da realidade na verdade indica uma ontologia que avalia de forma conservadora a dinâmica política, acarretando a passagem do posicionamento crítico do marxismo tradicional para uma teoria de legitimação do *status quo*.

---

[88] Weldes. (1989), "Marxism and Methodological Individualism: A Critique", *Theory and Society*, v. 18, nº 3, p. 372-373.

V

INSTITUIÇÕES E RACIONALIDADE COLETIVA

INSTITUIÇÕES E PREVISIBILIDADE

A complexidade da relação entre normas, valores e interesses pessoais nas teorias que partem da racionalidade instrumental gera diferentes entendimentos críticos da idéia de racionalidade "forte", baseada nas ações voltadas para o alcance de fins egoístas. Por outro lado, revela-se um fato que une várias análises sociais da escolha racional: a noção de que os mercados não são mecanismos de competição perfeita, de modo que as sociedades, e seus graus de desenvolvimento e desempenho, variam de acordo com as suas "instituições" específicas. Nesse sentido, as relações de troca não podem ser examinadas como se possuíssem precedência sobre os fundamentos sociais em que estão inscritas. Os mercados operam e são sustentados por uma rede de relações que incorporam tanto estruturas organizacionais formais, dentre as quais se destaca o Estado, quanto uma tradição cultural compartilhada. Deve-se notar que a perspectiva de unificar o corpo teórico do campo econômico às dimensões institucionais de um contexto determinado já é adotada por Pareto. Segundo o pensador italiano,

> aquele que preconiza o livre comércio atendo-se a seus efeitos econômicos não faz uma teoria inexata do comércio internacional, mas sim uma aplicação imperfeita de uma teoria intrinsecamente verdadeira; seu erro consiste em negligenciar outros efeitos políticos e sociais que formam o objeto de outras teorias.[1]

---
[1] Pareto. *Manuel d'Économie Politique*, p. 20.

A partir da idéia de instituição configura-se o campo do "novo institucionalismo."[2] Nele, o tema da "racionalidade limitada" torna-se essencial, pois a questão das instituições está articulada com a falta de informação que os indivíduos têm em suas trocas e, conseqüentemente, com a necessidade de estabelecimento de padrões e regras de comportamento que anulem os efeitos negativos da pouca previsibilidade quanto ao cumprimento dos acordos. O novo institucionalismo é influenciado pela "teoria dos custos de transação"[3]. Devido à racionalidade limitada, as instituições surgem como mecanismos de economia dos custos das trocas, principalmente os que se referem às formas de estabelecimento de compromissos críveis entre os agentes inseridos em relações contratuais. Tal entendimento remete ao fato de que as transações dependem de um arcabouço social que lhes dá suporte e controle, o que implica a análise de ambientes mais ou menos eficientes. Nesse sentido, as instituições indicam, em contraposição às incertezas, previsibilidade nas relações sociais, orientando as estratégias dos indivíduos de acordo com as normas e arranjos formais ou informais estabelecidos para esse propósito. As instituições operam a partir de dois mecanismos. O primeiro disponibiliza informações que possam gerar

---

[2] Essa vertente faz uma revisão do chamado institucionalismo clássico, que questiona pela primeira vez no campo da teoria econômica alguns pressupostos da tradição neoclássica. Os autores do institucionalismo clássico procuram assumir uma análise de cunho holista e social, em detrimento do atomismo representado pelo pressuposto do agente racional e calculista. Ressalta-se, então, a determinação dos hábitos e crenças sociais sobre o comportamento dos indivíduos. As preferências pessoais não podem ser vistas como dadas, na medida em que seriam constituídas por situações definidas historica e culturalmente, envolvendo conflito e poder. Fundamentalmente, o antigo institucionalismo desloca a análise econômica do plano individual em direção ao plano social das instituições. Sobre as diferenças entre o "novo" e o "velho" institucionalismo, ver Geoffrey Hodgson. "The Return of Institutional Economics". In: Neil J. Smelser and Richard Swedberg, eds. *The Handbook of Economic Sociology*.

[3] Os trabalhos de R. H. Coase são definidores dessa concepção. Coase salienta os métodos de coordenação que, desvinculados do âmbito do mercado, são necessários para a satisfação de uma interação estratégica eficiente. Os custos de transação, que explicam a existência da "firma" e seu complexo de administração e planejamento, se relacionam com a necessidade de estabelecer negociações, contratos, inspeções e preparativos para resolução de disputas. Para exposições concisas, ver Ronald Coase. (1992), "The Institutional Structure of Production". *The American Economic Review*, v. 82, nº. 4, p. 713-719 e Williamson. *The Economic Institutions of Capitalism*, p. 15-42.

expectativas sobre as ações de um espaço social. O segundo mecanismo manifesta as sanções a serem impostas aos atores que não seguem as diretrizes institucionais a que estão vinculados. Fundamentalmente, as instituições são restrições que procuram regular as condutas. Logo, as escolhas não são elaboradas de forma desregulamentada ou totalmente livre, mas em um "espaço de oportunidades"[4] que gera antecipações sobre as ações dos jogadores envolvidos.

Douglass North salienta a necessidade de ir além do paradigma da teoria dos jogos, de modo a precisar como os benefícios e, por conseguinte, os comportamentos, são alterados por diferentes estruturas institucionais. Torna-se necessário incorporar a questão da escassez de informações que fundamenta os custos de toda interação. Segundo North, ainda que a teoria dos jogos seja um meio adequado para especificar os problemas de ação coletiva, ela não indica como as cooperações também são possíveis, e nem explica por que certos contextos sociais não oferecem condições satisfatórias de coordenação interpessoal[5]. O problema das teorias tradicionais do consumidor repousa em que elas incorporam tanto o pressuposto de que os indivíduos possuem objetivos claros e definidos quanto o de que eles assumem um movimento racional para alcançá-los. Assim, a

> resposta neoclássica, incorporada em modelos de racionalidade substantiva (ou instrumental), é que mesmo os atores tendo inicialmente modelos diversos e errados, o processo de *feedback* informacional (e atores de arbitragem) corrigirá esses modelos, punindo comportamentos desviantes e direcionando jogadores sobreviventes para os modelos corretos.[6]

Contudo, as situações sociais caracterizadas pela interdependência, originadas fora de um contexto paramétrico, requerem a construção de modelos sobre a conduta dos agentes. Essas situações são definidas pela incerteza e não pelo risco, de modo que os indivíduos não podem nem mesmo listar uma escala de resultados prováveis. Enquanto o ambiente paramétrico pressupõe

---

[4] North. "Five Propositions about Institutional Change". In: Jack Knight and Itai Sened, ed. *Explaining Social Institutions*.
[5] Ibid., p. 20.
[6] Id. *Institutions, Institutional Change and Economic Performance*, p. 16.

informações disponíveis e a atribuição de cálculos individuais de probabilidade, uma vez que os preços são previsíveis e as escolhas repetidas, as situações de incerteza geram desconfiança quanto ao cumprimento dos contratos e a necessidade da constituição social de modelos mentais que possam reger parte das relações[7]. Os modelos seriam produzidos pelo complexo encadeamento de um padrão cultural particular com a racionalidade dos indivíduos. Esse encadeamento possui importância por diferenciar as teorias institucionalistas das concepções de racionalidade limitada tradicionais, vinculadas ao paradigma teórico elaborado por Herbert Simon. North[8] propõe um desenvolvimento do institucionalismo para além das pesquisas que se restringem, exclusivamente, às formas pelas quais a mente humana confere sentido ao mundo, salientando a necessidade de se incorporar conceitualmente os meios eminentemente sociais e culturais que dão significado às ações.

No momento em que o ambiente de certeza do paradigma tradicional de racionalidade é questionado, uma problemática de algo para além dos indivíduos é estabelecida, passando a ser assumida analiticamente a esfera das regras e restrições sociais. Substantivamente, as instituições são as "regras do jogo em uma sociedade ou, mais formalmente, as restrições criadas pelo homem e que moldam suas interações. Como conseqüência, elas estruturam os incentivos das trocas humanas, sejam políticas, sociais ou econômicas"[9]. Os agentes tomam decisões partindo de um contexto sociocultural que possibilita a redução dos custos de aplicação e preservação dos contratos estabelecidos, ainda que os interesses pessoais sempre envolvam a potencialidade da ambigüidade e da falta de transparência. Do ponto de vista analítico, a percepção dessa esfera sociocultural permitiria explicar a gênese das diferenças entre as sociedades, definidas por padrões singulares de desenvolvimento econômico e eficiência política. O novo institucionalismo adota um registro analítico comparativo,[10] distanciando-se do paradigma universalista da

---

[7] Arthur Denzau e Douglass North. "Shared Mental Models: Ideologies and Institutions". In: Arthur Lupia, Mathew D. McCubbins, Samuel L. Popkin, ed. *Elements of Reason. Cognition, Choice, and the Bounds of Rationality*, p. 28-29.
[8] North. "Five Propositions about Institutional Change". In: Jack Knight and Itai Sened, ed. *Explaining Social Institutions*, p. 24-25.
[9] Id. *Institutions, Institutional Change and Economic Performance*, p. 3.
[10] Peter Evans. *Embedded Autonomy. States and Industrial Transformation*, p. 29.

tradição neoclássica, em que todas as escolhas podem ser deduzidas de um mesmo conjunto de axiomas restritos ao domínio individual[11]. A originalidade da temática é apresentar uma complexificação do conceito tradicional de eficiência, procurando explicar a existência e a persistência de espaços sociais subótimos.

A admissão de mecanismos formais e informais externos ao âmbito individual torna explícitas as relações que o novo institucionalismo[12] produz entre um tipo de perspectiva sociológica e uma teoria do poder. Ao indivíduo da teoria neoclássica e presente na teoria da escolha racional tradicional é adicionada uma dimensão social que o complementa e o regula. As instituições condicionam as orientações individuais e tornam os comportamentos contingentes ao contexto em que estão inseridos. Entretanto, é fundamental notar que a esfera social, nessa perspectiva, não constitui o indivíduo, mas complementa a sua natureza instrumental, o que satisfaz uma concepção teórica que não abandona o sujeito universal neoclássico nem seu cenário específico, formado pelo mercado. O postulado de um agente racional e calculista, dotado de preferências autônomas, não é substancialmente questionado. As normas ou instituições são pensadas como artifícios externos, produzidas pelos problemas de informação e transação, e definidas como bens coletivos construídos mediante uma reflexão organizacional que une os interesses individuais a propósitos sociais.

---

[11] Entretanto, cabe notar que os fundamentos do novo institucionalismo já são apontados por autores que participam do campo tradicional da escolha racional. Segundo Buchanan, uma das tarefas principais de suas proposições teóricas é influenciar os pensadores da sociedade a refletirem mais sobre as leis e as instituições nas quais a economia opera. Um determinado equilíbrio alcançado sob anarquia, ou seja, baseado estritamente nos comportamentos individuais de maximização, pode ser tornar em alguns casos mais eficiente se os agentes mudarem suas ações a partir de diretrizes mais abrangentes. Buchanan. *Freedom in Constitutional Contract*, p. 30.

[12] A análise aqui exposta é restrita à concepção do novo institucionalismo da escolha racional. O argumento central dessa vertente articula-se ao postulado de que as instituições surgem como mecanismos de resolução dos problemas de ação coletiva gerados pelos comportamentos individuais. Nesse sentido, ainda que incorpore elementos diversos e muitas vezes se confunda com outras perspectivas, a teoria difere dos entendimentos dos institucionalismos sociológico e histórico. Sobre as diferenças e relações entre as vertentes institucionalistas ver Peter Hall e Rosemary Taylor. (1996),"Political Science and the Three New Institutionalisms". *Political Studies*, v. XLIV, nº 44.

O que importa perceber é como essa análise social produz um novo tipo de incorporação da cultura na teoria econômica. O modelo comportamental neoclássico torna-se mais complexo, ao mesmo tempo em que não se questiona, no plano social, o *telos* do equilíbrio, ainda que sejam ressaltados equilíbrios múltiplos. Da mesma forma que a teoria sociológica da escolha racional em geral, a visão social resultante indica que as normas surgem *a posteriori*, devido aos custos de informação e transação, e são caracterizadas como regulamentações das ações individuais. Por conseguinte, as instituições são subordinadas ao cálculo pessoal, pois os agentes somente as usam se os custos de assim procederem forem mais baixos do que a desconsideração delas. Nesse sentido, cabe notar a importância que parte dos trabalhos do novo institucionalismo dá à psicologia social.

Na medida em que a cultura aparece apenas como uma restrição às orientações dos sujeitos, as pesquisas são marcadas por um viés individualista que tende a não compreender os processos constitutivos que inserem as ações nas relações sociais concretas. A singularidade do exame social do novo institucionalismo torna-se clara se dividirmos, à custa de um reducionismo, as análises que relacionam economia e cultura em duas direções essenciais[13]. A primeira entende a cultura como uma dimensão "constitutiva" da realidade social, provedora das categorias que capacitam o indivíduo. A segunda trata a cultura como uma dimensão "regulatória", ou seja, como uma esfera distinta da ação econômica. O ponto peculiar da segunda vertente é o fato de que as normas e os valores sociais são vistos como restrições à atividade instrumental. Em termos gerais, as Ciências Sociais tradicionalmente incorporam o modelo "constitutivo" da primeira vertente, em que a ação é em grande parte condicionada por determinações estruturais e por dinâmicas de poder presentes nas sociedades. Por outro lado, a ontologia econômica baseia-se no paradigma "regulatório", pensando a ação individual como um domínio fundamentado por uma subjetividade autônoma e anterior às práticas sociais. O que particularmente interessa é como o relacionamento da teoria econômica com a Sociologia efetuado pelo novo institucionalismo subverte essa dicotomia, acarretando a revisão de pressupostos

---

[13] Paul DiMaggio. "Culture and Economy". In: Neil Smelser and Richard Swedberg, ed. *The Handbook of Economic Sociology*, p. 27-8.

tradicionais[14]. É importante lembrar que a cultura aparece negligenciada no campo disciplinar da Economia, fato explicado pela busca de uma metodologia dedutiva e formal, legitimada por sua capacidade de generalização e abstração. A forma pela qual o novo institucionalismo pensa a dimensão cultural, voltada essencialmente para o particular e não para o geral, configura um cruzamento original de perspectivas com as Ciências Sociais, sobretudo quando a concepção de racionalidade passa a ser reelaborada.

INSTITUIÇÕES E RACIONALIDADE: REDEFINIÇÃO DE UM CONCEITO

Definindo a possibilidade de um ambiente social de sistematização de informações e padronização comportamental, a teoria proposta pelo novo institucionalismo possui papel central na resolução do dilema do prisioneiro. A teoria procura pensar as maneiras pelas quais o desacordo entre as racionalidades individual e social pode ser limitado. Ao contrário do entendimento neoclássico, ela problematiza a própria consistência do conceito de racionalidade, na medida em que o dilema do prisioneiro indica o paradoxo de estratégias individuais gerarem resultados coletivos irracionais[15]. O desenvolvimento de instituições formais ou informais é visto como um recurso para a constituição de padrões de conduta que estimulam os indivíduos a

---

[14] Deve-se notar que as relações contemporâneas entre a Economia e a Sociologia refletem recepções de ambos os lados. Há tanto a revisão dos postulados tradicionais da Sociologia efetuada por alguns trabalhos que mantêm contato com a ontologia econômica, como também há a incorporação de problemas essencialmente sociológicos por parte de alguns trabalhos de Economia. Sobre as relações entre partes da teoria sociológica e econômica, ver Coleman. "A Rational Choice Perspective on Economic Sociology". In: Neil J. Smelser and Richard Swedberg, ed. *The Handbook of Economic Sociology*. Coleman sugere que a fronteira entre os problemas das duas disciplinas é de difícil distinção quando as pesquisas se limitam ao paradigma da teoria da escolha racional.

[15] Elinor Ostrom lembra que a temática do paradoxo entre as escolhas individuais e a racionalidade coletiva é exposta pela crítica de Olson ao otimismo das teorias pluralistas em prever que os indivíduos resolvem voluntariamente seus problemas comuns. Olson já indica que alguns problemas sociais, dada a lógica da ação coletiva, permanecem irresolúveis devido à orientação racional dos agentes. Elinor Ostrom. *Governing the Commons. The Evolution of Institutions for Collective Action*, p. 5.

admitirem uma ação efetivamente racional, assim como um contexto social otimizado.

De um ponto de vista abrangente, o cerne da questão das instituições refere-se, portanto, à tentativa de coibir o problema do oportunismo (*free-rider*), ou seja, o fato de que um indivíduo racional não contribui para um benefício coletivo se não puder ser excluído do mesmo. Partindo da racionalidade dos agentes no ambiente estratégico, o modelo de jogo do dilema do prisioneiro sugere a contradição entre a ação maximizadora dos indivíduos e um resultado que é mau para todos os jogadores, principalmente por causa da existência de um saldo que seria mais vantajoso se as ações fossem coordenadas. Isto se demonstra problemático no momento em que se desafia a asserção da filosofia liberal de que a comparação de utilidades ou a formação de um bem comum caracterizam o sacrifício dos interesses pessoais.

Rapoport[16] indica que a tarefa preliminar da análise política deve ser uma caracterização coerente do conceito de racionalidade, de modo a unir as ações individuais aos resultados sociais. Dessa forma, a teoria institucionalista pede tanto uma reflexão política, que pense a possibilidade de limitar o advento de situações subótimas, quanto uma perspectiva sociológica que procura determinar que modelos sociais são mais eficientes. Somente com a criação de certas instituições pode o indivíduo passar de uma orientação estritamente voltada para si para um comportamento que maximiza realmente as oportunidades envolvidas. A esfera institucional restringe as tentações da atitude oportunista, pois as informações tornam-se disseminadas e dão previsibilidade quanto ao cumprimento dos contratos. Logo, as instituições são regras que estruturam as interações de forma que os indivíduos passam a se beneficiar mutuamente de seus resultados, o que significa a escolha e cumprimento de um equilíbrio efetivamente racional. O ponto normativo da teoria institucionalista está fundado no fato de que ela procura explicar por que certos grupos e comunidades resolvem seus problemas de ação coletiva enquanto outros conjuntos de indivíduos permanecem em situações subótimas. Dentre as variáveis definidas como

---

[16] Anatol Rapoport. "Prisoner's Dilemma: Recollections and Observations". In: Brian Barry and Russel Hardin, ed. *Rational Man and Irrational Society?: An Introduction and Sourcebook*.

fatores de explicação dessas diferenças, destacam-se o papel do Estado, o grau de comunicação, a presença de redes de confiança e o nível das taxas de desconto sobre o futuro.

Expressando o entendimento geral do novo institucionalismo sobre a questão de uma razão coletiva, Gauthier[17] propõe, a princípio, o não abandono da idéia tradicional de racionalidade. Todavia, contraria a noção de que a orientação instrumental deve sempre originar conseqüências socialmente otimizadas. Segundo o autor, as ações refletem a centralidade da "prudência individual", que pressupõe que os agentes não levam em conta a utilidade de outrem. Nesse sentido, um resultado mais desejável alcançado de modo cooperativo, como demonstra a resolução do modelo do dilema do prisioneiro, não representa um resultado mais racional. Por outro lado, Gauthier[18] lembra a possibilidade de contextos sociais permitirem o advento de uma ação interdependente, quando atitudes de certos indivíduos determinam a conduta de outros, formando um padrão comum. Baseando-se em Hobbes, o autor sugere que a ação interdependente é atividade inserida na sociedade civil, ao contrário da orientação independente do estado de natureza. As práticas de indivíduos interdependentes pressupõem um acordo racional que possibilita uma utilidade compartilhada que é melhor do que a ocasionada por ações autônomas. Para impedir as situações subótimas, Gauthier[19] atenta para a exigência de uma "maximização restritiva", o que possibilita pensar as ações em sociedade como algo diverso de um estado de natureza.

As proposições de Gauthier exemplificam como a teoria do novo institucionalismo procura resolver os problemas sociais da ação racional por intermédio do tema da identificação social baseada em instituições que permitem contextos de coordenação e partilha de resultados. Gauthier ressalta o advento de uma moralidade institucional para explicar a possibilidade da ação interdependente que envolve restrições à orientação estritamente individualista e garante acordos coletivos otimizados. Essa possibilidade também é exposta por Russell Hardin,[20] que procura demonstrar, interpretando

---

[17] David Gauthier. "Reason and Maximization". In: Brian Barry and Russel Hardin, ed. *Rational Man and Irrational Society?: An Introduction and Sourcebook.*
[18] Ibid., p. 96-99.
[19] Ibid., p. 100.
[20] Hardin. *Morality within the Limits of Reason.*

a obra de Hume, a utilidade geral de um contexto de "justiça como ordem", principalmente em situações sociais complexas compostas de redes de transações impessoais. Nesse sentido, uma concepção moral eficiente requer a submissão do comportamento do homem econômico ao ideal de uma racionalidade de fato.

As instituições referem-se diretamente ao problema da ação coletiva e revelam a tentativa do novo institucionalismo em reconciliar as racionalidades individual e social, reelaborando a noção tradicional de ação racional. Elas prescrevem como os atores devem agir frente às informações disponíveis e às sanções sociais estabelecidas por um agente externo. Formando expectativas sociais, servem como guia dos contextos de interdependência, antecipando o curso das ações futuras e dando meios para os agentes avaliarem a racionalidade de suas estratégias frente aos equilíbrios resultantes. Fundamentalmente, as instituições podem eliminar a existência de situações sem equilíbrio, dentre as quais uma das mais lembradas é o paradoxo do voto especificado por Arrow.

Torna-se transparente o caráter político das análises. O postulado central é que o desenvolvimento de determinadas instituições, formais ou informais, se constitui em um artifício para a consecução de padrões de comportamento efetivamente racionais. Assim, o agente pode passar de uma conduta oportunista para outra que maximiza as oportunidades sociais envolvidas. A idéia de que soluções sociais subótimas podem ser contrariadas por um arcabouço institucional teve duas respostas, ambas baseadas em esferas formais, que influenciaram os trabalhos do novo institucionalismo. Uma provém da "teoria da firma", inicialmente formulada por Coase, e sistematizada no trabalho de Oliver Williamson. A outra resposta destaca o Estado como mecanismo central de articulação para a obtenção de resultados sociais eficientes. Examino ambas as respostas a seguir, demonstrando posteriormente como o modelo neo-institucionalista incorpora algumas teses fazendo críticas específicas que passam a exigir a complementação das organizações formais com certas normas informais.

RAZÃO COLETIVA VINCULADA À FIRMA

A teoria da firma contesta a idéia neoclássica de que uma troca otimizada sempre é efetuada por recursos e escolhas controlados por indivíduos isolados, inscritos em um contexto econômico que seria desprovido de "atritos"[21]. Assim, transações inseridas verticalmente em estruturas organizacionais podem, muitas vezes, gerar ganhos de eficiência que se verificariam impossíveis no livre mercado. Segundo a teoria da firma, mercado e firmas são, basicamente, formas alternativas de organização econômica, e devem ser escolhidas de acordo com os custos de transação presentes em um contexto. Ao invés de as firmas serem vistas como estruturas direcionadas para a sistematização de monopólios, como crê o entendimento neoclássico, elas são tomadas como instituições voltadas para a economia de custos. Essa perspectiva analítica centra-se, portanto, na própria transação e não na simples busca de lucro efetuada em um idealizado espaço social desprovido de problemas.

O ambiente pressuposto pela teoria da firma ressalta a racionalidade limitada dos comportamentos e a especificidade de certos bens ou serviços no mundo dos contratos. Quando a possibilidade de resolução dos conflitos de uma transação através da esfera jurídica torna-se limitada, a atenção se volta para as instituições privadas de governança[22]. Sugere-se que um ganho de utilidade geral pode ser alcançado por meio da transferência do controle de parte das ações e recursos individuais para um dirigente, se entendido que esta transferência venha a gerar um resultado melhor para todos os agentes envolvidos no processo. Assim, "um ator que deseja alcançar certo objetivo, mas que não possui algumas das habilidades ou capacidades necessárias para tal, encontra outro ator que as tenha e obtém seus serviços em troca de uma remuneração"[23]. Um em-

---

[21] Williamson. *The Economic Institutions of Capitalism*, p. 19.
[22] Ibid., p. 32.
[23] Coleman. *Foundations of Social Theory*, p. 146. Entretanto, Coleman lembra em outro trabalho a possibilidade de que a transferência de decisões pode ocasionar, em ambientes de informação escassa, sistemas sociais e econômicos instáveis. Um exemplo seria a transferência unilateral de decisões financeiras a um ou a poucos investidores que escolhem, por falta de informações, direções errôneas. Cf. tb. Coleman. "A Rational Choice Perspective

preendedor organiza a ação coletiva no momento em que percebe a potencialidade de uma relação dirigida de forma interdependente. Sob certas circunstâncias, as ações tornam-se mais eficientes se controladas hierarquicamente, em contraposição aos custos de transação elevados presentes no mercado, principalmente nos contratos complexos e de longo prazo[24]. Nas hierarquias, esses custos são "internalizados", de modo que os problemas circunstanciais de monitoramento e de previsibilidade no cumprimento dos contratos podem ser controlados por intermédio da estrutura de governança.

Os indivíduos escolhem, voluntariamente, a partir de seus próprios interesses, passar certas tarefas e escolhas para o controle de um "titular" (*principal*). Os primeiros tornam-se, então, "agentes" do empreendimento gerido pelo último. O sucesso da ação coletiva depende da racionalidade do empreendedor, que age para manter um sistema de monitoramento e sancionamento de seus agentes, excluindo dos contratos os que não cooperarem na produção do bem comum. Geralmente, seria vantajoso para os agentes satisfazerem voluntariamente os objetivos do titular, o que desfaz a necessidade de mecanismos de monitoramento abrangentes. Quando os fins do empreendedor são alcançados, seu prazer pode dar grande satisfação ao agente, gerando novos benefícios materiais ou de gratidão dados pelo titular[25]. Axelrod[26] acrescenta que as hierarquias, na medida em que concentram as interações entre os mesmos agentes, aumentam a freqüência e a repetição de relações, promovendo naturalmente estratégias cooperativas. Devido aos custos individuais elevados da deserção, a organização formal e dirigida torna-se uma solução eficaz para o estabelecimento de cooperação em ambientes que dependem de decisões coletivas complexas.

Contudo, dentro do corpo teórico do novo institucionalismo, a dimensão da firma não aparece livre de problemas, tendo-se em conta que os inconvenientes da composição da ação coletiva e os custos de transação permanecem

---

on Economic Sociology". In: Neil J. Smelser and Richard Swedberg, ed. *The Handbook of Economic Sociology*.
[24] Ostrom. *Governing the Commons*, p. 40-41.
[25] Coleman. *Foundations of Social Theory*, p. 161.
[26] Axelrod. *The Evolution of Cooperation*, p. 130-131.

em seu contexto. Granovetter[27] lembra que as despesas de monitoramento são elevadas e a vigilância não pode ser constituída a partir de um mecanismo técnico, pois é sempre arbitrária e politizada. Não há uma metodologia objetiva para garantir a obediência dos agentes ou mesmo para internalizar os interesses gerais da firma, dificuldades que podem ser potencializadas pelas próprias redes de relações presentes na organização, se estas apresentam tendências às orientações baseadas no oportunismo. Por outro lado, não há como impedir o advento circunstancial do chamado "problema do titular" (*principal problem*),[28] que representa o fato de que em certos momentos os agentes retêm controle sobre determinadas ações, agindo em interesse próprio e em detrimento dos objetivos do empreendedor.

> Os problemas que envolvem a relação entre os agentes e os titulares que são levados à justiça parecem surgir devido às dificuldades com essa construção: o agente permite que seus próprios interesses afetem suas ações dentro do domínio coberto pela relação; a ação do agente não é claramente identificada como sendo do interesse do titular; uma terceira parte tenta sujeitar o agente; a construção titular-agente é formada incompletamente; o agente ignora as diretivas do titular ou o titular dá diretivas ambiciosas.[29]

Pode-se dizer que as hierarquias trabalham contra dois problemas essenciais presentes nas organizações produtivas: a seleção adversa (*adverse selection*) e o risco moral (*moral hazard*)[30]. Os dois conceitos revelam as dificuldades que os administradores enfrentam em relação aos padrões de (in)sociabilidade dos indivíduos. A seleção desfavorável deriva da incerteza das crenças e valores dos outros agentes, ocasionando um problema de assimetria de informações no momento da escolha dos membros que participarão de uma estrutura hierárquica. A noção de risco moral atenta para

---

[27] Mark Granovetter. (1985), "Economic Action and Social Structure: The Problem of Embeddedness". *American Journal of Sociology*, v. 91, nº 3, p. 499-504.

[28] Coleman. *Op. cit.*, p. 152-155; Id. "A Rational Choice Perspective on Economic Sociology". In: Neil J. Smelser and Richard Swedberg, ed. *The Handbook of Economic Sociology*, p. 172.

[29] Id. *Foundations of Social Theory*, p. 151.

[30] Moe. (1984), "The New Economics of Organization". *American Journal of Political Science*, v. 28, nº. 4, p. 754-55.

os mesmos problemas de incerteza, mas a partir do momento em que o contrato já está estabelecido, representando os perigos potenciais das ações dos indivíduos em relação aos interesses da firma e dos dirigentes.

A questão central é que a racionalidade instrumental acarreta circularidade nas proposições da teoria da firma. O argumento parte da ação racional para a construção de organizações hierarquizadas que, por sua vez, refletem atitudes também racionais contra si próprias, que demandam artifícios de vigilância racionais, etc. O caráter inconcluso da teoria é demonstrado pelo retorno dos problemas tradicionais da ação coletiva, dado que as atividades de cooperação devem pressupor, necessariamente, a constituição de formas de monitoramento e a distribuição de incentivos seletivos. Por outro lado, alguns autores atentam para as limitações espaciais das relações hierarquizadas da firma, pois elas são eficientes somente até certo ponto em relação às transações descoordenadas efetuadas no mercado[31]. Em situações complexas, quando os mecanismos de monitoramento não podem funcionar satisfatoriamente, é impossível determinar o quanto cabe a cada parte envolvida na cooperação – tanto de responsabilidades quanto de benefícios individuais –, o que leva a um comportamento de não cumprimento das obrigações. A solução possível para tal problema, o monitoramento direto de cada agente, é impraticável, o que torna a cadeia produtiva da firma ineficiente em certos contextos.

POLÍTICA E EFICIÊNCIA: A DEFINIÇÃO FUNCIONAL DO PAPEL DO ESTADO

Outra resposta para os problemas de ação coletiva que influenciou o novo institucionalismo – e a que particularmente possui maior interesse para a teoria política – destaca o Estado como articulador formal das transações individuais efetuadas no mercado. Incorporando, de um modo singular, a perspectiva social clássica da teoria hobbesiana, o Estado surge como mecanismo que pode impedir os resultados subótimos resultantes da competição individual. Em sentido similar à proposta geral da teoria da firma, sugere-se que os indi-

---

[31] Moe. (1984), "The New Economics of Organization". *American Journal of Political Science*, v. 28, nº. 4, p. 750.

víduos se encontrariam em situação otimizada se submetessem parte de suas decisões e recursos a um controle externo. No caso, o aparelho burocrático, que oferece a possibilidade de coordenar atividades que, de outro modo, não surgiriam espontaneamente, pois "nós não gastamos nosso precioso tempo permanecendo em filas em frente a balcões de burocratas porque somos masoquistas. Permanecemos porque necessitamos do que o Estado provê"[32].

Portanto, o tema da informação incompleta refletida nos custos de transação acarreta uma reelaboração do paradigma político tradicional da escolha racional. Institui-se uma nova visão quanto às conseqüências da ação estatal sobre a economia. O Estado não aparece como uma estrutura genérica e universal, mas como uma forma variável em seus tipos de relacionamento com a sociedade, os quais induzem diferentes modos de comportamento dos agentes. O aparelho estatal passa a ser visto como uma construção definida historicamente, subordinada ao sistema social a que está vinculado, e não como uma instância separada formalmente da esfera da economia. Uma estrutura burocrática eficiente seria fundamentada pelo interesse em utilizar os recursos obtidos do processo econômico para a geração de maior crescimento produtivo. Nesse sentido, a evolução socioeconômica pode ser alcançada com a organização da ação coletiva pela via do Estado, entidade capaz de estabelecer padrões de monitoramento sobre os indivíduos que não cooperam com o empreendimento social. Indica-se que o desenvolvimento econômico e a produção de riqueza não podem ser considerados como processos exclusivos de mercado. O Estado passa a ser fundamental não somente como força inibidora do descumprimento de contratos e provedor de segurança pública, mas principalmente como mecanismo de sistematização das capacidades produtivas e de empreendimento. Nessa concepção, o mercado depende e é constituído por mecanismos políticos, e o objetivo de alcançar um ponto ótimo de produção implica pensar os governos como categorias intrínsecas ao desenvolvimento de qualquer modelo econômico, mesmo o mais simples "livre mercado".

A questão não é mais saber "o quanto" de intervenção estatal afeta as trocas efetuadas em um mercado que se supõe de competição perfeita[33]. Nessa

---

[32] Evans. *Embedded Autonomy. States and Industrial Transformation*, p. 3.
[33] Fred Block. "The Roles of the State in the Economy". In: Neil J. Smelser and Richard Swedberg, eds. *The Handbook of Economic Sociology*, p. 705.

perspectiva, não há possibilidade de pensar o mundo contemporâneo com as concepções tradicionais de envolvimento ou limitação do papel do Estado. Devido à irreversibilidade de uma conjectura complexa e de informação incompleta, o envolvimento do aparelho estatal deve ser pressuposto em benefício de toda forma econômica[34]. Substancialmente, há uma mudança do paradigma político, refletida na passagem de uma visão essencialmente quantitativa para uma compreensão qualitativa. Por conseguinte, perdem espaço as perspectivas que mantêm a dicotomia entre intervencionismo e não-intervencionismo, dirigismo ou liberalismo. O ponto normativo é a realização exemplar de um arranjo político que resolva os problemas de ação coletiva no âmbito governamental e perceba a possibilidade de o Estado se constituir como indutor de interesses coletivos.

Entretanto, é essencial notar que esse entendimento não problematiza as suposições comportamentais expostas pela teoria neoclássica. As ligações entre Estado e sociedade continuam a ser compostas, necessariamente, de transações entre indivíduos racionais, e não de relações entre o eleitorado e um Estado tido como organização objetiva e burocratizada. Assim, um Estado predatório é resultado da falta de regras para coibir governantes que naturalmente procuram maximizar suas preferências através de atividades de *rent-seeking*[35]. A discussão neo-institucionalista lança o debate normativo a respeito de um arranjo político adequado e funcional para o mercado. Procurando sistematizar uma teoria que incorpore a idéia de racionalidade coletiva, superior à razão limitada do indivíduo, os autores pensam a possibilidade de união entre a esfera pública e um bem comum. O fundamental seria se contrapor às análises que examinam o aparelho estatal a partir de critérios quantitativos, buscando identificar diferenças significativas de eficiência entre variados sistemas políticos formalizados.

Dentre as principais atribuições do Estado, destaca-se a preservação de um sistema de direitos de propriedade seguro, já que não há naturalidade ou espontaneidade na atribuição de direitos aos indivíduos, como supõe a teo-

---

[34] Evans. *Embedded Autonomy. States and Industrial Transformation*, p. 10.
[35] Ibid., p. 12; 24; Ben Ross Schneider e Sylvia Maxfield. "Business, the State, and Economic Performance in Developing Countries". In: Sylvia Maxfield and Ben Ross Schneider, eds. *Business and the State in Developing Countries*.

ria jusnaturalista e seu postulado de direitos absolutos e anteriores ao contexto social[36]. A existência de custos de transação torna necessário encarar o aparato político a partir do sistema de leis,[37] pois "o que será comercializado no mercado não são, como muitas vezes é suposto pelos economistas, entes físicos, mas direitos a realizar certas ações, e os direitos que os indivíduos possuem são estabelecidos pelo sistema legal"[38]. Direitos de propriedade definidos ambiguamente resultam em altos custos econômicos, pois os atores inscritos nesses ambientes tendem a não investir em tecnologias ou contratos que requerem retornos de longo prazo e numerosos riscos. Em espaços institucionais imprecisos, as empresas com grande capital fixo, por exemplo, somente se desenvolvem sob a guarda e dependência diretas do governo, o que raramente conduz à eficiência. Na medida em que os indivíduos maximizam de acordo com um quadro institucional determinado, a definição ambígua de direitos de propriedade, leis que não se fazem cumprir e restrições monopolísticas tendem a direcionar os agentes para ações redistributivas ou para o mercado informal.

A coordenação dos agentes econômicos, principalmente nas relações de produção, implica a ênfase do novo institucionalismo no controle das trocas sociais, que devem ser regidas de acordo com as características de cada sociedade. Substancialmente, o Estado deve se constituir como um mecanismo mais direto de participação na economia. Um fator decisivo é a organização do sistema financeiro e de crédito, principalmente a regulamentação dos empréstimos, a condução dos controles monetários sobre a oferta e demanda, estabelecimento de subsídios tributários e controle da competição[39]. Normativamente, é acentuado que o Estado não deve gerir empreendimentos de bens privados. Assim, "em vez de substituir os produtores privados, o

---

[36] Block. "The Roles of the State in the Economy". In: Neil J. Smelser and Richard Swedberg, eds. *The Handbook of Economic Sociology*, p. 699.

[37] Sobre este aspecto cf. North. *Institutions, Institutional Change and Economic Performance*, p. 61-69. Ver tb Coase. (1992), "The Institutional Structure of Production". *The American Economic Review*, v. 82, nº 4, p. 713-719. Cabe notar que a teorização sobre as instituições e os custos de transação originou uma ampla e influente disciplina denominada *Law and Economics*.

[38] Coase. "Institutional Structure of Production". *The American Economic Review*, v. 82, nº 4, p. 717.

[39] Evans. *Embedded Autonomy. States and Industrial Transformation*, p. 48.

Estado tenta auxiliar a emergência de novos grupos empreendedores ou induzir grupos existentes a arriscar modos mais desafiantes de produção."[40] A questão essencial não é mais saber a extensão das relações entre o governo e os empreendedores, mas analisar as formas específicas pelas quais uma relação otimizada pode ser sistematizada entre estes dois atores.[41] Na verdade, ressalta-se a necessidade de se instituir modos eficientes de regulação do mercado, apontando para uma inserção controlada e predeterminada da esfera pública na economia. Portanto, existe a possibilidade de se pensar modelos relacionais e colaborativos entre Estado e mercado, o que subverte o entendimento de organizações políticas em conflito sugerido pela teoria neoclássica.

Uma das tarefas de uma esfera pública eficiente seria gerar um fluxo de informações relevantes, em um processo de desenvolvimento institucional que contrarie formas assimétricas de troca.[42] Essas instituições possibilitam ao conjunto de investidores previsibilidade quanto ao conhecimento dos parâmetros do mercado de trabalho e das oportunidades de exportação, por exemplo. Além disso, informações em relação às próprias políticas públicas são fundamentais, pois geram expectativas sobre as intenções governamentais e credibilidade dos cursos de ação tomados. O conceito de "transparência" reflete essa disposição de redução de incertezas. Ressalta-se a implementação de critérios e regras de decisão política racionalmente elaborados e visíveis para todos os agentes econômicos, o que estimula o surgimento de redes de reciprocidade entre o mercado e o Estado[43]. Punição e disciplina, efetuadas por meio de mecanismos de monitoramento, são essenciais nesse processo, de modo que a atenção é direcionada para o estabelecimento

---

[40] Evans. *Embedded Autonomy. States and Industrial Transformation*, p. 13. Evans dá uma série de exemplos de como o Estado pode efetivar ações benéficas: estabelecimento de tarifas de proteção à competição externa para setores em gestação; ajuda às barganhas que empresas nacionais fazem com o capital transnacional; sinalização da importância de um setor específico; e organização de tarefas complementares, como pesquisa científica. O objetivo desses auxílios é amparar os grupos empresariais nos riscos e desafios que uma economia internacionalizada requer.
[41] Schneider e Maxfield. "Business, the State, and Economic Performance in Developing Countries". In: Sylvia Maxfield and Ben Ross Schneider, eds. *Business and the State in Developing Countries*, p. 4-5.
[42] Ibid., p. 7-9.
[43] Ibid., p. 10.

de instituições que impeçam comportamentos oportunistas em relação aos subsídios dados pelo aparelho estatal.

Nesse sentido, o Estado, que efetivamente constitui um ponto central das relações políticas na modernidade, é percebido como fundamento de uma organização socioeconômica constituída *a priori*. A esfera pública possui um papel definido, baseado no controle dos bens produtivos, na afirmação de um sistema de direitos de propriedade e no estabelecimento de obrigações e responsabilidades socioeconômicas[44]. Uma nova noção de bem-comum passa a ser assumida, definindo, porém, limites precisos que se contrapõem a um paradigma político abrangente. Deve-se notar que a teoria do novo institucionalismo não se distancia da transposição da orientação instrumental ao campo da política, não abandonando o pressuposto do oportunismo dos agentes. O espaço público continua a ser considerado em contraposição à eficiência das alocações efetuadas no mercado, dado o perigo constante de ser "capturado" por grupos de interesses exclusivos. North[45] critica as teorias econômicas que pressupõem que o Estado, quando consciente das dificuldades, cria automaticamente um conjunto de regras dirigidas para o crescimento produtivo. O problema dessas teorias seria a inconsistência com o paradigma de racionalidade econômica, pois raramente a ação de maximização dos políticos é coincidente com o critério de eficiência social.

O resultado é uma dificuldade teórica, pois, ao mesmo tempo em que mecanismos externos e formalizados são necessários para a coordenação dos indivíduos, não é possível assegurar que esses mesmos mecanismos funcionem de maneira imparcial, já que isto contraria os postulados do individualismo econômico. Isto acarreta algumas contradições, que os autores procuram enfrentar. Os termos da discussão envolvem tanto o reforço do mercado como a instituição social a ser valorizada quanto a

---

[44] Block. "The Roles of the State in the Economy". In: Neil J. Smelser and Richard Swedberg, eds. *The Handbook of Economic Sociology*, p. 699.

[45] North. "Comments". In: Arnold Heertje, ed. *The Economic Role of the State*, p. 108-109. North sugere uma distinção entre as concepções de eficiência adaptativa e eficiência alocativa para a avaliação da utilidade social de um quadro institucional. Enquanto a última noção corresponde ao padrão tradicional da economia, a primeira se relaciona às instituições políticas e econômicas que estimulam a aquisição de conhecimento eficiente, o encorajamento de inovação e de criatividade e a tomada de risco.

idéia de que o Estado deve possuir um papel controlado na constituição da economia. Dado que um Estado abrangente tem um impacto negativo sobre o desenvolvimento econômico, a questão fundamental sobre o papel das instituições é definir até que ponto a cooperação pode ser alcançada voluntariamente, sem a necessidade de um aparelho público coercitivo. O Estado deve intervir nas condições econômicas apenas nos momentos ou situações em que sua ação se torna estritamente necessária, e cabe ao pensamento neo-institucionalista estabelecer de forma clara os limites dessa atuação política.

O aparelho estatal é tão necessário para o desenvolvimento do mercado quanto os mercados são percebidos como "uma característica inevitável da organização social, pois quando indivíduos são capazes de fazer escolhas, os mercados representam um mecanismo útil e lógico de agregá-las"[46]. Mercado e Estado devem se complementar, e este é o ponto normativo essencial da teoria política do novo institucionalismo: a funcionalidade da esfera pública em relação ao mercado, a primeira sendo predeterminada pelas necessidades do último. Nesse sentido, a questão dos custos de transação e da necessidade de um aparato formal como regulador das ações individuais acarreta o dilema fundamental da teoria econômica das instituições, pois o Estado aparece tanto como vilão quanto como o fundamento da possibilidade de trocas otimizadas entre os agentes. Por um lado, enfatiza-se que as ações descoordenadas são portadoras naturais e exclusivas de escolhas eficientes. Por outro lado, afirma-se ser impossível, nos contextos de economias complexas e impessoais, o funcionamento de espaços sociais compostos de trocas autônomas que dispensem contratos afiançados por um agente externo. Ou seja, quanto mais complexas e particulares forem as relações sociais, mais incertos serão seus resultados. A partir de certo momento, as ações econômicas passam a necessitar de padrões reguladores para direcionar as interações devido às suas complexidades inerentes. O objetivo é transformar a incerteza em risco, ou seja, instituir a mensuração de probabilidade sobre as trocas estabelecidas de forma a dar certa segurança a todos os atores envolvidos. As atividades

---

[46] Block. "The Roles of the State in the Economy". In: Neil J. Smelser and Richard Swedberg, eds. *The Handbook of Economic Sociology*, p. 697.

do Estado sobre o mercado tornam-se mais complexas na medida em que é extremamente difícil estabelecer previsibilidade nos contratos, pois "de fato, é freqüentemente custoso até mesmo saber se um contrato foi violado, mais custoso estar capacitado para medir a violação e ainda mais custoso estar capacitado a apreender o violador e impor-lhe penalidades"[47].

Uma resposta do novo institucionalismo aos problemas ocasionados pela potencialidade de o Estado gerar políticas subótimas consiste em enfatizar a necessidade de separação entre a política e a sociedade civil. Torna-se importante perceber os mecanismos formais que a própria sociedade constrói para impedir o poder estatal de infringir direitos individuais. Grief, Milgrom, e Weingast,[48] por exemplo, analisam a formação das guildas mercantis na revolução comercial da Idade Média, institucionalizadas como forma de combate à insegurança e à imprevisibilidade ocasionadas pelo risco de os contratos não serem cumpridos. O principal obstáculo para o desenvolvimento econômico naquele contexto era a insegurança dos direitos de propriedade dos centros comerciais, devido ao fato de os líderes políticos, portadores de um poder coercitivo, sentirem-se tentados a descumprir promessas feitas. Segundo os autores, a resolução do problema do comprometimento dos governos esteve na criação de certas organizações formais, como as guildas. Estas se constituíram como corpos administrativos que, por meio de capacidade de liderança e sistematização de informações, coordenavam as ações individuais, organizando-as de forma a responder, conjuntamente e sem problemas de ação coletiva, as agressões que os comerciantes sofriam. Gerou-se, então, um mecanismo multilateral de reputação e previsibilidade que estabelecia boicotes ou sanções aos líderes que não cumprissem com a palavra. A conseqüência socioeconômica foi a satisfação dos interesses de todos os atores envolvidos no comércio, até mesmo dos líderes que antes procuravam trapacear os contratos.

Contudo, tais mecanismos formais, como a organização da sociedade civil, não podem impedir definitivamente os perigos do domínio estatal.

---

[47] North. *Institutions, Institutional Change and Economic Performance*, p. 58.
[48] Avner Grief, Paul Milgrom e Barry Weingast. "Coordination, Commitment, and Enforcement: The Case of the Merchant Guild". In: Jack Knight and Itai Sened, ed. *Explaining Social Institutions*.

Grande parte da teoria neo-institucionalista critica as concepções formalistas que vêem modelos de firma ou o Estado como indutores exclusivos da racionalidade coletiva. Vários autores ressaltam os custos de criação e manutenção das hierarquias e das estruturas estatais. Como lembra North, "se o governo possui o poder coercitivo para fazer respeitar direitos de propriedade, ele também possui o poder de agir no interesse das facções"[49]. Ostrom[50] chama atenção para o fato de que as teorias que tomam os organismos formais como panacéias descartam questões tais como as dificuldades de efetuar compromissos críveis; a credibilidade das informações da burocracia; as capacidades reais de monitoramento da sociedade; a segurança das sanções, de forma a não ocasionar erros; e os custos de administração. Por outro lado, as teorias que consideram a firma e o Estado como indutores da racionalidade coletiva não explicam o problema da dinâmica social da produção das instituições. Ostrom questiona, sobretudo, a possibilidade de um arranjo institucional otimizado em situações de equilíbrios múltiplos em que os resultados e vantagens obtidos pelos agentes sejam diferenciados. Uma vez que os indivíduos sempre buscam o melhor resultado pessoal, isso configura um dilema de ação coletiva, e não há qualquer meio que garanta um acordo prévio sobre a escolha de um equilíbrio específico. Assim, antes de prescrever uma direção necessária para a definição de organismos institucionais, a teoria deve observar as dificuldades de se coordenar as trocas e os jogos sociais a partir de mecanismos formais. Os problemas tornam-se mais complexos porque as instituições são "bens públicos", não possuindo a possibilidade de exclusão de seus benefícios, ou seja, o consumo por uma pessoa não afeta o consumo e o benefício de outra envolvida no jogo. Como conseqüência, há fortes incentivos para os agentes se comportarem de forma oportunista, beneficiando-se das instituições sem dar nada em troca pelo seu oferecimento. Ao fim e ao cabo, a construção das instituições formais recai nos mesmos problemas de ação coletiva que procurava resolver.

Segundo alguns teóricos do novo institucionalismo, a resolução dos problemas das estruturas formais está no surgimento de normas informais que

---

[49] North."Five Propositions about Institutional Change". In: Jack Knight and Itai Sened, ed. *Explaining Social Institutions*, p. 22.
[50] Ostrom. *Governing the Commons*, p. 10.

resolvam de forma voluntária os inconvenientes da ação coletiva. Desse contexto informal podem emergir arranjos formais otimizados, já que indivíduos e governantes não maximizam em um ambiente desprovido de regras institucionais, mas em um contexto em que padrões de interação se constituem historicamente. Esses padrões possuem uma realidade anterior aos interesses individuais, definindo seus objetivos e os meios legítimos para alcançá-los[51]. Adquire relevância, então, uma análise sociológica, pois as regras informais requerem conhecimentos que ultrapassam o diagnóstico estritamente econômico das ações e dos jogos de transações. De acordo com a perspectiva neo-institucionalista, a investigação da estrutura sociocultural informal de diferentes grupos ou comunidades possibilita a percepção de mecanismos que podem contribuir para o desenvolvimento socioeconômico. Além disso, a teoria nota que as regras informais podem gerar padrões de relação social que prescindem de grande parte das garantias formais, o que legitima a visão de um mercado verdadeiramente livre de imperativos. Por conseguinte, o caráter formal da teoria amplia-se e torna-se mais complexo. Ao lado da complementação entre mercado e Estado, busca-se uma relação otimizada e funcionalizada entre aparelhos formais e normas informais.

CULTURA E EFICIÊNCIA ECONÔMICA

Coleman[52] sugere que a análise da escolha racional deve reconhecer o sistema social informal que é desenvolvido a partir de qualquer estrutura formal. Segundo o autor, o sistema informal introduz uma variedade de incentivos que não são percebidos por teorias que indicam os organismos formais da firma ou do Estado como os agentes exclusivos de resolução dos problemas coletivos. No mesmo sentido, Granovetter[53] questiona o caráter não social da *"new institutional economics"*, pois ainda que problematize as

---

[51] Evans. *Embedded Autonomy. States and Industrial Transformation*, p. 28.
[52] Coleman. "A Rational Choice Perspective on Economic Sociology". In: Neil J. Smelser and Richard Swedberg, ed. *The Handbook of Economic Sociology*, p. 173.
[53] Granovetter. (1985), "Economic Action and Social Structure: The Problem of Embeddedness". *American Journal of Sociology*, v. 91, nº 3, p. 488.

circunstâncias em que a racionalidade individual está inscrita, não abandona a substância comportamental da economia neoclássica. Esta vertente não consideraria a centralidade da estrutura social e das normas informais na explicação das instituições, que condizem com relações e obrigações pessoais concretas. Granovetter reitera o papel das redes de relações sociais que se configuram nas diferentes sociedades e, de uma forma ou de outra, acabam por ordenar o mercado sem necessidade de estruturas hierarquizadas, pois "um alto nível de ordem pode muitas vezes ser encontrado no 'mercado' – ou seja, fora dos limites da firma – e um correspondente alto nível de desordem dentro da firma"[54]. Seria preciso desconsiderar as concepções sociais de cunho hobbesiano que enfatizam a autoridade formalizada como único meio a conter o "estado de natureza" representado pelo mercado. Agências regulatórias exógenas e formalizadas enfrentam, necessariamente, os problemas internos da construção de artifícios de monitoramento e sanção que tornam impossível assegurar o cumprimento das ações dos agentes contratados. Já os arranjos informais fundados pelas normas sociais podem estimular situações propícias para o estabelecimento de contratos de longo prazo.

Cabe notar, todavia, que a concepção social do novo institucionalismo e a definição das instituições como produtos das escolhas individuais contraria proposições tradicionais da teoria sociológica.[55] Como lembra North,[56] a definição das regras sociais como conseqüência da competição entre indivíduos ou grupos acaba por reconciliar a tradição neoclássica da teoria econômica com uma vertente original da teoria social que centraliza seu exame nas ações individuais, de modo que tanto a criação quanto o desenvolvimento das instituições são vistos como resultado da atitude instrumental. Mesmo que North atente para a importância das normas informais no comportamento dos atores, estas aparecem subsumidas aos interesses pessoais e não adquirem autonomia. Postula-se um *trade-off* entre os valores e a busca por maximização, de forma que as crenças adquirem preponderância somente quando os custos individuais de assumi-las são relativamente baixos. O mo-

---

[54] Granovetter. (1985), "Economic Action and Social Structure: The Problem of Embeddedness". *American Journal of Sociology*, v. 91, nº 3, p. 502.
[55] O exame da teoria social neo-institucionalista apresentado a seguir retoma certos argumentos da teoria sociológica da escolha racional, discutida no capítulo III deste livro.
[56] North. *Institutions, Institutional Change and Economic Performance*, p. 5.

vimento histórico é delineado a partir de uma direção específica, e as mudanças substantivas são limitadas às transformações institucionais geradas pelos objetivos dos atores, já que "regras são criadas, pelo menos em grande parte, a partir de interesses de bem-estar privado e não de bem-estar social".[57] Surge, assim, um problema imediato a ser enfrentado pelos autores do novo institucionalismo, pois, na maior parte das vezes, os agentes se importariam mais com uma função atomizada de utilidade individual do que com uma previsibilidade generalizada das interações sociais.

Tal concepção social indica um entendimento funcional da cultura. Consolida-se a idéia de que as relações sociais e as normas informais estão sempre voltadas para a produção previsível de trocas e contratos. Por vezes, a dimensão cultural vincula-se a uma perspectiva de evolução social. Nesse sentido, o desenvolvimento das instituições corre paralelo ao comportamento instrumental dos indivíduos e garante a coordenação das ações.

> Em uma explicação a partir da evolução social explicamos instituições fortes mesmo com o pressuposto de que, biologicamente, estamos fadados a sermos fortemente baseados no interesse próprio. Assim, temos cooperação que é consistente com nosso egoísmo biologicamente determinado. Através da evolução social, construímos estruturas institucionais complexas a partir de estruturas simples. No final, temos uma combinação inescapável de troca e coordenação, de poder a partir de recursos baseados na troca e de poder que é coordenação.[58]

A existência de instâncias informais que estimulam redes sociais pode engendrar uma motivação autônoma para reduzir problemas coletivos e custos de transação. Análises empíricas revelariam certos grupos e comunidades que ultrapassam os problemas de suprimento e monitoramento, baseados em instituições que se direcionam para a criação de arranjos sociais otimizados[59]. Essa discussão se relaciona com a perspectiva sociológica da

---

[57] North. *Institutions, Institutional Change and Economic Performance*, p. 48.
[58] Hardin. *One for All. The Logic of Group Conflict*, p. 45.
[59] Ostrom. *Governing the Commons*. A autora centra sua pesquisa no que denomina "*common-pool resources*", que são fontes de recursos, naturais ou não, caracterizadas por constituírem um sistema suficientemente grande que torna custosa a exclusão de potenciais beneficiários de seu usufruto. Mesmo com os problemas de coordenação, a autora demonstra

escolha racional: normas sociais surgem como mecanismos adequados para a resolução de problemas de ação coletiva. Retomando os argumentos da perspectiva evolucionista, Williamson[60] suscita a possibilidade de economias de custos ocorrerem através de contatos pessoais renovados periodicamente. O resultado é o desenvolvimento de redes de familiaridade que influenciam o cálculo do agente entre os ganhos de um comportamento oportunista e uma atitude previsível e acordada com outros. Valoriza-se, sobretudo, a possibilidade de os indivíduos criarem e desenvolverem seus próprios contratos sem a necessidade de agentes externos potencialmente custosos. Nesses contextos,

> o interesse próprio daqueles que negociam o contrato irá conduzi-los ao monitoramento mútuo e ao relato das infrações observadas, de forma que o contrato se faz cumprir.[61]

> indivíduos variam em relação à importância que dão aos modos de agir que eles e outros vêem como certo e apropriado. Normas de comportamento refletem avaliações que indivíduos dão a ações ou estratégias deles mesmos, e não como elas estão conectadas com conseqüências imediatas.[62]

Ostrom[63] sustenta que as instituições informais são regras reconhecidas e usadas pelos participantes de uma interação, e estruturam repetitivamente relações sociais através da permissão ou proibição de certas ações ou resultados. As instituições manifestam-se, principalmente, por meio de regras de agregação, de processos decisórios e de provimento de informações. Os indivíduos aparecem como indutores diretos do processo de criação institucional, pois as "regras são o resultado de esforços explícitos ou implícitos de um conjunto de indivíduos para alcançar ordem e previsibilidade em determinadas situações"[64]. Esse sentido é similar ao resultado cooperativo e

---

que certos contextos sociais resolvem seus problemas de ação coletiva a partir de regras compartilhadas. Contudo, o quadro limitado de sua pesquisa não a impede de ampliar a reflexão até os problemas gerais de ação coletiva que todas as sociedades enfrentam.
[60] Williamson. *The Economic Institutions of Capitalism*, p. 62-63.
[61] Ostrom. *Governing the Commons*, 17.
[62] Ibid., p. 35.
[63] Id., (1986), "An Agenda for the Study of Institutions". *Public Choice*, 48, p. 5-7.
[64] Ibid., p. 5.

informal prescrito por um grande número de teóricos em relação aos "jogos repetidos", quando agentes inseridos em situações produtivas repetidas podem ter informações confiáveis e certas, efetivando mecanismos de sanção aos indivíduos que não respeitam os acordos. Como lembra um autor,[65] certos mercados de diamante são famosos pelo fato de que somas significativas de dinheiro são trocadas apenas por meio de acordos verbais. Assim, o significado socioeconômico das instituições informais é algo mais abrangente do que o das leis formais, pois pressupõe um comprometimento quase espontâneo dos indivíduos em relação às regras sociais.

Dentre os aspectos informais, um ponto de fundamental importância são as "taxas de desconto" sobre futuros benefícios que os indivíduos retiram de uma determinada situação. Contextos com taxas de desconto baixas são compostos por indivíduos que "compartilharam um passado e esperam compartilhar um futuro"[66]. A percepção de um futuro provido de ganhos é causada por ambientes de baixa incerteza, caracterizados por uma população estável que estabelece transações durante longo período de tempo. As taxas de desconto são afetadas pelos níveis de confiança e segurança, vinculados ao êxito ou fracasso das instituições em estimular o controle dos comportamentos oportunistas e restringir o campo de alternativas dadas aos agentes. Se as instituições não funcionam adequadamente, as taxas de desconto tendem a aumentar, pois qualquer investimento efetuado não possui garantia de retorno futuro.

O conceito de "inserção" (*embeddedness*) de Granovetter[67] expõe claramente os mecanismos pelos quais os atores e a própria produção institucional aparecem condicionados pelas relações sociais correntes. Granovetter sugere que as ações econômicas na modernidade aparecem tão imbricadas nas relações sociais quanto as das sociedades pré-modernas, contrariando os argumentos da teoria econômica que salientam uma concepção atomista da sociedade. A concepção de inserção social refere-se às redes de interação que o indivíduo constrói e que podem estimular transações confiáveis e previsíveis. Dentre os fatos ordinários que comprovam a efetividade dessas

---

[65] Axelrod. *The Evolution of Cooperation*, p. 178.
[66] Ostrom. *Governing the Commons*, p. 88.
[67] Granovetter. (1985), "Economic Action and Social Structure: The Problem of Embeddedness". *American Journal of Sociology*, v. 91, nº 3.

interações está a tendência de os agentes efetuarem trocas com pessoas conhecidas, quando é possível descartar mecanismos institucionais formais ou baseados em uma moralidade generalizada.

No mesmo sentido da idéia de inserção, algumas análises propõem o conceito de "capital social" como representante do estímulo das relações informais para o desenvolvimento da sociedade. É interessante notar como a escolha do termo "capital" revela explicitamente o objetivo de definir uma instância de conseqüências eminentemente econômicas. O capital social aparece como um recurso estrutural que pode ser estimulado socialmente, e "como todas as outras formas de capital, o capital social é produtivo, tornando possível o alcance de certos fins que não seriam atingidos em sua ausência"[68]. Essa qualidade produtiva reflete uma dimensão singular e não tangível, uma vez que não está presente em um local específico, nem nos indivíduos nem nas ferramentas físicas da produção. O capital social é incorporado nas relações entre os agentes e se constitui como um bem público, indivisível e não passível de ser transacionado. Expressa o conjunto de atributos favoráveis das instituições informais e representa a sistematização de relações de confiança que geram reciprocidade nas trocas e obrigações de retornos sobre benefícios recebidos. Uma característica medular do conceito é manifestada pelo condicionamento dos interesses próprios pelos fins coletivos. A funcionalidade do capital social para a satisfação do bem geral é explicitamente demarcada, pois

> o valor do conceito reside principalmente no fato de que identifica certos aspectos da estrutura social por sua função, assim como o conceito "cadeira" reconhece certos objetos físicos por sua utilidade, ignorando diferenças de forma, aparência e construção. A função identificada no conceito 'capital social' é o valor para os atores daqueles aspectos da estrutura social que são recursos que podem ser usados para a realização de seus interesses.[69]

O problema da informação incompleta destacado pela teoria da firma adquire um caráter reversível, na medida em que os agentes se relacionam socialmente a partir de uma rede de informações seguras e detalhadas. As

---

[68] Coleman. *Foundations of Social Theory*, p. 302.
[69] Ibid., p. 305.

transações recorrentes entre os mesmos agentes efetivam comportamentos que, para além de sua substância econômica, possuem um conteúdo de confiança. As normas sociais fundamentam ações que se fazem cumprir voluntariamente, independentemente da expectativa pessoal de certos atores. A desconsideração dessas normas acarreta censura social que funda sentimentos de culpa e vergonha individual, o que torna irracional a orientação oportunista. Existe, portanto, um tipo de conduta condizente com relações sociais que minimizam a ocorrência de conflitos.

Entretanto, esse comportamento tende a ser produzido apenas em contextos sociais delimitados, em que os indivíduos se comunicam constantemente e desenvolvem mecanismos de sanção. Na medida em que o mercado é visto como uma relação social, ele pode originar tanto orientações previsíveis quanto ações oportunistas. A teoria do novo institucionalismo não propõe uma análise geral, mas algo adaptável ao exame de condições institucionais diferentes. Os autores ressaltam que as redes de relações sociais podem contribuir também para a sistematização de desconfiança mútua e conflito, pois podem ser usadas para estimular fraudes e grupos de força contrários a um sistema social confiável. Deve-se notar que o componente anti-social da racionalidade instrumental sempre está presente nas ações dos sujeitos. Dependendo da força das instituições de cada espaço social, existe a possibilidade latente de a confiança interpessoal conduzir ao oportunismo, dados os prêmios resultantes do descumprimento de um contrato informal: "quanto mais completa a confiança, maiores os ganhos potenciais de um comportamento censurável."[70] Em determinados contextos socioeconômicos, a questão é antes retardar do que promover a cooperação, como é o caso de certas práticas conflituosas de negócios que só podem ser limitadas por políticas públicas antitruste.[71]

Por conseguinte, além de análises sociais específicas, o novo institucionalismo dedica-se a incursões históricas, voltadas para a percepção dos círculos viciosos ou virtuosos nos quais as sociedades podem estar inscritas. Nessa

---

[70] Granovetter. (1985), "Economic Action and Social Structure: The Problem of Embeddedness". *American Journal of Sociology*, v. 91, nº 3, p. 491.
[71] Axelrod. *The Evolution of Cooperation*, p. 180.

concepção, um quadro institucional ineficiente permite somente um tipo de atividade econômica também ineficiente, dado que os agentes maximizam a partir das oportunidades criadas pela estrutura social. Assim como certos sistemas informais geram o desenvolvimento da economia, outros podem estimular ações que restringem a inovação e a capacidade de empreendimento. Dentre os aspectos que definem a trajetória das sociedades, destaca-se o tipo de "conhecimento" institucionalizado, que afeta diretamente o desempenho econômico. Segundo North,

> os tipos de conhecimento, habilidades e aprendizado que os membros de uma organização adquirem refletem o *payoff* – os incentivos – inscrito nas restrições institucionais [...] Assim, a demanda por investimento em conhecimento é, atualmente, radicalmente diferente nos Estados Unidos e no Irã ou, para voltar na história, na Europa e na Idade Média.[72]

A competição cumpre um papel medular nessa determinação, pois a melhora da eficiência econômica é sistematizada em um ambiente em que as organizações lutam para sobreviver frente às rivais. Organizações que asseguram monopólios não têm necessidade de melhorar suas condições de produtividade, ao contrário de organismos inscritos em espaços de competição que têm incentivos para investir em novos conhecimentos. Somente nesses contextos podem ser gerados uma dinâmica produtiva e um ciclo virtuoso de mudança institucional.

O objetivo da relação analítica entre a idéia de racionalidade neoclássica e os incentivos macroeconômicos informais é observar a fundação de um padrão histórico de desenvolvimento, caracterizado por uma determinada "dependência em relação à trajetória" (*path dependence*). As trajetórias seriam tão arraigadas socialmente que as alterações só poderiam ser ocasionadas por conseqüências não antecipadas ou efeitos externos. North[73] critica as teorias neoclássicas que sugerem uma relativa facilidade para a transformação social e econômica desde que os agentes assim o desejem. Ao contrário desse otimismo, o novo institucionalismo afirma que mudan-

---

[72] North. *Institutions, Institutional Change and Economic Performance*, p. 74-75.
[73] Id. "Five Propositions about Institutional Change". In: Jack Knight and Itai Sened, ed. *Explaining Social Institutions*, p. 19-20.

ças sociais substantivas são necessariamente incrementais e graduais, uma vez que os modelos informais de comportamento e aprendizagem incorporados pelos indivíduos constrangem as alternativas futuras. Por outro lado, a teoria não perde seu caráter normativo e crê que a direção histórica das sociedades, mesmo limitada por condicionantes estruturais, pode ser traçada e controlada. Em tal manipulação, as mudanças são ocasionadas pela predeterminação das esferas cultural e política como instâncias complementares ao mercado social. Mais que a definição de um entendimento social original, a teoria do novo institucionalismo da escolha racional demarca princípios de ação que fundamentam uma prática política efetiva e funcional à eficiência econômica.

CULTURA E INSTITUIÇÕES FORMAIS COMO DIMENSÕES COMPLEMENTARES

As proposições normativas da análise neo-institucional, frente à complexidade dos planos político, social e histórico, indicam a relevância da complementaridade entre as dimensões formal e informal. Segundo Granovetter,[74] ambas as dimensões são apenas formas diferenciadas que os agentes sociais administram para diminuir seus custos de transação. Explicitando uma das tarefas de sua sociologia da escolha racional, Coleman sugere que

> a tarefa mais difícil é otimizar tanto os incentivos formais quanto os informais que podem ser esperados [...] Tal tarefa pode incluir o estabelecimento de estruturas formais que produzam sistemas informais que contribuam para objetivos organizacionais.[75]

A internalização de custos através da hierarquização das relações é um caminho eficiente se os ambientes forem caracterizados pela inexistência

---

[74] Granovetter. (1985), "Economic Action and Social Structure: The Problem of Embeddedness". *American Journal of Sociology*, v. 91, nº 3, p. 503.
[75] Coleman. "A Rational Choice Perspective on Economic Sociology". In: Neil J. Smelser and Richard Swedberg, ed. *The Handbook of Economic Sociology*, p. 173. Coleman ressalta

de redes sociais ou ali onde as interações estimulam o desenvolvimento de desordem e comportamentos não confiáveis. Jack Knight[76] salienta que as instituições formais são requeridas nas situações que não refletem um equilíbrio voluntário e informal, em que a estabilidade dos resultados possa ser contestada por uma coalizão de atores e quando o equilíbrio é subótimo, como descrito no modelo do dilema do prisioneiro. Segundo o autor, essas situações caracterizam de forma irremediável a realidade moderna, definida como um espaço complexo composto de grande número de atores. As instituições formalizadas e a reflexão sobre elas tornam-se cada vez mais necessárias, uma vez que a probabilidade de um indivíduo se confrontar repetidamente com os mesmos atores é mínima. Nesse sentido, Coleman sugere que "constituições formais, em sistemas sociais mais formalmente organizados, podem ser vistas de modo análogo ao conjunto informal de normas e regras que emergem em pequenos sistemas com um alto grau de proximidade social."[77]

Contudo, deve-se notar que a estrutura formal é requerida mesmo se um contexto envolver baixos custos de transação, pois nem todas as ações podem ser governadas pela simples aplicação de sanções por membros da comunidade. O novo institucionalismo ressalta a necessidade de um governo para assegurar que certas tarefas exigidas para o bem comum sejam cumpridas, principalmente para impedir externalidades negativas[78]. A manutenção eficaz das normas depende da complementaridade de uma estrutura sociopolítica formal que sustente as redes informais e padronize

---

a importância das reformas institucionais dirigidas para países em desenvolvimento, como a libertação dos indivíduos dos laços da família ou das obrigações sociais tradicionais, da necessidade de prescrições para organização de famílias nucleares e de um crescimento demográfico controlado. Dentre as regras formais necessárias para o desenvolvimento de uma organização produtiva, o autor destaca os direitos que certos organismos destinam a seus agentes. Coleman exemplifica as conseqüências de um sistema formal de direitos demonstrando as diferenças de eficiência entre uma grande firma japonesa típica e aquelas localizadas na Europa e nos Estados Unidos. O autor sugere que a maior eficiência dos japoneses é resultante de sua estrutura formal, que dota de amplos direitos os trabalhadores que participam do campo de produção.

[76] Jack Knight. *Instituitions and Social Conflict*, p. 65.
[77] Coleman. *Foundations of Social Theory*, p. 326.
[78] Ibid., p. 326.

as ações, dados os custos de sancionar aleatoriamente as relações, principalmente em uma comunidade grande e dispersa. Portanto, os agentes não podem alcançar um arranjo eficiente se dependem exclusivamente das normas sociais, mesmo que estas possuam uma dimensão prescritiva indispensável, como nos contextos de alto capital social. Por outro lado, as regras informais devem ser o fundamento da constituição dos aparelhos formais, pois as primeiras devem delimitar as alternativas de desenvolvimento e as ações dos últimos.[79]

A tese da complementaridade entre as dimensões formais e informais das instituições contém um sentido político explícito. Cabe notar que a questão gera um debate interno no campo do novo institucionalismo, pois alguns autores questionam o quadro histórico fechado elaborado pelas análises clássicas de Douglass North. Procura-se definir a possibilidade de mudança a partir de uma articulação particular entre a esfera formal ou estatal e as estruturas culturais das instituições informais. De acordo com Evans,[80] a teoria de North descarta a possibilidade de uma transformação sociocultural efetuada através da variação do aparelho político e formal, pois seu exame centra-se sobretudo no papel das normas culturais, deixando em segundo plano a atividade das organizações formais. Pensando nas possibilidades de desenvolvimento econômico dirigido por um Estado nacional virtuoso, Evans atenta para as potencialidades da ação pública, pressupondo um espaço efetivo para a reversão de condições sociais ineficientes. A conseqüência de tal questionamento é a afirmação de um programa político desenvolvimentista que, em seu sentido econômico, pressupõe uma abertura para a agência estatal.

Entretanto, e no mesmo sentido das proposições de North, a teoria de Evans subordina sua concepção de política à técnica, na medida em que passa a encarar o aparato estatal como uma agência definida *a priori* a partir de certas características ideais, voltadas para a resolução dos problemas de ação coletiva do mercado. Deve-se notar que a idéia de complementaridade entre as instituições formais e informais recupera grande parte da tradição das teorias da modernização que salienta o caráter benéfico de uma burocracia

---

[79] Knight. *Instituitions and Social Conflict*, p. 171-173.
[80] Evans. *Embedded Autonomy. States and Industrial Transformation*, p. 33-34.

entendida a partir do tipo ideal weberiano.[81] O aspecto original da complementaridade definida pelo novo institucionalismo é a ênfase nas instituições informais do aparelho estatal, o que acarreta uma sociologia do Estado que se contrapõe à crítica neoclássica sobre a direção governamental da economia. A teoria valoriza o espaço político formal composto de indivíduos selecionados de modo meritocrático e chama atenção para a necessidade de articulação deste espaço com uma estrutura informal que estimule o ideal de comprometimento e senso corporativo. Segundo Evans,[82] a constituição do Estado deve visar uma "autonomia inserida" (*embedded autonomy*), combinando um grau de independência – que possibilite aos burocratas desenvolverem políticas que ataquem os problemas de ação coletiva – e um tipo de conexão com a sociedade composto de canais de negociação que objetivem políticas eficientes de ajuda ao capital privado. Essa configuração política une um esquema político, de outro modo potencialmente predador, às atividades racionais e descentralizadas dos indivíduos.

O relacionamento otimizado entre a dimensão estatal e a do mercado é constituído pela sistematização de uma rede de relações que geram confiança mútua.[83] Ao contrário dos processos que dependem da difusão espontânea de normas culturais, essas relações constituiriam vínculos de longo prazo entre os burocratas e setores de empreendedores. Por conseguinte, poderiam ser criados comportamentos previsíveis de ambas as partes, principalmente devido ao aumento do custo de defecção de um dos lados, racionalmente calculável pelos indivíduos.[84] Esse tipo de confiança se sobrepõe aos outros mecanismos de controle das condutas oportunistas, pois tende tanto a melhorar as trocas voluntárias de informação quanto a gerar padrões de reciprocidade desvinculados da necessidade de grandes aparelhos de monitoramento e disciplina. Estado e regras informais passam a ter uma conexão

---

[81] Evans. *Embedded Autonomy. States and Industrial Transformation*. Schneider e Maxfield. "Business, the State, and Economic Performance in Developing Countries". In: Sylvia Maxfield and Ben Ross Schneider, eds. *Business and the State in Developing Countries*.
[82] Evans. *Op. cit.*, p. 12; 50.
[83] Schneider e Maxfield. *Op. cit.*, p. 12-15.
[84] Afirma-se, por exemplo, que a direção de firmas privadas por burocratas aposentados fortalece as redes pessoais entre os agentes estatais e os executivos de empresas. Isto possibilitaria a diminuição dos custos de monitoramento e daria incentivos para os primeiros não traírem os últimos, que são potenciais futuros empregadores. Ibid., p. 14.

lógica que predetermina que estruturas políticas e sociais podem instituir um ambiente gerador de desenvolvimento e bem-estar geral.

Todavia, não se deve pressupor que a construção teórica do novo institucionalismo reflita um argumento sem contradições, ainda que o seu exame explicite uma proposta acima de tudo normativa. A teoria expõe uma incoerência evidente na relação entre o agente governamental racional e a efetivação de uma burocracia nos moldes do tipo ideal weberiano. Assim, ela não explica de forma satisfatória que mecanismos geram o arranjo institucional que coíbe a natureza maximizadora dos burocratas e estabelece padrões de obediência. Enquanto as análises tradicionais da escolha racional possuem coerência em sua teoria do Estado, mantendo uma suposição consistente sobre a orientação dos agentes e a "captura" do aparelho estatal, a concepção política do novo institucionalismo restringe-se a uma afirmação idealizadora. Esta concepção não deixa claro, sobretudo, que meios sustentam o tipo de relação virtuosa entre mercado e Estado. O máximo que propõe, contrariando as suas postulações da racionalidade instrumental, é que a lealdade dos burocratas aos interesses gerais da comunidade deve possuir algum tipo de precedência sobre os laços com outros grupos sociais. Nesse sentido, "a maximização individual deve ocorrer em conformidade com as regras burocráticas e não em relação à exploração de oportunidades apresentadas por uma mão invisível".[85]

Fundamentalmente, a teoria do novo institucionalismo não explica de onde surgem os aspectos socioculturais que manifestam as crenças estruturantes do comportamento individual. Os próprios "elementos não burocráticos da burocracia"[86] que a teoria pressupõe como parâmetros analíticos centrais não são examinados satisfatoriamente. Ao mesmo tempo em que se sugere a conversão do indivíduo racional, que se despe de seus valores imediatos a fim de assumir determinados interesses coletivos, não

---

[85] Evans. *Embedded Autonomy. States and Industrial Transformation*, p. 49.
[86] Ibid., p. 49. Evans dá como exemplo as redes informais presentes no Japão, principalmente o *gakubatsu*, composto de relações entre os alunos das universidades de elite nas quais os burocratas são recrutados. Entretanto, Schneider e Doner indicam as dificuldades analíticas de tais argumentos, que se desvirtuam da dimensão estrita da racionalidade instrumental. Os autores chamam a atenção para o fato de que as associações virtuosas somente podem ser resultado de uma grande densidade de membros, de extensos incentivos seletivos e de

são explicadas as relações sociais que condicionam uma sociedade ou um grupo de indivíduos a incorporarem de fato tais valores. As crenças ou normas sociais são sempre dadas e observadas como externas aos agentes, como se a teoria não pudesse almejar a compreensão dos processos pelos quais ocorre o condicionamento dos indivíduos. Essas questões refletem os problemas da teoria da escolha racional em geral para explicar certos fenômenos sociais a partir de um pressuposto restrito de racionalidade, mesmo na forma analítica mais sofisticada apresentada pelo novo institucionalismo.

NOVO INSTITUCIONALISMO E A CONSTITUIÇÃO DE UM GOVERNO ÚTIL

O problema sociológico central da teoria da escolha racional é explicar por que certas instituições, e não outras, são escolhidas, ainda que esta decisão seja racional. Logo, permanece no novo institucionalismo o problema da origem das crenças, ou na linguagem da escolha racional, do surgimento e da especificidade das instituições e dos interesses pessoais. Para o novo institucionalismo, as crenças, que potencialmente podem até mesmo contrariar as escolhas individuais de longo prazo, aparecem como resultado da incapacidade cognitiva dos sujeitos. Contudo, na medida em que as sociedades diferem fortemente quanto às suas composições institucionais, e poucas revelem uma conexão diretamente eficiente e funcional entre as regras informais e a economia, se torna um tanto incoerente supor que grande parte da humanidade "escolha" formas irracionais de sistemas sociais ou políticos.

A teoria do novo institucionalismo é imprecisa, sobretudo, na sua conceituação de racionalidade, o que se reflete na contradição entre a suposição de autonomia dos agentes e uma abertura analítica que define uma realidade estrutural sobreposta aos indivíduos. Afirma-se a vantagem de perceber a

---

uma mediação democrática e transparente de interesses pessoais. Richard Doner e Ben Schneider. (2000), "Business Associations and Economic Development: Why Some Associations Contribute More Than Others". *Business and Politics*, v. 2, nº 3.

escolha pessoal como exógena à teoria, supondo todo tipo de conduta como passível de ser racional. Essa linha de raciocínio é exposta por Granovetter,[87] que contrapõe sua perspectiva sociológica às análises tradicionais da Economia. O conceito de racionalidade é reelaborado a fim de que se entenda o comportamento dos agentes inserido em um contexto constituído pelas redes de relações sociais. Assim, a ação racional é tomada como uma orientação articulada às condições especiais de sua situação social, as quais podem conduzir à maximização de diferentes categorias, como sociabilidade, aprovação social, *status* ou poder.

Contudo, essa perspectiva não deixa claro os limites entre as dimensões da subjetividade e do que se denomina caráter situacional das ações. Não é explicitado quando e por que as premissas sociais são aceitas, se estas acarretam benefícios de longo prazo que são inferiores à orientação oportunista. Fundamentalmente, tal concepção teórica se contrapõe diretamente à razão instrumental e manifesta uma contradição com o conceito de escolha individual. Se as instituições controlam certas alternativas pessoais, e algumas estratégias têm de ser descartadas a fim de gerar comportamentos socialmente aceitos, o pressuposto de liberdade é questionado. Os problemas tornam-se efetivos na medida em que se pressupõe o controle subjetivo das normas sociais. Ainda que os agentes sigam as prescrições definidas socialmente, a teoria afirma que não deixa de ser efetuado um cálculo pessoal dos reais benefícios e custos das ações em relação a outras direções. Paradoxalmente, a racionalidade instrumental continua a ser um parâmetro das análises, de forma que a teoria deve perceber essencialmente o quanto os indivíduos se distanciam desse paradigma. Por conseguinte, o enfoque intencional e estratégico na criação ou manutenção das instituições concorre com postulados macroteóricos de evolução ou seleção institucional alheios aos interesses pessoais. Essas questões demonstram a dificuldade de se pensar um arranjo sociopolítico que manifeste uma razão coletiva definida a partir da ação individual. Além disso, apontam para o fato de a análise neo-institucional incorrer nos mesmos problemas de ação coletiva que procura resolver teoricamen-

---

[87] Granovetter. (1985), "Economic Action and Social Structure: The Problem of Embeddedness". *American Journal of Sociology*, v. 91, nº 3, p. 506.

te. A elaboração e o estabelecimento de mecanismos institucionais coletivos pressupõem agentes que tendem, irreversivelmente, a serem oportunistas. Assim, a questão fundamental a se enfrentar é explicar de forma coerente as formas pelas quais as instituições informais são constituídas em um contexto de racionalidade que tende a anular sua própria manifestação social.

Essas contradições não são bem resolvidas. Ao mesmo tempo em que as normas sociais parecem adquirir soberania, de modo que "ações consideradas erradas para um conjunto de agentes que interagem há algum tempo não são nem mesmo incluídas nas estratégias contempladas pelo indivíduo"[88], existe, por outro lado, a possibilidade de o agente agir em desacordo com tais normas, se há ganhos substantivos. Os sujeitos efetuam um cálculo entre os custos e benefícios de tal infração, uma vez que "existem situações nas quais os ganhos potenciais serão tão grandes que mesmo indivíduos fortemente comprometidos quebrarão as normas"[89]. Neste segundo sentido, as normas sociais aparecem subordinadas aos interesses pessoais, sem adquirir vida própria. Elas podem ser constantemente manipuladas de acordo com as circunstâncias do momento, pois "restrições informais são alteradas quando as organizações, no curso da interação, desenvolvem novos meios informais de troca e, assim, dão origem a novas normas, convenções e códigos de conduta sociais"[90].

Nesse sentido, a estrutura informal demonstra fragilidade, pois é inevitável que "em todo grupo existam indivíduos que ignoram normas e agem de forma oportunista quando têm chance"[91]. Várias respostas são propostas pelos autores para a resolução desses problemas. Parte dos teóricos, como Coleman,[92] sugere mecanismos externos de coerção para o cumprimento das normas, de modo que se estabeleça a confiança nas interações sociais. Ostrom[93] possui expectativas positivas quanto às sanções ocasionadas es-

---

[88] Ostrom. *Governing the Commons*, p. 35.
[89] Ibid., p. 36.
[90] North. "Five Propositions about Institutional Change". In: Jack Knight and Itai Sened, ed. *Explaining Social Institutions*, p. 16.
[91] Ostrom. *Op. cit.*, p. 36.
[92] Coleman. *Foundations of Social Theory*.
[93] Ostrom. *Op. cit.*

pontaneamente pelos próprios indivíduos. Contudo, isto contradiz a racionalidade, que prevê os altos custos de tempo e esforço pessoais no monitoramento e na coerção. Outra saída é o estabelecimento de regras e normas que coloquem em contato direto os indivíduos envolvidos nas interações, de forma que o monitoramento se torne um *by-product* de suas próprias motivações[94]. Sugere-se também os ganhos relativos de *status* e prestígio que um indivíduo delator teria ao restringir o comportamento oportunista de outros agentes. Além disso, sustenta-se que a racionalidade implica o reconhecimento de que a ajuda ou transação efetuada em momentos de necessidade pessoal obriga os indivíduos a descartarem orientações oportunistas em outras ocasiões. "Assim, criar obrigações fazendo favores pode constituir um tipo de apólice de seguro por meio da qual os prêmios são pagos em moeda barata e os benefícios chegam como moedas valiosas. Isto pode facilmente constituir um lucro esperado."[95]

Da mesma forma que a teoria sociológica da escolha racional em geral, a questão essencial que as análises do novo institucionalismo devem enfrentar é demonstrar como a ação fundamentada a partir de normas sociais se relaciona com a racionalidade instrumental. Ou seja, explicar o surgimento de um arranjo institucional específico e por que os indivíduos podem aceitar imposições normativas em momentos em que o lucro pessoal esperado é maior sem a observância delas. A esse respeito, as respostas não são satisfatórias. Mecanismos de vigilância e coerção são socialmente custosos e politicamente perigosos. Devido à impessoalidade das sociedades contemporâneas, a proposta de um *by-product* baseado em transações sociais repetidas entre os mesmos agentes parece fora de questão. Por sua vez, ganhos de *status* e prestígio pessoais incorporam postulados que tornam o conceito de racionalidade destituído de consistência. Além disso, trocas de favores nem sempre podem ser ocasionadas em economias complexas. Relacionada com essas questões está a explicação da concepção de "capital social", problematizada pelo fato de esta se constituir como um bem público. Coleman[96] admite a dificuldade de analisá-la a partir do quadro teórico da escolha racional. Sua opinião é de que o capital social surge ou é destruído como um *by-product*

---

[94] Ostrom. *Governing the Commons*, p. 95; Coleman. *Foundations of Social Theory*, p. 309.
[95] Coleman. *Op. cit.*, p. 310.
[96] Ibid., p. 316-317.

das atividades individuais. Somente algumas pistas poderiam ser sugeridas a respeito de sua explicação, dentre as quais a força e a proximidade (*closure*) das redes de relações sociais, a estabilidade das estruturas sociais e ideologias que demandam comportamentos não voltados para o interesse próprio. Cabe notar que certos autores admitem explicitamente os limites de suas análises sociais, de modo que têm

> pouco a dizer sobre que grandes circunstâncias históricas ou macroestruturais têm levado sistemas a apresentar as características socioestruturais que possuem, então não proponho com essa análise responder questões de larga escala sobre a natureza da sociedade moderna ou as fontes de mudança política ou econômica.[97]

Outro ponto questionável da teoria do novo institucionalismo refere-se a um imaginado contexto de igualdade de recursos que empiricamente não pode ser encontrado nos quadros institucionais das sociedades. Torna-se ilógico pensar que indivíduos em posições desiguais interagem para obter favores ou serviços de benefícios mútuos. Assim, as instituições não fundamentam somente o direcionamento das ações mas também restrições que estão longe de resultar em trocas otimizadas para todas as partes envolvidas[98]. Cabe notar que esse ponto é enfrentado no próprio campo da teoria neo-institucionalista por Jack Knight,[99] que constrói um argumento que merece uma consideração mais detida.

O autor contraria as proposições sobre benefícios coletivos que fundamentam várias proposições da escolha racional, atentando para o quadro

---

[97] Granovetter. (1985), "Economic Action and Social Structure: The Problem of Embeddedness". *American Journal of Sociology*, v. 91, nº 3, p. 506.
[98] Como exemplo de um argumento que não atenta para as desigualdades de poder social, ver Ostrom. *Governing the Commons*, p. 25-6. Ostrom presume que os indivíduos sempre procuram resolver seus problemas da maneira mais eficiente possível. Assim, as falhas em estabelecer padrões sociais otimizados, antes de serem resultado de estruturas circunstanciais de poder, são tidas como produtos das capacidades limitadas de racionalização dos indivíduos frente a um ambiente complexo.
[99] Knight. "Explaining the Rise of Neoliberalism: The Mechanisms of Institutional Change". In: James L. Campbell e Ove K. Pedersen, ed. *The Rise of Neoliberalism and the Institutional Analysis*.

distribucional das esferas institucionais que possibilita vantagens desproporcionais a certos segmentos sociais. Para tornar sua proposta clara, Knight[100] descreve dois modelos concorrentes de explicação do surgimento e dinâmica das instituições. O primeiro modelo é o contratual, exposto exemplarmente por North, que parte da teoria dos custos de transação e enfatiza os ganhos coletivos gerados pelo quadro institucional. O outro modelo é o da barganha e do conflito, que explica a emergência das instituições através das assimetrias de poder presentes nas sociedades. O segundo modelo chama atenção para o fato de que as interações definidas pelas instituições possuem conseqüências distribucionais diversas, o que acarreta mais benefícios a certos indivíduos do que a outros.

Knight afirma que uma análise fundada na escolha racional deve ressaltar que os benefícios gerais das instituições só podem se constituir como fatos indiretos do comportamento racional. Ou seja, as instituições devem ser submetidas aos interesses dos agentes que dirigem o processo econômico, pois "o foco principal é sobre o resultado substantivo; o desenvolvimento de regras institucionais é meramente um meio para esse fim"[101]. A questão é saber o porquê de um equilíbrio particular ser escolhido através de uma instituição em detrimento de outro. Knight percebe parte das contradições da teoria neo-institucionalista frente à noção de racionalidade instrumental, na medida em que a ação intencional na criação ou manutenção das instituições é vinculada a postulados alheios às preferências pessoais. De acordo com a orientação racional, não faz sentido os agentes darem prioridade a objetivos coletivos em vez de vantagens para si mesmos. Assim,

> se atores baseados no interesse próprio querem planos institucionais que os favoreçam como indivíduos, eles preferirão regras institucionais que restrinjam as ações dos outros com quem eles interagem. Ou seja, eles irão querer estruturar as escolhas dos outros de modo a produzir resultados sociais que lhes dêem vantagem distribucional.[102]

---

[100] Knight. "Explaining the Rise of Neoliberalism: The Mechanisms of Institutional Change", p. 33-5.
[101] Id., *Instituitions and Social Conflict*, p. 126.
[102] Ibid., p. 64.

Segundo Knight,[103] a generalização de regras e normas informais ocorre através de um cálculo racional de custo e benefício. As transações são resolvidas pelos indivíduos que detêm vantagens de poder, e agentes com recursos similares passam a estabelecer um padrão de interação social que restringe e manipula as ações dos outros. Por sua vez, quando agentes desprivilegiados reconhecem que estão interagindo com indivíduos que detêm mais poder, eles ajustam suas ações de acordo com o comportamento antecipado dos mais privilegiados. Ao longo do tempo, os indivíduos reconhecem que o comprometimento com certas estratégias é a melhor resposta às imposições das condições sociais, de modo que são disseminadas informações e normas que prevêem as orientações futuras. Nesse sentido, as mudanças institucionais podem ser ocasionadas somente através de transformações nas assimetrias de recursos pessoais presentes na sociedade. O fato de o processo ser descentralizado e espontâneo não retira sua força diretamente intencional, qualificando-o como produto da racionalidade instrumental.

Contudo, ainda que admita uma esfera de conflito social não presente nas análises tradicionais do novo institucionalismo, Knight não abandona a concepção de equilíbrio. Como novidade, o autor se limita a enfatizar a idéia de equilíbrios múltiplos, afirmando que certas transações não geram um resultado otimizado para todos, uma vez que os agentes detentores de recursos levam em conta exclusivamente os equilíbrios que os interessam. Knight pressupõe que, mesmo com as desigualdades, as ações estratégicas de agentes descentralizados sempre conduzem a uma decisão de acordo com interesses mútuos, ainda que não seja a melhor possível do ponto de vista coletivo. Nesse sentido, a análise vai ao encontro da percepção normativa essencial da escolha racional, que supõe vantagens comuns nas trocas instrumentais e a funcionalidade da sociedade em relação ao espaço estratégico do mercado, idealizado como instância portadora de benefícios gerais. Ainda que se reflita sobre questões sociais do poder, estas nunca tomam a forma de uma dimensão efetivamente estrutural. Na verdade, ressalta-se o pressuposto de que toda relação social depende da concordância dos agentes envolvidos, de modo que há pouco espaço na teoria para a observação

---

[103] Knight. *Instituitions and Social Conflict*, p. 140.

de sujeições ou condicionamentos sociais sistêmicos. Por conseguinte, a exposição assume contradições similares à tradição geral da teoria neo-institucionalista, vinculadas principalmente aos problemas de ação coletiva resultantes da orientação instrumental. Fundamentalmente, continuam a não ser explicados os mecanismos que criam a observância das normas sociais, já que existe uma decisão oportunista que porta mais benefícios pessoais diretos. Por outro lado, supondo que os agentes só transacionam se os resultados refletem de alguma forma seus interesses, há o problema de a teoria não observar as determinações que impõem desigualdades e geram relações sociais com perdas efetivas e sistemáticas para grande parte da população. Ao contrário das proposições metodológicas do novo institucionalismo, tal entendimento demanda um exame dos condicionamentos sobrepostos às atitudes dos indivíduos.

Os problemas aqui sugeridos resultam da direção normativa do novo institucionalismo em compreender funcionalmente as instâncias formais ou informais. Na análise da dimensão formal das sociedades, a teoria afirma que a ação política deve ser subordinada aos parâmetros da economia de mercado. Deve-se notar que a funcionalidade proposta pela teoria neo-institucionalista tem características originais que reelaboram a tradição liberal clássica. Não se trata exatamente de liberar um espaço autônomo do mercado, mas sim de projetar uma arte geral de governar os princípios formais da economia de mercado.[104] Fundamenta-se, então, uma distinção entre as idéias de economia de mercado e *laissez-faire*. Diferentemente da visão da concorrência entre os agentes racionais como um dado primário e pronto para ser "liberado", enfatiza-se a noção de que o mercado é uma estrutura circunstancial e frágil. Essa nova concepção afirma a necessidade de uma política ativa, mas sem dirigismo, baseada na vigilância permanente e na intervenção previamente controlada. O objetivo é estimular o desenvolvimento

---

[104] Foucault. *Naissance de la Biopolitique*, p. 137. Cabe notar que Foucault se restringe a uma análise da prática governamental que foi imposta na Alemanha após 1945, sistematizada teoricamente no "Colóquio Walter Lippmann" ocorrido na França em 1939. A nova prática de governo é fundada em empreendimentos públicos ativos, sempre funcionais ao mercado. Isto caracteriza um discurso original, diferenciado da retórica do liberalismo clássico e do princípio do *laissez-faire*. Ainda que o texto não proponha uma análise do novo institucionalismo – e nem poderia, pois é datado de 1979 –, as questões expostas por Foucault estão

pleno do mercado, por meio de regulações tais como leis antitruste, políticas de crédito e políticas sociais[105].

Assim, as proposições normativas do novo institucionalismo podem ser vistas como a representação de uma nova forma liberal de governar. As políticas públicas não são necessariamente constituídas de modo *a posteriori*, a partir dos efeitos maléficos do mercado sobre a sociedade, mas a partir de uma intervenção na trama mesma da sociedade, de modo que os mecanismos de concorrência possam assumir o papel de reguladores sociais. Portanto, "isto não será um governo econômico, como aquele com o qual sonhavam os fisiocratas, ou seja, aquele governo que tem somente de reconhecer e observar as leis econômicas; não é um governo econômico, é um governo de sociedade."[106] A verdadeira característica desse tipo de direção política é a sistematização da capacidade de empreendimento e eficiência ao longo de toda sociedade, baseada na tentativa de multiplicar a forma "empresa". A concepção de "capital humano" é exemplar dessa direção normativa, demonstrando que a realização de um ambiente de inovação não depende, como faz crer a teoria econômica tradicional, dos aspectos materiais do capital e do trabalho, mas sim de um investimento na formação e modelação de um tipo de agente.[107]

A conseqüência dessa direção normativa é que, mesmo revelando maior preocupação a respeito de fenômenos sociais complexos, a teoria neo-institucionalista acaba por tomá-los de forma predeterminada. As análises centradas no individualismo instrumental não admitem que os sistemas institucionais possam ser formados historicamente, a partir de um processo que

---

diretamente articuladas com a compreensão e a revisão elaborada pelo novo institucionismo em relação à teoria econômica tradicional. Cabe notar, porém, que Foucault (p. 141) já cita Douglass North para exemplificar o novo tipo de ação política assumido.
[105] Foucault. *Naissance de la Biopolitique*, p. 137.
[106] Ibid., p. 151.
[107] Ibid., p. 237-239. Foucault chama atenção para a amplitude da intervenção para a modelação desse agente. Até mesmo a relação entre entre pais e crianças passa a ser incluída nas análises econômicas, desde a necessidade de uma família de tamanho reduzido até a incorporação das variáveis: quanto tempo a mãe passa com o filho, a qualidade dos cuidados dispensados, a vigilância em relação ao desenvolvimento do filho, sua educação. Na noção de capital humano, todos estes fatores constituem "investimentos", voltados para a geração de rendas futuras.

está parcialmente fora do controle dos indivíduos. Os valores e as instituições da modernidade que a teoria pressupõe não são discutidos, sendo definidos de forma funcional a certos parâmetros socioculturais. Substantivamente, a teoria prescreve normativamente uma concepção de progresso e eficiência econômica que limita a percepção de vários aspectos da vida social. O caráter histórico e estrutural desses aspectos revela os problemas do novo institucionalismo para relacionar a sua noção de agência individual com uma análise mais abrangente. Se a dimensão social se alia com a esfera da razão subjetiva, uma perspectiva efetivamente sociológica se faz necessária. Uma perspectiva que incorpore a suposição de que a orientação instrumental pode, mesmo no contexto da modernidade, possuir pouco ou nenhum peso em determinadas atitudes e relações sociais. O problema central é que a teoria, em seus limites, depende de um entendimento estrutural que escapa de seu modelo conceitual proveniente da tradição da escolha racional. O importante é destacar que as análises do novo institucionalismo desconsideram o fato sociológico de que os bens e serviços que um indivíduo ou uma coletividade maximiza estão relacionados com dimensões sociais abrangentes e complexas. Assim, as relações sociais não devem ser vistas como representações de uma contraposição natural entre sujeito e objeto, mas como dinâmicas em que o próprio sujeito pode se tornar objeto. Isto não significa que o ator esteja inscrito em uma função social inexorável, mas antes que a sua subjetividade é em grande parte definida pelos padrões de sua sociedade. Esses padrões implicam regras que legitimam apenas certos tipos de ação que, por conseguinte, constituem os próprios agentes.

Cabe lembrar que uma das atribuições centrais que a teoria sociológica da escolha racional se propõe é demonstrar os desvios sistêmicos das ações individuais em relação ao postulado de competição perfeita da teoria econômica neoclássica.[108] Tal perspectiva evidencia a relação funcional entre as questões assumidas pelo novo institucionalismo e o tema da economia de custos de transação. Mais precisamente, reflete como a investigação é esti-

---

[108] Coleman. "A Rational Choice Perspective on Economic Sociology". In: Neil J. Smelser and Richard Swedberg, ed. *The Handbook of Economic Sociology*, p. 167. Dentre as anomalias sociais lembradas pelo autor destaca-se, assim como na teoria neoclássica, o problema dos bens públicos.

mulada pela articulação entre a racionalidade instrumental e a idéia de um liberalismo eficiente. Na medida em que a teoria persegue a percepção de anomalias econômicas, ou "irracionais", ela constitui pontos normativos que definem o que deve ser uma ação social e política eficaz. O caso exemplar dessa direção analítica é representado pelo conceito de capital social, pois sua temática une explicitamente a dimensão cultural e informal das estruturas sociais com concepções singulares de produtividade econômica. O novo institucionalismo procura definir, sobretudo, os valores ou normas sociais que são adequados ou não a um mercado otimizado. A centralidade que o problema da ação coletiva adquire, em detrimento de outras questões sociais, pode ser claramente entendida, pois representa o momento fundamental em que a ação instrumental não é funcional ao sistema. Contudo, a definição de estrutura social como um conjunto de instituições funcionais conduz a um pensamento incapaz de examinar fatos sociais desvinculados da racionalidade dos agentes, que passam a ser prejulgados exclusivamente pela sua relevância para o desenvolvimento econômico.

COMENTÁRIOS FINAIS

SUJEITO E OBJETIVAÇÃO SOCIAL NO CONCEITO DE RACIONALIDADE INSTRUMENTAL

A fim de questionar a abstração moral elaborada pelo modelo comportamental da racionalidade econômica, ressaltei o contexto social particular das práticas da sociedade de mercado. Portanto, tentei evidenciar a lógica simbólica na qual as ações instrumentais estão inscritas, subvertendo a suposição metodológica da escolha racional de descrever fatos "reais" e originais da conduta humana. A adoção desse viés enseja perceber o significado preciso do caráter normativo da teoria, que objetiva e restringe o campo sociopolítico por meio de uma ontologia pautada pela sociabilidade competitiva. Problematizamos, assim, o conceito de racionalidade instrumental inserindo-o em uma "perspectiva", verificando as forças e as origens sociais que determinam os valores desse tipo de pensamento, o que possibilita parcializar suas pretensões epistemológicas.[1]

Na medida em que a teoria da escolha racional desconsidera a dependência do conceito de racionalidade econômica de um contexto social singular, ela deixa de perceber a possibilidade de a razão humana – aqui compreendida como capacidade reflexiva circunstancial – estar relacionada com valores diversos, o que permite pensar a sociedade e a política em termos não instrumentais. Cabe notar que, excetuando-se os últimos séculos, a história da humanidade se baseou em estruturas econômicas e comportamentos individuais que seriam destituídos de sentido se vistos exclusivamente pela

---

[1] Mannheim. *Ideologia e Utopia*, p. 326-328.

lógica do raciocínio instrumental. Como observa Castoriadis,² a antigüidade grega, por exemplo, permaneceu em condições técnicas e de progresso econômico que estavam aquém das possibilidades científicas alcançadas naquele momento, o que somente pode ser entendido com referência às condições socioculturais daquela civilização. O ponto fundamental é que a idéia hegemônica de racionalidade constituída na modernidade possui um condicionamento específico e radical que, visto em perspectiva, revela valores limitados à realidade da sociedade burguesa. O principal desses valores é a tese de que a reflexão humana deve estar a serviço da técnica de maximização individual e social.

Citando um exame clássico, podemos criticar a restrição da racionalidade em torno dos parâmetros instrumentais a partir da conceituação weberiana da ação social, que caracteriza outros três tipos de orientação comportamental, além da forma instrumental desenvolvida pelo "espírito capitalista". Segundo Weber,³ a ação social pode ser caracterizada por quatro *tipos* de orientação: pela racionalidade por fins; pela racionalidade por valores; pela afetividade; e pela tradição. Mesmo no ambiente social da modernidade, é importante compreender a centralidade da orientação que, em oposição à razão econômica, é determinada por valores ou crenças que não demandam correlação com resultados posteriores. O significado dessa orientação reflete práticas que, condicionadas por algum tipo de dever ou "causa", não pressupõem o cálculo de custos e benefícios dos meios e fins da ação instrumental. Cabe lembrar que Weber chama atenção para a interdependência entre a conduta instrumental e a orientação por valores, na medida em que a sistematização da racionalidade instrumental na modernidade está relacionada com as crenças de uma moral religiosa. Nessa concepção, o cálculo de meios e fins é necessariamente limitado e acompanhado por uma atitude baseada em normas sociais abrangentes. O ponto essencial do argumento é seu viés sociológico, que procura evidenciar a relação necessária da formação das preferências pessoais com valores específicos da realidade da qual os indivíduos participam. Inserindo as práticas em um contexto social peculiar, esse tipo de procedimento analítico nota que a racionalidade não é um dado transcen-

---

² Castoriadis. *A Instituição Imaginária da Sociedade*, p. 31.
³ Weber. *Economy and Society*, p. 24-26.

dente, podendo se articular a um tipo de reflexão desvinculada do interesse próprio. Logo, a análise também identifica a potencialidade de um sistema sociopolítico não instrumental, criado por uma socialização reflexiva sobre crenças ou normas diversificadas.

Por outro lado, Weber elabora o diagnóstico essencial para o entendimento da condição moderna de que o desenvolvimento constante da racionalidade instrumental configura a objetivação social baseada no desencantamento do mundo e na ameaça do tipo de dominação burocrática. A conseqüência de tal ordem social é a emergência de uma situação que não permite o questionamento de certos valores, uma vez que passa a ser valorizado o raciocínio que prevê disciplina e precisão formal em todas as esferas do poder. Weber[4] nota que o espírito racionalista moderno possui algo de irracional, na medida em que a obtenção de quantidades maiores de dinheiro se coloca como algo superior à felicidade ou utilidade dos indivíduos. A riqueza é assumida como um fim em si mesmo, de forma a possibilitar a compra indistinta de qualquer objeto. Por conseguinte, as preocupações com bens materiais acabam por gerar a situação social caracterizada como uma "jaula de ferro", em que as relações entre sujeito e objeto revelam um caráter independente do próprio controle humano. Nesse momento, a dialética da modernidade torna-se transparente, pois o sujeito não tem mais como afirmar seus valores face às estruturas objetivas externas a ele, ao contrário do que prevê a idéia de emancipação individual.

Portanto, há uma relação específica entre a teoria da escolha racional e a realidade instrumental da modernidade. Tal relacionamento evidencia que a teoria possui pontos normativos que reforçam um tipo de sociabilidade singular. A tentativa de afirmação transcendental de suas concepções e a desconsideração das circunstâncias sociais da orientação instrumental são as conseqüências mais graves da teoria para a realidade social, pois tende a legitimar o tipo de dominação indicado por Weber. Assim, parece fecundo notar as críticas externas ao paradigma de competição econômica feitas por alguns autores que, mesmo representando vertentes teóricas diversas, assinalam a mesma tendência de objetivação das relações sociais. Deve-se notar que não se pretende uma discussão exaustiva, uma vez que foram se-

---

[4] Weber. *A Ética Protestante e o Espírito do Capitalismo*.

lecionados somente alguns apontamentos de autores específicos, enquanto outros não são incorporados. Por outro lado, o caráter em certo sentido arbitrário de tal escolha é prontamente compensado pelo fato de que os questionamentos explicitam a forma pela qual a teoria da ação presente na escolha racional submete a capacidade cognitiva dos homens às características possessivas da sociedade de mercado. Além de permitir a clara inscrição do comportamento maximizador em seu ambiente social, a mobilização desses apontamentos possibilita discutir a idéia de um indivíduo adaptado a meios e fins que são construídos de forma autônoma. Pode ser observado, então, que o sujeito proposto não é produto de uma consciência natural, mas de uma determinada cultura que procura transformar as esferas qualitativas em fatores quantitativos e manipuláveis.

Os desdobramentos da razão instrumental nas práticas sociais objetivadas são ressaltados por Horkheimer. O autor[5] sugere que a racionalidade pragmática e instrumental expressa uma separação radical do pensamento em relação ao objeto, de modo que o primeiro não mais concebe o último como ele é efetivamente, mas se satisfaz com classificações quantificáveis das quais os agentes não têm mais controle. A conseqüência essencial é que a formação de uma razão crítica, substantivamente qualitativa, tende a ser limitada. Ainda que admita que o interesse próprio é um componente da racionalidade humana, Horkheimer afirma que a razão é algo mais abrangente do que a vida instrumental voltada para a competição ou a destruição dos outros e de si mesma. A razão condiz também com a solidariedade fundada na comunhão dos objetivos individuais. Entretanto, quando o comportamento humano é motivado pela ação do processo mecânico da economia moderna, a razão passa a se submeter aos fatos preponderantes da realidade, impedindo a formação heterogênea de valores contestadores.

No mesmo sentido, Marcuse[6] argumenta que a racionalidade moderna reflete valores predeterminados que absorvem os esforços liberalizantes do

---

[5] Max Horkheimer. "The End of Reason". In: *The Essential Frankfurt School Reader*, p. 28-47.

[6] Herbert Marcuse. "Some Social Implications of Modern Technology". In: Andrew Arato, ed. *The Essential Frankfurt School Reader*, p. 138-157. Neste trabalho, Marcuse distingue a racionalidade "técnica" do capitalismo tardio da racionalidade instrumental do livre sujeito econômico definido pelo pensamento liberal. Diferentemente do pressuposto de afirmação

pensamento, mantendo-os presos ao *apparatus* social e econômico. Além disso, devido ao desenvolvimento pleno das ações de maximização características do sistema capitalista, a racionalidade transforma-se em razão técnica. O resultado é uma reflexão articulada a mecanismos de controle e perpetuação das relações sociais voltadas para a eficiência lucrativa e para a padronização monopolista. Ao mesmo tempo em que o processo tecnológico produz certa liberdade por intermédio da satisfação de necessidades materiais básicas, ele expande o domínio sobre o tempo de trabalho e sobre o tempo livre, alcançando a cultura material e intelectual. A razão técnica limita o campo sociopolítico aos jogos de competição das intenções individuais e corporativas presentes no espaço do mercado, tomado como objetivo natural das sociedades. Configura-se, então, uma dialética da racionalização, que condiz com a contradição entre o controle da natureza externa e a subordinação da condição interna e reflexiva dos indivíduos. A definição da razão nos termos da preservação instrumental e técnica implica a restrição do indivíduo, já que ele se torna incapaz de denunciar formas sociais ou políticas de injustiça com as quais não concorda[7]. O fundamental é a percepção de que os princípios do pensamento também se tornam técnicos e são sistematizados de modo a servirem como artifícios da evolução constante do processo produtivo.

Nesse sentido, a razão instrumental tende a limitar as subjetividades individuais. A tendência social é a perda de singularidade dos agentes, pois "a massa é uma associação de indivíduos que têm sido despojados de todas as suas distinções naturais e pessoais, reduzidos à expressão padronizada de suas individualidades abstratas: a busca do interesse próprio"[8]. Por sua vez, o desenvolvimento econômico estimula a organização hierárquica das burocracias, que procura criar uma harmonia ilusória entre os interesses

---

pessoal, o desdobramento da razão instrumental em técnica no capitalismo tardio tornou os indivíduos meros objetos da organização socioeconômica de larga escala, e a eficiência pessoal passou a traduzir o desempenho de uma ação em relação aos requerimentos objetivos do *"apparatus"*. Sobre a teoria de Marcuse, cf. Vinicius de Carvalho Monteiro. *Razão e Política em Marcuse*.
[7] Horkheimer. "The End of Reason". In: *The Essential Frankfurt School Reader*, p. 47.
[8] Marcuse. "Some Social Implications of Modern Technology". In: Andrew Arato, ed. *The Essential Frankfurt School Reader*, p. 150.

pessoais e coletivos. Quanto mais as funções individuais são divididas e sincronizadas de acordo com padrões objetivos, menos os indivíduos podem assegurar a sua singularidade no campo político, pois o caráter impessoal da racionalidade técnica confere aos grupos burocráticos somente a dignidade de sua razão transcendente. A própria concepção hegemônica de liberdade torna-se um mecanismo de dominação, encobrindo o fato de que "a extensão de escolha aberta ao indivíduo não é um fator decisivo para determinar o grau de liberdade humana, mas o que pode ser escolhido e o que é escolhido pelo indivíduo"[9].

Em sentido similar de crítica ao desenvolvimento da objetivação social pautada pela racionalidade instrumental, Foucault[10] sugere a idéia de uma prática política que se torna "consumidora" de liberdade. O consumo de liberdade é provocado pelo tipo de governo estimulado pelo liberalismo, pois seu sistema econômico funciona somente por meio da constituição e fomentação de uma série de liberdades: liberdade de mercado, liberdade das trocas, do direito de propriedade, de discussão, etc. Portanto, a teoria liberal deve assumir a necessidade de institucionalização de liberdade e de racionalidade específicas, o que subverte a idéia de um fundamento natural do mercado. Revela-se, então, uma contradição central, que pode ser claramente observada na teoria política da escolha racional: ao mesmo tempo em que se pressupõe o interesse individual livre de imperativos, afirma-se que a esfera pública deve pautar a subjetividade instrumental. O resultado é a formulação de como e o quanto o indivíduo pode ser livre, baseada na defesa e construção de um tipo de comportamento econômico. Nesse sentido, a liberdade advinda da racionalidade instrumental não é um dado espontâneo que funda

---

[9] Marcuse. *One-Dimensional Man: Studies in the Ideology of Advanced Industrial Society*, p. 7.
[10] Foucault. *Naissance de la Biopolitique*, p. 65. Deve-se notar, entretanto, os limites de tal relação entre certos trabalhos da Escola de Frankfurt e Foucault. Foucault critica as proposições sobre uma sociedade de massa, preferindo argumentar que a verdadeira característica das políticas do liberalismo moderno é a sistematização da diferenciação social que procura estimular a capacidade empreendedora e competitiva. Não se trata, portanto, de padronização vinculada ao consumo, mas da multiplicação da forma "empresa" na sociedade (p. 152-155). Por outro lado, importa chamar atenção aqui para a descrição similar dos autores quanto ao processo de objetivação pautada pela ação instrumental, que retira a liberdade de os indivíduos escolherem sua própria direção histórica.

uma região a ser respeitada pelos governos. Ao contrário, ela surge como algo fabricado de forma calculada para permitir um contexto de competição não conflituosa. Manifesta-se uma produção burocrática da ação social, pois "é necessário, por um lado, produzir a liberdade, mas esse mesmo gesto implica, por outro lado, que se estabeleçam limitações, controles, coerções, obrigações apoiadas por ameaças, etc."[11].

A abordagem crítica da padronização social da sistematização burocrática indica, sobretudo, a perda de autonomia dos indivíduos, refletida na falta de expectativa de práticas compartilhadas que pudessem gerar mudanças efetivas. MacIntyre[12] salienta o caráter interminável dos debates contemporâneos, nos quais a racionalidade "emotivista" – que funda a idéia de que todos os julgamentos devem expressar apenas opiniões contingentes dos interesses individuais – manifesta um desacordo não passível de ser intermediado por quaisquer critérios sociais. Esse diagnóstico é importante na medida em que percebe a articulação entre as ações autônomas da racionalidade instrumental e o advento de um domínio político objetivado. Assim, a restrição das atividades à moral da competição interpessoal implica, necessariamente, o aparato da burocracia que estimula os valores da eficiência econômica. A objetivação é desenvolvida por uma moralidade que, pulverizada nas ações de um *self* manipulador e satisfeita por práticas de *expertise* administrativa, elimina desacordos sociais ou conflitos políticos substantivos a partir das "ficções morais"[13] dos direitos naturais e da utilidade individual. Há uma conformidade direta entre uma esfera pública de fins indisponíveis para avaliação reflexiva e um domínio individual na qual certos valores são tidos como transcendentes. Fundamentalmente, individualismo e burocratização devem ser vistos como partes interdependentes de um mesmo processo social.

As circunstâncias sociais da objetivação do comportamento instrumental também podem ser observadas na dicotomia proposta por Habermas

---

[11] Foucault. *Naissance de la Biopolitique*, p. 65.
[12] Alasdair MacIntyre. *After Virtue*. A tese central do livro é que a racionalidade moderna, baseada no que o autor chama "emotivismo", está divorciada de padrões impessoais que justificam as ações a partir de certas virtudes. Cabe notar, entretanto, que não incorpora aqui a lógica comunitarista expressa no trabalho, já que não se pressupõe a necessidade de um compartilhamento harmônico proposto por certo tipo de moralidade.
[13] Ibid., p. 76-77.

entre ação comunicativa e sistemas. O autor[14] sugere que na modernidade há um desmembramento da racionalidade nas dimensões sistêmica e social, que significam dois modos distintos de coordenação da ação, um fundado no consenso comunicativo e outro baseado nas relações funcionais da economia. A integração social criada pelo "mundo da vida" – estoque de convicções e axiomas, transmitidos cultural e lingüisticamente, que tornam possíveis processos de entendimento mútuo – contrapõe-se à racionalidade sistêmica fundamentada no solipsismo instrumental e na manipulação da realidade. A ruptura entre esses dois modos de socialização ocorre no momento em que a ação tecnológica e as melhorias organizacionais ultrapassam os limites sociais tradicionais a que estavam subordinadas, principalmente as restrições culturais e o poder político legítimo[15]. Tal ruptura se deve à própria essência do modo de produção capitalista, fundado em um mecanismo que garante a expansão permanente e compulsória dos subsistemas da ação instrumental. Desenvolve-se, então, um processo de racionalização que contesta as instituições sociais e legitima, a partir de certos argumentos científicos, os padrões comportamentais de maximização de meios e fins econômicos.

Desse modo, as teses do desencantamento do mundo e da objetivação social se tornam mais plausíveis se a burocratização for vista como sinal de um novo nível de diferenciação sistêmica fundada pelos meios (*media*) do dinheiro e do poder[16]. Esses fatores fundamentam a estrutura formal estabelecida fora do mundo da vida, que não é organizada pela compreensão mútua, sendo indiferente às normas validadas discursivamente ou compartilhadas culturalmente. Devido aos meios e regulações formais, os mecanismos do dinheiro e do poder asseguram uma atitude racional em relação a

---

[14] Jürgen Habermas. *The Theory of Communicative Action v. 2. Lifeworld and System: A Critique of Functionalist Reason*. Diferentemente de posições sustentadas por parte da "teoria crítica", Habermas sugere que a definição da modernidade pelo conceito de racionalidade instrumental não incorpora todos os aspectos da ação social aos quais a razão se vincula. Nesse sentido, conclui que é essencial a separação dos conceitos de ação e de sistema, de modo que se torne claro que a racionalização da estrutura do mundo da vida não significa o mesmo que a expansão da racionalidade nos sistemas de ação.

[15] Id. *Technology and Science as 'Ideology'*, p. 94-95.

[16] Id. *Theory of Communicative Action v. 2*, p. 113-197.

quantidades calculáveis de valor, tornando-se independentes dos processos de comunicação e consenso normativo. Habermas afirma que estes mecanismos não somente simplificam a linguagem, mas tomam o seu lugar por intermédio de uma generalização simbólica de prêmios e punições produzidos pela competição social. A objetivação social resultante dessa dinâmica pode ser claramente representada no pressuposto da escolha racional de que "na troca ordinária não se supõe que surja nenhuma questão ética a respeito da decisão do indivíduo que 'entra no comércio', ainda que ele possua ou não poder independente para influenciar os termos do comércio"[17].

Os problemas advindos do processo de objetivação que procuramos até aqui apontar se estendem sobre as mais variadas esferas sociais da modernidade. Do ponto de vista cultural, essa direção funda-se em uma forma de ação que, ao contrário dos postulados da escolha racional, não é observada de modo abrangente no período anterior à modernidade. Essa ação caracteriza-se, sobretudo, por certa compulsão ilimitada em maximizar bens. É fundamental perceber que há uma contradição nos propósitos sociais refletidos pelo paradigma da racionalidade instrumental, ou seja, uma confusão entre os meios e os fins definidos[18]. O objetivo da geração ilimitada de novas necessidades e a prática de otimização social sugeridos pelo modelo instrumental homogeneíza a tal ponto as características da vida ordinária que a apreciação das qualidades específicas das utilidades pessoais passa a perder qualquer referência substantiva. Cabe notar a sutileza do modelo nesse ponto, pois, como em um grande delírio, "a lógica do racional não é mais, portanto, produzir para consumir ou consumir para produzir. Ela é de produzir-consumir *mais*"[19]. Um objetivo de consumo massivo e sem limites de crescimento, de modo que as satisfações pessoais momentâneas implicam, contraditoriamente, a geração de novas insatisfações que devem ser satisfeitas futuramente, em um processo sem fim.

A objetivação social encontra sua legitimidade no plano político justificado pelos parâmetros da competição instrumental. Assim, formaliza-se uma pressão por racionalização que reflete a utopia de um mundo regido

---

[17] Buchanan e Tullock. *The Calculus of Consent*, p. 268.
[18] Latouche. *La Déraison de la Raison Économique*, p. 82-84.
[19] Ibid., p. 83.

exclusivamente pela burocracia técnica. Ou seja, a representação de uma esfera pública delimitada por um discurso de leis irrefutáveis e desvinculada de tensões sociais ordinárias. Fundamentalmente, o objetivo normativo dos trabalhos da escolha racional parece ser a constituição de uma competição social eficiente regida por um universo político sem conflito.

COMENTÁRIO CRÍTICO DA ESCOLHA RACIONAL COMO NARRATIVA POLÍTICA

A crença política que parte do conceito de racionalidade instrumental possui um fundamento temporal específico baseado na noção de escassez. A dimensão temporal consolida o discurso de um presente sem contentamento e de uma maximização de (in)satisfações. A filosofia política da escolha racional é legitimada por uma narrativa da melhoria material constante e do progresso, que implica a necessidade da liberdade de ação para a geração de uma pretensa abundância futura[20]. Esse ideal de evolução dá sentido e justificação ao seu sistema de valores, refletido no uso contínuo de referências a um crescimento econômico infinito. A natureza aparece como fonte de eterna mobilização e controle, de modo que a sociedade deve se subordinar aos imperativos da prática econômica. Por sua vez, a proposta política resultante assegura uma grande operação objetiva que, orientada pela idéia de um futuro materialmente otimizado, suspende a discussão pública do que acontece no presente ou do que ocorreu no passado.

A teoria da escolha racional afirma uma subjetividade articulada a um espaço objetivador que restringe as oportunidades de ação. É impossível não participar do "jogo" social, e, na maior parte das vezes, o "indivíduo autônomo" está submetido a um regime sobre do qual não possui nenhum controle. A ordem social é configurada como um campo de competição estrutural e não um "ambiente de oportunidades". A partir da retórica do individualismo instrumental, o entendimento tecnocrático da teoria procura legitimar a sociedade de livre competição estratégica. Devido às crenças nos perigos da esfera pública, a *expertise* tende a invalidar o debate e o conflito de idéias

---
[20] Berthoud. "Que nous Dit l'Économie". In: Serge Latouche, dir. *L'Économie Dévoilée*.

em benefício de um discurso "científico" que procura tornar independentes várias instâncias do corpo estatal[21]. O discurso técnico – representado, por exemplo, pela política econômica monetarista e pelo movimento de defesa de agências burocráticas independentes – passa a ser desvinculado de instrumentos de escolha ou discussões soberanas de um processo político democrático. A linguagem política é imaginada como puramente lógica, apoiada em um saber que pauta a prática pela eficiência dos meios em relação aos objetivos predefinidos. Fundamentalmente, a legitimação da filosofia política da escolha racional possui um "caráter negativo",[22] voltado exclusivamente para a estabilidade e crescimento do sistema econômico, o que implica a restrição das políticas públicas aos dispositivos de redução das disfunções e dos riscos do mercado. O processo pelo qual a disputa de ideais sociopolíticos tende a ser eliminada desenvolve, paralelamente, a delimitação da ciência e da tecnologia como mecanismos de legitimação ideológica, pois "o processo de decisão democrática sobre problemas práticos perde a sua função e 'deve' ser substituído por decisões plebiscitárias sobre conjuntos alternativos de líderes administrativos"[23].

Por outro lado, é essencial indicar que a modernidade admite formas de identificação coletiva que podem romper com o quadro político burocratizado da racionalidade instrumental, o que implica definir a política como categoria eminentemente social. Mesmo sendo a técnica do domínio do racional, a racionalidade não se resume a ela. A atividade racional está ligada também a uma capacidade de imaginação portadora de potencial histórico que não pode ser predeterminado e tornado absoluto. A reflexividade dos agentes pode se vincular à construção de novos horizontes sociais, ou seja, a práticas de persuasão discursiva que podem constituir uma outra "verdade". Por conseguinte, é necessário perceber que há limites precisos dos campos prescritivos e normativos que o conceito de racionalidade da teoria da escolha racional expõe. Isto tende a ser mascarado pelo fato de o conceito propor uma instância comportamental transcendente, presente desde sempre nos

---

[21] Sapir. *Les Économistes contre la Démocratie*.
[22] Habermas. "Technology and Science as 'Ideology'". In: *Toward a Rational Society. Student Protest, Science, and Politics*, p. 102.
[23] Ibid., p. 105.

homens. Especificando o significado da moralidade resultante dessa instância, é possível evidenciar seu critério de validade, que indica um "espaço" específico à política.

O desafio proposto pela sistematização social da razão instrumental é o enfrentamento da retórica que articula o comportamento maximizador e a regulação do mercado. A política passa a ser vista, então, como o espaço de disputa entre opiniões contingentes que representam concepções diversificadas de justiça ou bem-comum. Assim, confronta-se a idéia de uma esfera pública conflituosa e de mobilização popular à compreensão da competição de interesses materiais subordinada a uma perspectiva tecnocrática. Enquanto a dimensão instrumental consiste em calcular fatos e bens quantificáveis, podemos denominar "razoável" a avaliação baseada em argumentos contingentes contra ou a favor da situação social em que um agente se encontra. A preponderância da razão instrumental na modernidade indica apenas a hegemonia de um entendimento apriorístico e de valores que subvertem a tradição do debate e do combate político. A ação calculista do *logon* tende a tomar o espaço da prudência (*phronésis*) e do conflito de idéias[24]. Uma esfera de discernimento e perspicácia das especificidades da situação ordinária, que são os fundamentos de um campo político dinâmico e plural, se corrompe por intermédio da otimização de um sistema tecnocrático. Ao mesmo tempo, a desqualificação da *phronésis* retira do político a necessidade de justificação que possibilita um contexto de deliberação aberto a imaginações reivindicadas na sociedade[25].

Deve-se questionar, então, a especulação teórica que a escolha racional assume por via de seus aspectos formais, vinculados a um discurso para poucos. A transformação de fatos sociais ordinários em dados matemáticos reflete a distância que a teoria busca em relação a um debate político abrangente, uma vez que a abstração dos modelos não permite um entendimento satisfatório aos não iniciados[26]. É essencial discutir a pretensão naturalista dessa metodologia, demonstrando tanto as relações específicas desse saber

---

[24] Latouche. *La Déraison de la Raison Économique*, p. 58-59.
[25] Ibid., p. 106-107.
[26] Guerrien. "La Théorie Économique à votre Portée". In: Serge Latouche, dir. *L'Économie Dévoilée. Du Budget Familial aux Contraintes Planétaires*, p. 96.

com o poder, quanto o caráter trivial de suas suposições mais substantivas, muitas vezes contraditórias. Cabe notar, no entanto, que não se questiona na escolha racional o seu posicionamento normativo, dado que qualquer filosofia política requer e pressupõe uma propriedade prescritiva. O que se chama atenção é a pretensão metodológica da teoria em subverter esse fato, como se os atributos de seu pensamento fossem retirados da natureza humana.

Uma alternativa à escolha racional é entender a ordem social como expressão de um "cubismo", uma ordem articulada porque desarticulada a partir de diferentes formas de significação e sentido[27]. Assim, não existe nenhum fato concreto que prove a existência de uma racionalidade natural, baseada em esquemas representativos que pressupõem as relações sociais e os raciocínios dos outros agentes de forma finita. A perspectiva de uma ontologia social "cubista" enfatiza que às mesmas causas não correspondem os mesmos efeitos, o que gera um arranjo contingente, dado que "o universo social é uma figura gramatical; ontologicamente, o que existe é um *pluriverso social*"[28]. Essa diversidade explica a contradição de várias teorias sociais serem ao mesmo tempo coerentes e frustrantes no exame da realidade. Isto se deve ao fato que elas incorporam apenas uma parte limitada do real, negligenciando outras propriedades sociais substantivas.

Nesse sentido, cabe explicitar que a filosofia da escolha racional reflete um posicionamento retórico de "invenção de mundos possíveis,"[29] que fomenta e justifica moralmente determinadas práticas e identidades sociais. Por conseguinte, a caracterização da racionalidade nos moldes instrumentais não é uma descoberta das fontes verdadeiras da humanidade, como sugere a investigação positiva, mas somente uma forma de representação social relacionada politicamente com a vida ordinária. Torna-se necessário evidenciar a dimensão utópica da escolha racional, tarefa ainda mais importante uma vez que ela constitui, na modernidade, a forma hegemônica de realização de um imaginário sociopolítico. Além disso, seguindo a proposta da sociolo-

---

[27] Santos. *Discurso sobre o Objeto*, p. 101.
[28] Ibid., p. 104.
[29] Renato Lessa. (1998), "Por que Rir da Filosofia Política?, ou a Ciência Política como Techné". *Revista Brasileira de Ciências Sociais*, v. 13, nº 36.

gia do conhecimento de Mannheim, é importante esclarecer a "perspectiva" do pensamento, ou seja, a sua inscrição em um sistema social específico. A teoria não somente inventa mundos, mas também se fundamenta e evolui a partir da institucionalização deles. Pode-se revelar, então, o que há de decisivamente político em um discurso de pretensão técnica e antipolítica, indicando o não dito ou o que não é esclarecido em certos pressupostos. São tais procedimentos que indicam os limites de certas pretensões filosóficas. Como afirma Weber,

> *não existe qualquer* análise científica puramente "objetiva" da vida cultural, ou [...] dos "fenômenos sociais", que seja *independente* de determinadas perspectivas especiais e parciais, graças às quais estas manifestações possam ser, explícita ou implicitamente, consciente ou inconscientemente, selecionadas, analisadas e organizadas na exposição, enquanto objeto de pesquisa.[30]

Se, por um lado, a teoria utilitarista em geral parece ser, de forma preponderante, "o modo pelo qual a economia ocidental, de fato a sociedade inteira, é experimentada: o modo pelo qual é vivida pelo sujeito participante, pensada pelo economista",[31] por outro ela é "resultante, em parte, de uma determinada conjuntura histórica que orientou o interesse científico para certos problemas culturais economicamente condicionados"[32]. Como toda filosofia social, a escolha racional nada mais é do que uma narrativa simbólica inscrita no movimento e no debate político de seu tempo e espaço. A questão torna-se mais complexa pelo fato de que a institucionalização empreendida na modernidade sugere um ambiente natural de racionalização pretensamente isento de formas simbólicas, como se uma sociedade que procura gerar um padrão de desenvolvimento produtivo cada vez mais eficiente pudesse se desligar de definições de necessidades construídas socialmente[33]. Por conseguinte, é de grande importância a percepção de que mesmo incorporando

---

[30] Weber. "A 'Objetividade' do Conhecimento nas Ciências Sociais". In: Gabriel Cohn, org. *Max Weber: Sociologia*, p. 87.
[31] Sahlins. *Culture and Practical Reason*, p. 167.
[32] Weber. *Op. cit.*, p. 86.
[33] Castoriadis. *A Instituição Imaginária da Sociedade*, p. 188.

fenômenos essenciais da realidade contemporânea, que ela mesma ajuda a constituir, a teoria da escolha racional reflete sobretudo uma prática política de valorização das atitudes "úteis" de maximização e crescimento econômico. Eliminar o fato de ser uma narrativa específica indica apenas a mistificação de uma estrutura social consolidada.

Esse tipo de reflexão permite escapar da armadilha proposta pela escolha racional, definida pelo discurso funcional ao mercado de que somente preços, desejos e lucros podem explicar os fenômenos sociais. A observação das condições sociais da teoria revela, necessariamente, seus limites políticos. Ainda que a institucionalização de seus pressupostos na realidade acarrete o domínio de um imaginário que tem a função de definir tanto a realidade quanto os desejos subjetivos, subsiste, mesmo no contexto de objetivação social, a capacidade de autonomia e controle relativo desse mesmo imaginário. Por conseguinte, a construção ou mobilização coletiva de um novo discurso pode questionar a retórica hegemônica. Esse entendimento supõe a *práxis* política como o fazer no qual o outro ou os outros são visados como seres habilitados para o desenvolvimento de suas liberdades em direções diversas[34]. A faculdade reflexiva é o agente dessa mobilização, apoiando uma ação que, inscrita socialmente e historicamente, procura reelaborar o conteúdo da ordem estrutural vigente.

Portanto, é essencial compreender que, para além do padrão calculista predominante na modernidade, a história do imaginário político demonstra formas de pensar que são desvinculadas do raciocínio instrumental. A racionalidade também é baseada em processos de deliberação e justificação que são fundados na vida social ordinária, freqüentemente articulados com a tradição e com os contextos normativos dos quais os agentes participam. Isto não quer dizer, porém, que exista uma ação livre de imperativos estruturais, mas somente que entre a esfera da agência individual e da estrutura social se interpõe – até mesmo no ambiente competitivo de compartimentalização da racionalidade – uma abertura reflexiva que potencializa questionamentos criativos das condições presentes. Na medida em que o simbólico participa da razão, não se trata de alcançar uma racionalidade absoluta, uma consciência pura ou uma ética do discurso que procura algum tipo de cooperação

---

[34] Castoriadis. *A Instituição Imaginária da Sociedade*, p. 124.

universal, mas sim indicar a relação e o movimento interdependente da capacidade reflexiva dos homens.

A concepção de invenção, ou o que denominamos imaginação, é o ponto medular do tipo de ação que a filosofia da escolha racional não observa. Por meio da busca de uma significação absoluta, a teoria desconsidera a possibilidade de um movimento político supor a manifestação de representações sociais capazes de presumir o novo e de evocar imagens que reelaboram criativamente as definições hegemônicas. A originalidade dessas representações se encontra no fato de não serem um reflexo do percebido ou uma expressão do "real", mas sim algo em grande parte indeterminado e livre. Nesse sentido, afirma-se a primazia do texto, da palavra e da justificação em detrimento de um ideal político mecanizado pela linguagem do cálculo e da matemática. A política é vista como um espaço baseado nos mecanismos tradicionais da retórica e da persuasão. Assim, pressupõe a pluralidade da compreensão do mundo e a dignidade das alternativas que se seguem, que não podem ser definidas a partir de simples dicotomias entre dimensões objetivas e ilusórias, lógicas e ilógicas, racionais e irracionais. O problema central da teoria da escolha racional é restringir a política e a razão humana à abstração reificada do mercado e à idéia de escassez social. O desafio proposto é entender a racionalidade como uma instância plural, vinculada também a uma reflexividade aberta à configuração de novos projetos sociais. Uma forma concreta de discorrer e não um domínio transcendente voltado apenas para a manipulação de bens materiais ou dos homens. Enfim, cabe distinguir uma ação que permite um exercício de controle efetivo da história, em oposição a um entendimento da racionalidade como um domínio contraposto ao governo e, substantivamente, à livre atividade política em si mesma.

REFERÊNCIAS BIBLIOGRÁFICAS

ARROW, Kenneth. (1951), *Social Choice and Individual Values*. New York, John Wiley & Sons.
AXELROD, Robert. (1984), *The Evolution of Cooperation*. New York, Basic Books Publishers.
BECKER, Gary S. (1976), *The Economic Approach to Humam Behavior*. Chicago, The University of Chicago Press.
BENTHAM, Jeremy. (1989) [1789], "Uma Introdução aos Princípios da Moral e da Legislação". In: *Os Pensadores*. São Paulo, Abril Cultural.
BERTHOUD, Gérald. (1995), "Que nous Dit l'Économie". In: Serge Latouche, dir. *L'Économie Dévoilée. Du Budget Familial aux Contraintes Planétaires*. Paris, Éditions Autrement.
BLOCK, Fred. (1994), "The Roles of the State in the Economy". In: Neil J. Smelser and Richard Swedberg, eds. *The Handbook of Economic Sociology*. Princeton, Princeton University Press.
BOUDON, Raymond. (1991), "Individualisme et Holisme dans les Sciences Sociales". In: Pierre Birnbaum et Jean Leca, dir. *Sur L'Individualisme*. Paris, Presses de la Fondation Nationale des Sciences Politiques.
_____. (1999), *Le Sens des Valeurs*. Paris, Presses Universitaires de France.
_____. "Théorie du Choix Rationnel ou Individualisme Méthodologique?". *Sociologie et Sociétés*, v. XXXIV, nº. 1, 2002, pp. 9-32.
_____. (2003), *Raison, Bonnes Raisons*. Paris, Presses Universitaires de France.
BOURDIEU, Pierre. (1977), *Algérie 60: Structures Économiques et Structures Temporelles*. Paris, Les Éditions de Minuit.

BUCHANAN, James. (1972), "Toward Analysis of Closed Behavioral Systems". In: James Buchanan and Robert Tollison, ed. *Theory of Public Choice: Political Applications of Economics*. Ann Arbor, The University of Michigan Press.

_____. (1977), *Freedom in Constitutional Contract. Perspectives of a Political Economist*. College Station, Texas A&M University Press.

BUCHANAN, James; TULLOCK, Gordon. (1962), *The Calculus of Consent. Logical Foundations of Constitutional Democracy*. Ann Arbor, The University of Michigan Press.

CAMPBELL, John L. (2001), "Institutional Analysis and the Role of Ideas in Political Economy". In: John L. Campbell and Ove K. Pedersen, ed. *The Rise of Neoliberalism and Institutional Analysis*. Princeton, Princeton University Press.

CASTORIADIS, Cornelius. (1982) [1975], *A Instituição Imaginária da Sociedade*. Rio de Janeiro, Paz e Terra.

CHAZEL, François. (1991), "Individualisme, Mobilization et Action Collective". In: Pierre Birnbaum et Jean Leca, dir. *Sur L'Individualisme*. Paris, Presses de la Fondation Nationale des Sciences Politiques.

CHERKAOUI, Mohamed. "Les Transitions Micro-Macro. Limites de la Théorie du Choix Rationnel dans le *Foundations of Social Theory*". *Revue Française de Sociologie*, n°. 44-2, 2003, pp. 231-255.

COASE, Ronald H. "The Institutional Structure of Production". *The American Economic Review*, v. 82, n°. 4, 1992, pp. 713-719.

COLEMAN, James S. (1990), *Foundations of Social Theory*. Cambridge, Harvard University Press.

_____. (1994), "A Rational Choice Perspective on Economic Sociology". In: Neil J. Smelser and Richard Swedberg, ed. *The Handbook of Economic Sociology*. Princeton, Princeton University Press.

DAHL, Robert. (1968), *Who Governs?: Democracy and Power in an American City*. New Haven, Yale University Press.

DEMEULENAERE, Pierre. (1998), "Les Ambigüités Constitutives du Modèle du Choix Rationnel". In: B. Saint-Sernin, Emmanuel Picavet, R. Fillieule, Pierre Demeulenaere, dir. *Les Modèles de l'Action*. Paris, Presses Universitaires de France.

_____. (2000), "Les Normes Sociales et le Modèle du Choix Rationnel". In: Jean Baechler et François Chazel, dir. *L'Acteur et ses Raisons*. Paris, Presses Universitaires de France.

_____. "La Complexité de la Notion d'Utilitarisme dans les Sciences Sociales". *Cités*, nº 10, 2002, pp. 37-48.

_____. (2003), *Les Normes Sociales. Entre Accords et Désaccords*. Paris, Presses Universitaires de France.

DiMAGGIO, Paul. (1994), "Culture and Economy". In: Neil Smelser and Richard Swedberg, ed. *The Handbook of Economic Sociology*. Princeton, Princeton University Press.

DOMINGUES, José Maurício. (1995), *Sociological Theory and Collective Subjectivity*. Hampshire, Palgrave.

DONER, Richard F.; SCHNEIDER, Ben Ross. "Business Associations and Economic Development: Why Some Associations Contribute More Than Others". *Business and Politics*, v. 2, nº. 3, 2000, pp. 261-288.

DOWNS, Anthony. (1957), *An Economic Theory of Democracy*. New York, Harper & Row.

ELSTER, Jon. "Marxism, Functionalism, and Game Theory: The Case for Methodological Individualism". *Theory and Society*, v. 11, nº. 4, 1982, pp. 453-482.

_____. (1983), *Sour Grapes. Studies in the Subvertion of Rationality*. Cambridge, Cambridge University Press.

_____. (1984), *Ulysses and the Sirens. Studies in Rationality and Irrationality (revised edition)*. Cambridge, Cambridge University Press; Paris, Editions de la Maison des Sciences de L'Homme.

_____. (1985), *Making Sense of Marx*. Cambridge, Cambridge University Press; Paris, Editions de la Maison des Sciences de l'Homme.

_____. (1986), "Further Thoughts on Marxism, Functionalism and Game Theory". In: John Roemer, ed. *Analytical Marxism*. Cambridge, Cambridge University Press; Paris, Editions de la Maison des Sciences de l'Homme.

_____. "Rational Choice History: A Case of Excessive Ambition". *The American Political Science Review*, v. 94, nº. 3, 2000, pp. 685-695.

EVANS, Peter. (1995), *Embedded Autonomy. States and Industrial Transformation*. Princeton, Princeton University Press.

FOUCAULT, Michel. (2004), *Naissance de la Biopolitique. Cours au Collège de France (1978-1979)*. Paris, Gallimard/Seuil.

FRIEDMAN, Milton. (1953), "The Methodology of Positive Economics". In: Milton Friedman, ed. *Essays on Positive Economics*. Chicago, The University of Chicago Press.

GAUTHIER, David. (1982), "Reason and Maximization". In: Brian Barry and Russel Hardin, ed. *Rational Man and Irrational Society?: An Introduction and Sourcebook*. Beverly Hills, Sage Publications.

GELLNER, Ernest. (1991), "L'Animal qui Évite les Gaffes, ou un Faisceau d'Hypothèses". In: Pierre Birnbaum et Jean Leca, dir. *Sur L'Individualisme*. Paris, Presses de la Fondation Nationale des Sciences Politiques.

GODELIER, Maurice. (1974a), *Rationalité et Irrationalité en Économie – I*. Paris, François Maspero.

_____. (1974b), *Rationalité et Irrationalité en Économie – II*. Paris, François Maspero.

GOLDTHORPE, John H. (2000), *On Sociology. Numbers, Narratives, and the Integration of Research and Theory*. Oxford, Oxford University Press.

GRANOVETTER, Mark. "Economic Action and Social Structure: The Problem of Embeddedness". *American Journal of Sociology*, v. 91, nº 3, 1985, pp. 481-510.

GREEN, Donald; SHAPIRO, Ian. (1994), *Pathologies of Rational Choice: A Critique of Applications in Political Science*. New Haven, Yale University Press.

GRIEF, Avner; MILGROM, Paul; WEINGAST, Barry. (1995), "Coordination, Commitment, and Enforcement: The Case of the Merchant Guild". In: Jack Knight and Itai Sened, ed. *Explaining Social Institutions*. Ann Arbor, The University of Michigan Press.

GUERRIEN, Bernard. (1995), "La Théorie Économique à votre Portée". In: Serge Latouche, dir. *L'Économie Dévoilée. Du Budget Familial aux Contraintes Planétaires*. Paris, Éditions Autrement.

HABERMAS, Jürgen. (1970) [1968], "Technology and Science as 'Ideology'". In: *Toward a Rational Society. Student Protest, Science, and Politics*. Boston, Beacon Press.

_____. (1987b) [1981], *The Theory of Communicative Action v. 2. Lifeworld and System: A Critique of Functionalist Reason*. Boston, Beacon Press.

HALL, Peter; TAYLOR, Rosemary. "Political Science and the Three New Institutionalisms". *Political Studies*, v. XLIV, nº. 44, , 1996, pp. 936-957.

HARDIN, Russell. (1988), *Morality within the Limits of Reason*. Chicago, The University of Chicago Press.

_____. (1995), *One for All. The Logic of Group Conflict*. Princeton, Princeton University Press.

HARSANYI, John C. (1986), "Advances in Understanding Rational Behavior". In: Jon Elster, ed. *Rational Choice*. New York, New York University Press.

HEAP, Shaun Hargreaves e VAROUFAKIS, Yanis. (1995), *Game Theory: A Critical Introduction*. London, Routledge.

HINDESS, Barry. (1988), *Choice, Rationality, and Social Theory*. London, Unwin Hyman.

HODGSON, Geoffrey M. (1994), "The Return of Institutional Economics". In: Neil J. Smelser and Richard Swedberg, eds. *The Handbook of Economic Sociology*. Princeton, Princeton University Press.

HORKHEIMER, Max. (1988) [1941], "The End of Reason". In: *The Essential Frankfurt School Reader*. New York, The Continuum Publishing Company.

JOAS, Hans. (1996), *The Creativity of Action*. Chicago, The University of Chicago Press.

KIEVE, Ronald A. "From Necessary Illusion to Rational Choice?: A Critique of Neo-Marxist Rational-Choice Theory". *Theory and Society*, v. 15, n°. 4, 1986, pp. 557-582.

KNIGHT, Jack. (1992), *Institutions and Social Conflict*. Cambridge, Cambridge University Press.

_____. (2001), "Explaining the Rise of Neoliberalism: The Mechanisms of Institutional Change". In: James L. Campbell e Ove K. Pedersen, ed. *The Rise of Neoliberalism and the Institutional Analysis*. Princeton, Princeton University Press.

LATOUCHE, Serge. (2001), *La Déraison de la Raison Économique. Du Délire d'Efficacité au Principe de Précaution*. Paris, Éditions Albin Michel.

LESSA, Renato. "Por que Rir da Filosofia Política?, ou a Ciência Política como Technè". *Revista Brasileira de Ciências Sociais*, v. 13, n°. 36, 1998, pp. 143-149.

MACINTYRE, Alasdair C. (1984), *After Virtue*. Indiana, University of Notre Dame Press.

MANNHEIM, Karl. (1976) [1929], *Ideologia e Utopia*. Rio de Janeiro. Zahar Editores.

MANSBRIDGE, Jane J. (1990), "The Rise and Fall of Self-Interest in the Explanation of Political Life". In: Jane Mansbridge, org. *Beyond Self-Interest*. Chicago, The University of Chicago Press.

MARCUSE, Herbert. (1970), *One-Dimensional Man: Studies in the Ideology of Advanced Industrial Society*. Boston, Beacon Press.

_____. (1988) [1941], "Some Social Implications of Modern Technology". In: Andrew Arato, ed. *The Essential Frankfurt School Reader*. New York, The Continuum Publishing Company.

MAYER, Tom F. (1994), *Analytical Marxism*. Thousand Oaks, Sage Publications.

MEYER, John. (1987), "Self and Life Course: Institutionalization and Its Effects". In: John Meyer, J. Boli, F. Ramirez, G. Thomas, ed. *Institutional Structure: Constituting State, Society, and the Individual*. Newbury Park, Sage Publications.

MEYER, John; BOLI, John; THOMAS, George M. (1987), "Ontology and Rationalization in the Western Cultural Account". In: John Meyer, J. Boli, F. Ramirez, G. Thomas, ed. *Institutional Structure: Constituting State, Society, and the Individual*. Newbury Park, Sage Publications.

MILL, John Stuart. (1971) [1863], "Utilitarianism". In: Samuel Gorovitz, ed. *Utilitarianism with Critical Essays*. Indianapolis/New York, The Bobbs-Merrill Co.

MITCHELL, William e SIMMONS, Randy. (1994), *Beyond Politics: Markets, Welfare, and the Failure of Bureaucracy*. Boulder, Westview Press.

MOE, Terry M. "The New Economics of Organization". *American Journal of Political Science*, v. 28, nº 4, 1984, pp. 739-777.

MONTEIRO, Vinicius de Carvalho. (2005), *Razão e Política em Marcuse*. Tese (Doutorado – Ciência Política). Rio de Janeiro, IUPERJ.

MURPHY, James B. (1996), "Rational Choice Theory as Social Physics". In: Jeffrey Friedman, ed. *The Rational Choice Controversy: Economic Models of Politics Reconsidered*. New Haven, Yale Univesity Press.

NORTH, Douglass C. (1990a), *Institutions, Institutional Change and Economic Performance*. Cambridge, Cambridge University Press.

_____. (1990b), "Comments". In: Arnold Heertje, ed. *The Economic Role of the State*. Oxford, Basil Blackwell.

_____. (1995), "Five Propositions about Institutional Change". In: Jack Knight and Itai Sened, ed. *Explaining Social Institutions*. Ann Arbor, The University of Michigan Press.

NORTH, Douglass C.; DENZAU, Arthur T. (2000), "Shared Mental Models: Ideologies and Institutions". In: Arthur Lupia, Mathew McCubbins, Samuel Popkin, ed. *Elements of Reason. Cognition, Choice, and the Bounds of Rationality*. Cambridge, Cambridge University Press.

OLSON, Mancur. (1974), *The Logic of Collective Action: Public Goods and the Theory of Groups*. Cambridge, Harvard University Press.

_____. (1982), *The Rise and Decline of Nations: Economic Growth, Stagflation and Social Rigidities*. New Haven, Yale University Press.

_____. "A Theory of the Incentives Facing Political Organizations. Neo-Corporatism and the Hegemonic State". *International Political Science Review*, v. 7, n°. 2, 1986, pp. 165-89.

_____. "Dictatorship, Democracy, and Development". *American Political Science Review*, v. 87, n°. 3, 1993, pp. 567-76.

OPP, Karl-Dieter. (2001), "How do Norms Emerge? An Outline of a Theory". In: Raymond Boudon, Pierre Demeulenaere, Riccardo Viale, dir. *L'Explication des Normes Sociales*. Paris, Presses Universitaires de France.

OSTROM, Elinor. "An Agenda for the Study of Institutions". *Public Choice*, 48, 1986, pp. 3-25.

_____. (1990), *Governing the Commons. The Evolution of Institutions for Collective Action*. Cambridge, Cambridge University Press.

PARETO, Vilfredo. (1966) [1909], *Manuel d'Économie Politique*. Genève, Librairie Droz.

_____. (1968) [1916], *Traité de Sociologie Générale*. Genève, Librairie Droz.

PICAVET, Emmanuel. (1996), *Choix Rationnel et Vie Publique. Pensée Formelle et Raison Pratique*. Paris, Presses Universitaires de France.

POLANYI, Karl. (1957), "The Economy as Instituted Process". In: Karl Polanyi, Conrad M. Arensberg, Harry W. Pearson, ed. *Trade and Market in the Early Empires. Economies in History and Theory*. New York, The Free Press; London, Collier-Macmillan Limited.

PRZEWORSKI, Adam. (1985), *Capitalism and Social Democracy*. Cambridge, Cambridge University Press; Paris, Editions de la Maison des Sciences de l'Homme.

_____. (1986), "Material Interests, Class Compromise, and the Transition to Socialism". In: John Roemer, ed. *Analytical Marxism*. Cambridge, Cambridge University Press; Paris, Editions de la Maison des Sciences de l'Homme.

RAPOPORT, Anatol. (1982), "Prisoner's Dilemma: Recollections and Observations". In: Brian Barry and Russel Hardin, ed. *Rational Man and Irrational Society?: An Introduction and Sourcebook*. Beverly Hills, Sage Publications.

RIKER, William. (1982), *Liberalism against Populism: A Confrontation between the Theory of Democracy and the Theory of Social Choice*. San Francisco, Freeman.

ROEMER, John E. (1982), *A General Theory of Exploitation and Class*. Cambridge, Harvard University Press.

_____. (1986), "Rational Choice' Marxism: Some Issues of Method and Substance". In: John Roemer, ed. *Analytical Marxism*. Cambridge, Cambridge University Press; Paris, Editions de la Maison des Sciences de l'Homme.

_____. (1994), *A Future for Socialism*. Cambridge, Harvard University Press.

ROSANVALLON, Pierre. (1999), *Le Capitalisme Utopique. Histoire de L'Idée de Marché*. Paris, Éditions du Seuil.

_____. (2003), *Pour une Histoire Conceptuelle du Politique*. Paris, Éditions du Seuil.

SAHLINS, Marshall. (1976), *Culture and Practical Reason*. Chicago, The University of Chicago Press.

SANDEL, Michael J. (1982), *Liberalism and the Limits of Justice*. Cambridge, Cambridge University Press.

SANTOS, Wanderley Guilherme dos. (1990), *Discurso sobre o Objeto. Uma Poética do Social*. Rio de Janeiro, Companhia das Letras.

SAPIR, Jacques. (2002), *Les Économistes contre la Démocratie. Les Économistes et la Politique Économique entre Pouvoir, Mondialisation et Démocratie*. Paris, Éditions Albin Michel.

SCHNEIDER, Ben e MAXFIELD, Sylvia. (1997), "Business, the State, and Economic Performance in Developing Countries". In: Sylvia Maxfield and Ben Ross Schneider, eds. *Business and the State in Developing Countries*. Ithaca, Cornell University Press.

SCHOFIELD, Norman. (1996), "Rational Choice and Political Economy". In: Jeffrey Friedman, ed. *The Rational Choice Controversy: Economic Models of Politics Reconsidered*. New Haven, Yale Univesity Press.

SCHUMPETER, Joseph. (1984) [1942], *Capitalismo, Socialismo e Democracia*. Rio de Janeiro, Zahar Editores.

SIMON, Herbert A. (1967), *Models of Man*. New York, John Wiley & Sons.

SIMON, Herbert A.; MARCH, J. G. (1972) [1956], *Teoria das Organizações*. Rio de Janeiro, Fundação Getúlio Vargas.

SMITH, John Maynard. (1982), *Evolution and the Theory of Games*. Cambridge, Cambridge University Press.

STIGLER, George J. (1975), *The Citizen and the State: Essays on Regulation*. Chicago, The University of Chicago Press.

TILLY, Charles. (1991), "Action Collective et Mobilisation Individuelle". In: Pierre Birnbaum et Jean Leca, dir. *Sur L'Individualisme*. Paris, Presses de la Fondation Nationale des Sciences Politiques.

THOMPSON, E. P. (1963), *The Making of the English Working Class*. New York, Vintage Books.

ULLMANN-MARGALIT, Edna. (1977), *The Emergence of Norms*. Oxford, Oxford University Press.

VON NEUMANN, John; MORGENSTERN, Oskar. (2004), *Theory of Games and Economic Behavior*. Princeton, Princeton University Press.

WEBER, Max. (1968), *Economy and Society*. New York, Bedminster Press.

_____. (1982) [1904], "A 'Objetividade' do Conhecimento nas Ciências Sociais". In: Gabriel Cohn, org. *Max Weber: Sociologia*. São Paulo, Ed. Ática.

_____. (1996) [1904], *A Ética Protestante e o Espírito do Capitalismo*. São Paulo, Livraria Pioneira.

WELDES, Jutta. "Marxism and Methodological Individualism: A Critique". *Theory and Society*, v. 18, nº. 3, 1989, pp. 353-386.

WILLIAMSON, Oliver E. (1985), *The Economic Institutions of Capitalism. Firms, Markets, Relational Contracting*. New York, The Free Press.

WOLFELSPERGER, Alain. (2001), "La Modélisation Économique de la Rationalité Axiologique. Des Sentiments Moraux aux Mécanismes Sociaux de la Moralité". In: Raymond Boudon, Pierre Demeulenaere, Riccardo Viale, dir. *L'Explication des Normes Sociales*. Paris, Presses Universitaires de France.

WOOD, Ellen M. "Rational Choice Marxism: Is the Game Worth the Candle?". *New Left Review*, nº. 177, September/October, 1989, pp. 41-88.

WRIGHT, Eric Olin. (1986), "What is Middle about the Middle Class?". In: John Roemer, ed. *Analytical Marxism*. Cambridge, Cambridge University Press; Paris, Editions de la Maison des Sciences de l'Homme.

markgraph

Rua Aguiar Moreira, 386 - Bonsucesso
Tel.: (21) 3868-5802   Fax: (21) 2270-9656
e-mail: markgraph@domain.com.br
Rio de Janeiro - RJ